토지 문제의 올바른 이해

이정전 서순탁 변창흠 김홍상

傳 英 社

머 리 말

부동산문제에 온 나라의 관심이 집중되어 있습니다. 주택 한 채가 재산의 대부분인 것이 일반 서민들의 사정이고 보면, 어떤 드라마나 월드컵 축구팀의 선전보다도 부동산문제가 큰 화제일 수밖에 없습니다. 지역별로 유형별로 부동산의 매매가격과 전세가격이 신문과 인터넷에 실시간으로 게시되고 부동산가격을 잡으려는 정부의 대책이 수시로 발표되는 것도 다른 나라에서는 찾아보기 어려운 광경일 것입니다.

속칭 '강남 아줌마'로 대표되는 투기세력과 정부 간의 밀고 밀리는 공방은 스포츠 중계처럼 상세히 보도되고 있지만 속 시원한 역전 골 소식은 잘 들리지 않습니다. 투기억제를 위한 정부의 수비막을 조롱하듯이 재건축, 뉴타운, 신도시, 지방의 혁신도시와 기업도시 인근지역에서 부동산가격이 여전히 상승하고 있기 때문입니다.

지난 해 정부는 부동산가격급등과 부동산투기억제를 해소하기 위해 '8·31 부동산제도 개혁방안'을 발표하였지만 여전히 가시적인 효과가 나타나지 않고 있습니다. 어떤 사람들은 부동산문제에 대한 진단이 잘못되었기 때문에 엉뚱한 정책수단을 썼다고 주장합니다. 부동산문제의 근본적인 원인은 공급부족에 있는데 공급을 확대하는 정책은 내놓지 않고 죄 없는 투기를 잡는다고 힘만 빼고 있다는 것입니다. 이들은 부동산에 대한 세금을 늘리고 규제를 강화하는 것은 또다른 문제를 불러일으킨다고 봅니다. 토지도 다른 상품과 마찬가지로 수요-공급의 원리가 잘 작동하도록 시장에 맡기면 된다고 생각합니다.

그러나 시민단체와 전문가들은 정부가 이런저런 눈치를 보느라 너무 약한 대책을 내놓았기 때문에 부동산투기세력을 잡지 못하고 있다고 비판합니다. 부동산에 대한 과도한 투기수요를 막기 위해서는 더 높은 보유세와 양도소득세를 매기고 개발이익을 철저히 환수해야 하는데 정부가 내놓은 정책으로는 턱없이 부족하다고 비판합니다. 이들은 시장이 여전히 투기세력을 중심으로 움직이는데 섣불리 공급확대정책을 발표하였기 때문에 부동산투기만 부추긴다고 주장합니다.

그러니 일반 국민들은 더욱 혼란에 빠지게 됩니다. 정작 국민들의 관심은 투기를 잡겠다는 정부가 옳은지, 정부정책이 잘못되었다는 언론보도가 옳은지에 있지 않습니다. 당장 집값이 오를 것인지 내릴 것인지, 집을 사야 하는지 말아야 하는 것인지를 알고 싶어합니다. 여전히 국민들은 부동산을 가장 좋은 투자의 대상으로 생각하고 있기 때문입니다.

국민들이 이렇게 인식하게 된 데는 부동산과 관련해서 두 가지의 신화와 같은 믿음이 있었기 때문입니다. 하나는 토지와 주택은 항상 부족하다는 것이고 다른 하나는 부동산가격은 항상 오르기만 한다는 것입니다. 실제 부동산가격도 토지공개념이나 10 · 29 대책, 8 · 31 대책과 같이 강력한 부동산정책이 발표될 때나 IMF 경제위기 때를 제외하고는 떨어진 적이 거의 없었습니다. 때문에 부동산공급을 확대함으로써 부동산가격을 잡아야 한다는 강박관념은 모든 사람들에게 깊이 각인되어 있습니다.

정부는 끊임없이 토지와 주택의 공급을 확대해야 한다고 생각해 왔고 공급량 확대를 정책의 목표로 삼아 왔습니다. 또한 전문가들은 새로운 개발계획과 개발사업으로 일거리를 끊임없이 창출하고자 하고 주요 언론사들도 전체 광고의 20% 이상을 부동산광고로 채우고 있습니다. 지방자치단체장과 정치가들도 개발을 곧 성장으로 인식하기 때문에 개발을 끊임없이 확대하고자 합니다. 이젠 국민들도 공급을 확대하는 것만이 유일한 대안이라고 믿기 시작했습니다. 이러한 상승작용을 통해 개발의 확대와 공급 증대의 논리는 모든 주체들에게 널리 전파되고 있습니다.

이러한 관점에서 보면 부동산에 대한 대부분의 규제는 토지의 이용을 억제하고 공급을 제약함으로써 부동산의 가격상승을 유발하는 원인으로 여겨지게 됩니다. 규제를 공급 억제요소로 인식하는 한, 대부분의 규제는 당연히 해제되어야 하는 것으로 받아들여지게 됩니다. 이 논리에 따르면 부동산에 대한 투기마저도 공급부족을 알리는 신호 기능을 하기 때문에 사회적으로 바람직한 것으로 평가됩니다. 어떤 분은 유익한 정보를 제공해 주었기 때문에 상을 주지는 못할망정 때려잡겠다는 주장이 황당하다고까지 주장하고 있습니다.

이 책은 토지에 대한 이러한 잘못된 인식을 바로잡기 위해 쓰여졌습니다. 토지는 수요와 공급에 맞추어 대량으로 생산해 낼 수 있는 상품이 아니라 천부적인 자원이자 우리의 모듬살이를 담고 있는 환경 그 자체입니다. 이러한 속성을 무시하고 개발을 위한 소재로만 인식하게 되면 우리의 국토는 황폐해지고 공동체는 파괴됩니다. 또한 무작정 규제를 완화하고 공급을 확대해도 주택문제, 토지문제가 해결되지도 않습니다. 여전히 이미 많은 토지와 주택을 소유하고 있는 사람들이 독차지하기가 쉽기 때문입니다.

이 책에서는 그 동안 전문가나 정책당국자, 언론이나 일반 시민들이 토지문제에 대해 잘못 이해하고 있는 점을 지적하고 토지문제의 올바른 이해를 돕고자 합니다. 또한 우리나라 토지문제의 본질이 무엇인가를 재평가하고 이를 해결하기 위한 근본적인 정책방안을 제시하고자 합니다.

이 책의 저자들은 아주 쉬운 글로 쓰기 위해 노력하였습니다. 대부분의 국민들이 부동산을 투자의 대상으로 인식하는 한 부동산문제는 해결될 수 없기에 가능한 한 많은 사람들의 부동산문제에 대한 올바른 이해를 돕기 위해서입니다. 딱딱한 문어체가 아니라 대화체로 표현하여 누구나가 편안한 마음으로 읽을 수 있도록 편집하였습니다. 또한 필요한 부분에 삽화와 사진을 넣어 현실감을 높이고자 하였습니다.

이 책은 크게 4편으로 구성되어 있습니다. 제 1 편에서는 토지문제의 다양한 관점을 비교하여 평가하고 토지문제 해결을 위한 근본적인 방안을 제시하였습니다. 토지문제에서 거품이 어떤 의미를 지니는가를 소개하고 거품이 존재하는 한 공급확대를 통해서는 토지문제를 해결할 수 없음을 밝히고 있습니다. 따라서 토지의 사유권의 한계를 극복하는 것만이 유일한 토지문제의 해결책임을 주장하였습니다.

제 2 편에서는 토지이용규제와 개발이익 환수문제를 다루

고 있습니다. 이 장에서는 우리나라의 토지이용규제는 선진국에 비해 결코 과도한 수준이 아니며 따라서 토지이용규제의 완화를 통해 토지문제를 해결하고자 하는 주장은 국토의 난개발과 불균형 발전을 초래할 수 있음을 주장합니다. 아울러 토지이용에 대한 규제완화와 개발의 확대는 개발이익을 발생시키므로 이를 환수하는 것이 사회정의와 토지의 효율적 이용을 위해 필수적임을 주장하였습니다.

제 3 편에서는 토지의 개발문제를 다루고 있습니다. 그 동안 산업화와 경제발전 과정에서는 개발확대가 정치적으로 활용되면서 과도한 개발과 사회적인 문제점을 양산했다는 점을 지적하고 있습니다. 따라서 앞으로의 개발은 국토의 지속가능성과 토지의 공익성을 고려하여 이루어져야 한다는 점을 강조하고 있습니다.

제 4 편은 농지문제에 대한 올바른 이해를 위해 쓰여졌습니다. 농지에 대해서는 농민만이 소유할 수 있게 해야 한다는 '경자유전원칙'이 자본주의 사회의 안정적 발전을 위해 도입되었으며, 현재에도 중요한 의미를 지닌다는 점을 밝히고 있습니다. 그리고 농업과 농촌은 미래형 산업이자 환경재로서 앞으로 더욱 높은 가치를 지니게 될 것이라는 점을 제시하면서 농지의 계획적 관리 및 개발, 즉 "계획 없는 개발 없다"는 원칙이 요구되는 이유를 설명하고 있습니다.

토지문제는 워낙 종합적이고 복합적이기 때문에 다양한 전공자들이 함께 고민하여 해결하여야 합니다. 때문에 토지에 대한 연구도 학제적일 수밖에 없습니다. 이 책은 경제학, 행정학, 계획학, 농촌개발 분야의 4명의 저자들이 이해하는 토지문제를 다루고 있습니다. 저자들은 각 분야별로 우리나라 토지문제의 원인을 진단하고 나름대로의 해법을 제시하고자 하였습니다. 각자가 집필한 원고는 수 차례의 논의를 통해 상호 평가하고 내용을 조율하였습니다. 이 과정에서 토지문제에 대한 올바른 이해가 얼마나 필요한가를 다시 한번 확인할 수 있었습니다.

이 책을 통해 그 동안 막연한 환상에 얽매여 부동산을 투자의 대상으로만 인식하였던 일반 시민들이 부동산을 새롭게 인식하는 계기가 되기를 바랍니다. 또한 총량적인 공급확대와 부동산가격 안정만을 목표로 하였던 부동산정책에 대해서도 진정 국토의 지속가능한 발전과 서민의 주거안정을 위해 새롭게 정립하는 데 이 책이 다소나마 도움이 되기를 바랍니다.

이 책을 꼼꼼이 읽고 훌륭한 코멘트를 해 주신 주택도시연구원의 박헌주 원장님과 표지를 산뜻하게 디자인해 준 박상철 기자, 궂은 일을 마다 않고 챙겨 준 최경호 군에게 이 자리를 빌어 감사의 인사를 전합니다.

끝으로 그 동안 교과서를 주로 출간해 온 박영사에서 일반 독자들의 교양을 위해 쓰여진 이 책을 출판하도록 허락해 주신 안종만 회장님께 감사를 드립니다. 또한 출판을 위해 애써 주신 이구만 부장, 이현구 씨를 비롯한 박영사 직원들께도 감사를 드립니다.

2006년 4월

공저자 일동

차 례

제 1 편 부동산문제, 어떻게 해결할 것인가? — 이정전

제 4 편 농지문제, 어떻게 이해할 것인가? — 김홍상

제 1 편

부동산문제, 어떻게 해결할 것인가?

이 정 전

1. 부동산가격과 거품에 대한 이해

우리나라 부동산은 왜 비싼가?

경제학으로 설명하기 곤란한 현상: 부동산가격

공급증대가 과연 부동산가격을 낮출 수 있을까?

부족의 착각과 거품의 형성

투기는 어차피 오를 땅값을 앞당길 뿐이다?

2. 부동산문제를 어떻게 풀 것인가

부동산문제에 대한 근원적 대책

토지세와 환경세의 재순환

백년대계를 위한 토지정책

1. 부동산가격과 거품에 대한 이해

우리나라 부동산가격은 왜 비싼가?

모두들 우리나라의 부동산가격이 터무니없이 높다고 난리입니다. '미친 가격'이라고 말하기도 합니다. 1974년부터 1996년까지 22년 동안 우리의 GNP는 9.3배, 소비자물가는 7.2배, 주식은 8.5배 상승하였지만, 지가는 무려 17.6배나 뛰었다고 합니다. 그 22년 동안에 우리나라의 경제성장률은 세계적으로 그 유례를 찾기 어려울 정도로 높았다고 하지만, 우리나라 땅값 상승률은 그런 기적적인 경제성장률의 거의 두 배에 가까운 경이로운 것입니다.

부동산가격이 올라가면 서민들의 집 장만이 점점 더 어려워집니다. 게다가 부동산투기로 큰 재미를 보는 사람들의 영웅담이 여기저기에서 흘러나오면 계층간 위화감이 조성됩니다. 그래서 부동산가격이 급상승할 때마다 정부는 특단의 대책을 들고 나옵니다. 지난 번 8·31조치도 그 한 예입니다.

그러나 정부의 그런 태도 자체를 몹시 못마땅하게 여기는 학자들도 있습니다. 우리나라에서만 부동산가격이 뛰고 투기가 성행하는 것이 아닌데, 유독 우리 정부만 야단법석이냐고 힐난합니다. 사실이지 2000년대에 들어와서 미국과 유럽의 여러 나라에서도 부동산가격앙등 현상이 있었지만, 이런 나라 정부들이 특단의 조치를 취하고 있다는 얘기는 들리지 않습니다.

삽화: 조선만평(신경무 화백).

하지만 이런 식으로 우리나라를 외국과 단순 비교하는 것은 하나만 보고 둘은 보지 못하는 태도입니다. 부동산가격이 뛰면 시세차익을 노리고 투기가 성행하는 것은 뻔한 일입니다. 우리나라에서는 약 400 내지 500조 원의 어마어마한 유동자금이 부동산시장을 기웃거리고 있다고 합니다. 이 정도 규모라면 우리 경제가 휘청거릴 만합니다.

외국에서는 아무리 부동산가격이 뛰고 투기가 성행한들 그 나라 경제가 휘청거릴 정도는 아닙니다. 휘청거릴 정도라면 그 나라들도 우리 정부와 같이 특단의 조치를 취했을 겁니다. 더욱이나 이웃 나라 일본이 부동산가격 앙등과 투기극성의 후유증으로 10여 년간 지독한 경기침체에 시달리는 모습을 우리 국민과 정부는 바로 코앞에서 똑똑히 보아왔지 않습니까. 자라보고 놀란 가슴 솥뚜껑 보고 놀란다는 말이 있듯이 부동산문제가 우리에게는 결코 장난이 아닙니다.

미국이니 유럽의 나라와 달리 우리나라는 자본이 풍족하지 못한 나라라는 점을 늘 유념하여야 합니다. 부동산문제를 생각할 때에도 이 점을 잊지 말아야 합니다. 예컨대, 그 400조 내지 500조 원의 막대한 자금이 부동산시장이 아니라 산업계에 투입된다고 해봅시다. 그러면 생산도 늘고 고용도 늘고 소비도 덩달아 늘어날 겁니다. 그랬더라면 지난 수년간 우리 경제는 훨씬 더 활발하게 돌아가고 실업률도 상당히 낮았을 겁니다. 그 막대한 돈이 부동산시장으로 흘러들어 가봐야 부동산가격을 올리는 데 기여하고 특정인의 배를 불리는 데 기여할 뿐 생산과 고용을 늘리는 데 큰 도움이 되지 못합니다.

요컨대, 우리나라와 같이 자본이 풍족하지 못한 나라에서는 한정된 자본을 최대한 생산적으로 이용하는 것이 매우 긴요합니다. 그런 까닭에 부동산문제가 심각한 문제가 됩니다. 이것이 부동산문제에 각별히 신경을 써야 하는 이유입니다.

그러면 우리나라 부동산가격이 왜 이렇게 비쌀까요? 일반 시민들의 생각과는 달리 이에 대한 전문가들의 견해는 의외로 분분합니다. 많은 전문가들이 그 이유를 거품의 탓으로 돌립니다. 그리고 부동산투기가 거품의 원인이라고 말합니다.

그러나 그렇지 않다고 말하는 전문가들도 꽤 있습니다. 거품이 많이 낀 것처럼 보이지만 사실은 그렇지 않다고 이들은 주장합니다. 우리나라와 같이 좁은 땅에 많은 인구가 몰려 살고 경제활동이 활발한 나라에서 부동산가격이 비싸지 않다면 그건 지극히 이상하다는 것입니다. 그러니 비싼 부동산가격을 당연한 것으로 받아들이고 부동산가격 그 자체에 시비를 걸지 말아야 한다고 말합니다. 이런 입장을 취하는 전문가들을 흔히 시장주의자라고 합니다. 시장주의란 시장의 원리를 숭배하며 시장에서 자연스럽게 형성되는 가격을 절대시하는 사상을 말합니다.

세간에서는 시장주의를 신자유주의라고 부르기도 합니다. 부동산문제를 둘러싼 격렬한 논쟁의 한 가운데에는 시장주의의 입장을 취하는 전문가들과 이에 반대하는 전문가들의 첨예한 대립전선이 형성되어 있습니다.

우리나라 부동산가격이 비싼 원인을 어떻게 볼 것인지는 정책적으로도 매우 중요합니다. 부동산문제에 대한 처방이 크게 달라질 수 있기 때문입니다. 부동산가격에 거품이 잔뜩 끼어 있다고 생각하는 사람들은 우선 거품부터 빼고 봐야 한다고 주장합니다. 그리고 거품은 부동산투기 때문에 발생하는 것이므로 투기심리를 확실하게 잡는 것이 급선무라는 주장을 빼놓지 않습니다.

이에 대항하여 시장주의를 옹호하는 전문가(시장주의자)들은 대체로 거품을 부정합니다. 시장주의자들은 정부의 각종 부동산규제를 완화해서 공급을 늘리는 것이 급선무라고 주장합니다. 그러나 거품부터 빼야 한다고 주장하는 사람들은, 도처에 거품이 부글부글 끓어오르고 있는 마당에 이것을 내버려두고 공급을 늘려봤자 거품 묻은 부동산만 퍼뜨리는 격이니 오히려 거품만 키우게 될 뿐이라고 반박합니다. 이에 대하여 시장주의자들은, 시장에서 형성된 가격을 억지로 누르려는 것은 순리에 어긋날 뿐 아니라 성공할 수도 없다고 맞섭니다.

도대체 어느 쪽이 옳을까요? 팽팽하게 대립되는 양쪽의 주장 모두에서 핵심은 '거품'입니다. 사실, 거품이라는 것이 구체적으로 무엇인지는 좀 애매합니다. 갑자기 부동산가격이 많이 오르면 으레 거품 얘기가 나옵니다. 부동산가격의 변동이 심하지 않으면 거품이 없었다고 말하기도 합니다. 하지만, 이렇게 가격변동 폭만 가지고 거품을 얘기할 수는 없습니다. 거품이 어떤 것인지 우선 감을 잡기 위해서 다음 에피소드를 읽어봅시다.

"어느 의욕적인 기업이 막대한 연구비를 투입해서 새로운 화장품을 개발하였다. 값싸고 질 좋은 상품은 시장에서 반드시 응분의 보상을 받는다는 경제학교수의 가르침을 믿고, 생산비에 적정 마진을 더해서 이 화장품에 개당 만 원의 가격표를 붙여 시중에 내놓았다. 그렁저렁 팔리기는 하였지만 기대한 만큼 잘 팔리지는 않았다. 어느 날 한 경영학교수가 귀띔을 하였다. 장사 잘 하려면 소비자의 심리를 잘 이용해야 한다고. 이 조언을 듣고 이 기업은 화장품을 모두 회수하여 포장만 살짝 바꾼 다음 가격에 0을 하나 더 붙여서 10만 원의 가격표를 달아 다시 시장에 내놓았다. 그랬더니 날개 돋친 듯이 마구 팔렸고 주문이 폭주하였다."

살다보면 누구나 이와 비슷한 얘기를 가끔 듣게 될 것입니다. 이 화장품에 대한 수요가 갑자기 늘어난 이유는 많은 소비자들이 실용성보다는 비싼 가격에 매료되었기 때문입니다. 그러나 비싼 가격은 단순히 기분 내는 데는 효과적일지는 몰라도 그 자체가 밥 먹여주는 것은 아닙니다. 어느 날 이들 모두가 기분을 가라앉히고 오직 화장품의 질과 실용성만을 따지는 순간 그리고 그 화장품의 원가가 만 원밖에 안된다는 것을 아는 순간 화장품가격은 다시 만 원 수준으로 곤두박질 칠 것입니다. 화장품가격이 거품과 같이 부풀었다가 어느 순간 푹 꺼집니다. 그 화장품의 가격 10만 원 중에서 9만 원에 해당하는 부분은 거품과 같은 부분입니다. 그러나 사람들이 질보다는 비싼 가격 그 자체에 홀려서 계속 기분만 낸다면, 거품이 낀 10만 원의 높은 가격은 계속 유지될 것입니다.

경제학으로 설명하기 곤란한 경제현상: 부동산가격

1) 가격이 비쌀수록 인기

어떻든, 이 화장품 가격이 10만 원이 된 내막을 듣고 나면 아마도 대부분의 일반시민들은 어처구니 없어할 겁니다. 분개하는 사람도 있을 겁니다. 그리고 정부의 무슨 조치가 있어야 한다고 생각할 겁니다. 그러나 이 세상에 이런 식으로 생각하는 사람들만 있는 것이 아닙니다. 여러 가지 다양한 견해들이 나올 것입니다. 대략 다음과 같은 세 가지 주장들이 예상됩니다.

주장 1: 이 화장품의 가격은 사기와 다름이 없다. 따라서 원가를 공개하게 하고 이를 바탕으로 정부가 강력한 가격규제를 실시해야 한다.

주장 2: 이 화장품에 세금을 왕창 때려서 가격도 바로 잡고 기업의 폭리도 환수해야 한다.

시장주의 주장: 어떤 과정을 거쳐 어떻게 결정되었든 일단 시장에서 결정된 가격은 존중되어야 한다. 화장품가격이 10만 원이 된 이유는 소비자들이 그만한 가격을 지불할 용의가 있었기 때문이다. 소비자들이 그만한 가격을 지불하는 이유는 그 화장품이 어떻든 이들에게 그 만큼의 값어치가 있었기 때문이다. 사람들은 대체로 합리적이다. 그런 합리적 개인들이 이 화장품을 선택한 결과 시장에서 10만 원의 가격이 자연스럽게 형성되었는데 이것을 놓고 가타부타 떠드는 것이야말로 웃기는 일이다. 생산비는 가격을 구성하는 한 일부분이지 전부는 아니다. 생산비도 중요하지만 궁극적으로는 소비자들의 수요가 중요하다. 이 화장품의 가격이 너무 높다고 일반시민들이 정 불평한다면, 화장품 원재료의 공급에 관한 정부의 규제를 과감하게 풀어서 화장품 공급이 대폭 늘어나게 하면 그만이다. 원가 공개를 강요하는 것은 기업의 경영권을 침해하는 것이요, 정부가 가격을 규제하는 것은 시장의 원리를 무시하는 조치이며, 무거운 세금을 부과하는 것은 자칫 화장품의 가격을 오히려 더 부추기는 부작용을 수반할 우려가 있다.

이런 세 가지 주장들은 부동산에 대해서도 귀가 따갑게 듣는 주장들입니다. 이 중에서 시장주의 주장은 경제학이론에 확고한 근거를 두고 있는 것처럼 보입니다. 사실이지 가격은 경제학의 핵심 주제입니다. 경제학은 가격을 전문적으로 다루는 학문이라고 해도 과언이 아닙니다. 어떻든 가격에 관한 한 경제학은 최고의 권위를 가집니다. 그렇다면 이 화장품의 가격에 대한 경제학자들의 반응이 궁금해집니다. 그러나 사실은 이 화장품 가격의 예는 경제학자들을 상당히 곤혹스럽게 만드는 현상입니다. 이 화장품의 가격에 대해서 어떻게 생각해야 하느냐고 물으면 아마도 대부분의 경제학교수들은 어물어물할 것입니다. 그럴 수밖에 없습니다. 엄밀히 말하면, 이 화장품가격은 경제학이론을 들먹이며 왈가왈부할 사항이 아닙니다. 왜냐 하면, 우선 이 화장품의 예는 경제학의 기본법칙에 어긋나는 현상이기 때문입니다. 경제학 기본법칙 중의 하나는 '수요의 법칙'입니다. 수요의 법칙이란 상품의 가격이 떨어지면 사람들이 이 상품을 더 많이 구매하고, 반대로 가격이 올라가면 덜 구매하는 현상을 말합니다.

우리 일상생활에서 보는 거의 대부분의 상품들에 이 수요의 법칙이 적용된다고 말할 수 있습니다. 경제학자들은 이 수요의 법칙에 위배되는 경우는 극히 예외적이라고 주장합니다.

이 수요의 법칙이 성립해야만 시장에서 수요량과 공급량을 일치시키는 시장가격이 형성될 수 있습니다. 시장에서 가격이 오르락내리락 하면서 수요와 공급이 균형을 이루게 되는 과정을 '시장의 자기조절기능'이라고 하는데, 수요의 법칙이 성립해야 이 기능이 확실하게 보장됩니다. 수요의 법칙이 성립한 결과 시장의 자기조절기능이 잘 작동하는 시장은 '정상적인 시장'입니다.

그러나 이 화장품의 경우에서 보듯이 가격이 비싸지는데 수요가 줄지 않고 오히려 늘어난다면 이는 수요의 법칙에 어긋납니다. 수요의 법칙이 성립하지 않는 시장에서는 시장의 자기조절기능이 보장되지 않습니다. 이런 시장은 정상적인 시장이 아닙니다. 위의 화장품의 시장은 정상적인 시장이 아닙니다. 그래서 경제학자들도 대체로 이런 시장을 외면합니다.

수요의 법칙은 경제학의 기본가정으로부터 논리적으로 얻어낸 법칙입니다. 사람들이 상품을 사는 이유는 그 상품의 이용이나 보유로부터 얻는 어떤 이익 때문입니다. 바로 이 부분에 경제학의 중요한 가정이 끼어듭니다. 즉, 상품의 가격 그 자체는 해당 상품의 유용성이나 성능에 영향을 주지 않으며 따라서 그 상품의 이용이나 보유로부터 얻는 이익에 직접적으로 영향을 주지 않는다는 가정입니다. 대부분의 경우 이 가정은 그럴듯한 가정입니다.

예를 들면, 논 한 마지기의 쌀 수확량은 생산방법이나 자연조건에 의해서 결정되는 것이지 논 한 마지기의 가격 그 자체와는 직접적 관계가 없습니다. 자연조건이나 생산방법은 그대로인데 논의 가격이 올랐다고 해서 쌀 수확량이 늘어나지 않습니다. 그렇게 된다면야 얼마나 좋겠습니까. 쌀이 더 많이 필요하면 농지의 가격을 올려주기만 하면 되니까요. 그러나 그것은 공상만화 같은 얘기입니다. 똑같은 휘발유인데 1000원일 때는 1리터로 10km 달리고 1500원일 때는 12km 달린다는 것 역시 생각할 수 없습니다. 휘발유가격에 따라 자동차 연비가 달라지는 것은 아닙니다. 똑같은 한 숟가락의 밥인데, 밥값이 1000원일 때는 맛이 없고 1500원일 때는 맛이 있나는 것도 생각하기 어려운 일입니다.

2) 이상한 수요곡선

이와 같이 상품의 가격이 상품의 이용이나 보유로부터 얻는 이익에 직접적으로 영향을 주지 않는다고 가정할 때, 대체로 수요의 법칙이 성립하게 됩니다. 그래서 비싸기 때문에 더 많이 사려는 현상은 잘 일어나지 않습니다. <그림 1-1>의 왼쪽에 나타낸 곡선 D는 경제학교과서에서 흔히 보는 수요곡선입니다. 이와 같이 우하향하는 수요곡선은 위에서 말한 경제학의 기본가정을 전제하고 수학적으로 유도한 곡선입니다.

그러나 화장품의 예에서는 비싸다는 사실 그 자체가 화장품 구입자들을 즐겁게 해주며, 그 화장품을 구입하는 주요 동기가 됩니다. 즉, 높은 가격이 화장품 구입으로 인한 즐거움의 원천이 됩니다. 그렇기 때문에 이들은 거금 10만 원을 지불하였습니다. 말하자면, 비싼 맛에 화장품을 구입하였다는 것입니다.

〈그림 1-1〉 두 가지 수요곡선

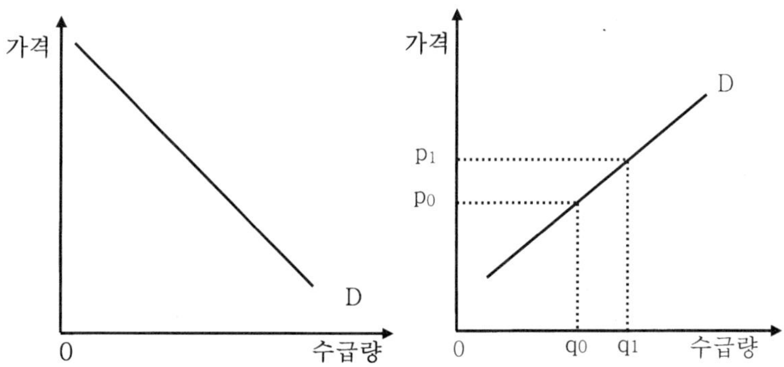

우리 주위에서 보면, 별 필요도 없는 물건을 그저 싼 맛에 사는 경우도 있고, 반대로 비싼 맛에 사는 경우도 그리 드물지만은 않습니다. 사람들이 명품을 사는 이유가 그 상품의 실용성 때문만은 아닙니다. 보통의 경우에는 가격이 올라가면 사람들이 부담스러워하고 구입을 꺼려하는데, 명품의 경우에는 가격이 올라가면 사람들은 오히려 더 좋아하고 더 사고 싶어

합니다. 이 경우 가격이 상품의 이용이나 보유로부터 얻는 이익의 크기에 영향을 준다기보다는 그 가격 자체가 그 이익의 중요한 한 부분이 된다고 말하는 것이 더 정확할 것입니다.

어떻든 이럴 경우, 결과적으로 시장에서 형성되는 이 상품의 가격은 경제학의 수요-공급논리로 설명하기 매우 어려워집니다. 수요의 상당한 부분이 수요의 법칙에 어긋난 것이기 때문입니다. 수요의 법칙이 성립하지 않을 경우에는 수요곡선을 그리기도 어려워집니다.

앞에서 예로 든 화장품에 관하여 억지로 수요곡선을 그린다면, <그림 1-1>의 오른쪽에서 보듯이 <u>우상향하는 이상한 수요곡선</u>이 될 것입니다. 왜냐 하면, 가격이 올라갈수록 사람들이 더 많이 사기 때문입니다. 예를 들어서 가격이 p_0일 때는 수요가 q_0이고 가격이 p_1으로 비싸지면 수요는 q_1으로 늘어납니다. 이런 수요곡선은 경제학교과서에서 좀처럼 볼 수 없는 곡선입니다. 이 그림을 보면 아마도 대부분의 사람들은 공급곡선을 수요곡선으로 잘못 나타냈다고 말할 것입니다.

공급증대가 과연 부동산가격을 낮출 수 있을까?

1) 부동산의 특징

이와 같이 가격이 비싸짐에 따라 수요가 증가하는 상황은 경제학의 수요-공급논리를 적용할 수 있는 정상적인 상황이 아닙니다. 따라서 이런 비정상적인 상황에서는 공급을 늘리는 것이 가격을 낮추는 첩경이라는 시장주의 주장도 확고한 이론적 근거를 갖지 못하게 될 것입니다.

위의 화장품의 예가 비정상적인 현상이요 따라서 수요-공급의 논리를 적용하기 곤란하다면, 부동산에 대해서도 역시 같은 말을 할 수 있습니다. 왜냐 하면, 부동산도 위에서 예로 든 화장품과 비슷한 성격을 갖는 상품이기 때문입니다. 가격이 비쌀수록 사람들이 그 화장품을 더 좋아하고 더 사고 싶어 하듯이 부동산의 경우에도 가격이 비쌀수록 사람들이 더 좋아하고 더 사고 싶어 하는 경향이 있습니다. 서울 강남지역의 부동산 가격은 계속 오르는데도, 돈 있는 사람들은 이 지역 부동산을 더 사고 싶어서 안달입니다.

경제학의 기본가정과는 달리 상품의 가격 그 자체가 상품 매입 및 보유로부터 얻는 이익의 중요한 한 부분이 된다는 점에서 부동산과 위에서 예로 든 화장품은 공통점을 가집니다.

삽화: 한겨레신문에서 인용.

다만, 화장품과 부동산이 다른 점이 있다면 화장품의 경우에는 비싼 가격이 직접 매입자를 즐겁게 해주는 데 반해서 부동산의 경우에는 재산증식을 통해서 간접적으로 매입자를 즐겁게 해준다는 것입니다.

부동산가격 상승으로 인한 재산증식의 이익을 흔히 자본이득이라고 부릅니다. 예를 들어서, 5억 원짜리 아파트를 사두었는데, 1년 후 5억 5천만 원에 팔았다면 5천만 원에 해당하는 자본이득 발생합니다. 가격이 오를수록 자본이득은 커집니다. 자본이득이 클수록 사람들은 부동산을 더 사고 싶어 합니다. 그래서 바로 이 자본이득이 부동산을 매입하는 중요한 이유가 됩니다.

부동산의 특징: 부동산 가격의 상승이 재산증식의 이익을 가져다주기 때문에 가격상승이 수요증대를 촉발하는 요인이 된다.

이와 같이 비싼 가격, 좀 더 정확하게 말하면 가격상승이 부동산매입의 주된 이유가 되는 현상은 우리 일상생활에서 아주 흔합니다. 나대지나 임야를 사서 내버려두었다가 높은 값에 되팔아서 큰 자본이득을 챙긴 사람들의 영웅담이 우리 주위에 무성한데, 이들은 가격상승을 성공적으로 잘 노린 사람들입니다.

수많은 사람들이 우리나라의 부동산가격은 절대 떨어지는 법이 없으며, 돈만 있으면 부동산을 사놓는 것이 최선의 치부책이라고 믿고 있습니다. 오죽하면 "부동산 불패"라는 말이 있고, 서울 강남의 부동산가격은 절대 떨어지지 않는다는 "강남불패"의 신화가 나돌겠습니까.

자본이득은 우리나라에서 고소득계층뿐만 아니라 중산층에 이르기까지 많은 사람들이 눈독 들이는 이익이면서 동시에 사회적으로 큰 물의를 일으키는 이익이기도 합니다. 옳든 옳지 않든 자본이득은 수많은 부동산 거래자가 당면하는 엄연한 현실입니다. 이런 현실을 외면하는 주장들은 공리공담일 뿐입니다.

이와 같이 비싼 가격이 부동산의 매입을 더욱 더 부추기는 요인이 된다고 하면, 위의 화장품의 경우처럼 부동산가격에도 거품이 끼게 됩니다. 보통, 가격상승으로 인한 자본이득을 노린 부동산 매입을 투기적 수요 혹은 가수요라고 하며, 이런 수요로 인해서 부동산가격이 현저하게 오를 때 거품이 발생한다고 말합니다. 단순히 가격이 갑자기 올랐다고 해서 거품이 발생하였다고 말할 수는 없습니다.

예를 들어서 소득수준의 향상으로 사람들이 좀 더 넓고 쾌적한 주거공간을 원하게 된 결과 아파트수요가 갑자기 늘었다든가 혹은 어느 지역에 인구가 갑자기 늘어나서 아파트수요가 늘어날 때에도 부동산가격이 풀쩍 뛰게 되는데 이 가격에 거품이 끼었다고 말하기는 곤란합니다. 이 경우에는 정상적으로 가격이 뛰었으므로 공급을 늘려주면 가격은 다시 가라앉을 것입니다. 그러나 자본이득을 노린 수요(가수요)때문에 가격이 뛴다면 가격에 거품이 끼었으므로 정상적으로 가격이 올랐다고 할 수 없습니다. 따라서 공급을 늘려준다고 해서 가격이 가라앉는다는 보장도 없습니다.

2) 공급증대가 가격을 올린다

만일, 부동산을 구매할 때 사람들이 부동산의 실용가치보다도 자본이득을 더 중요하게 생각한다면, 결과적으로 부동산가격이 올라갈수록 이에 대한 수요는 오히려 더 증가하는 현상이 부동산시장에서도 나타날 것입니다. 만일 가격이 올라갈수록 수요가 늘어난다면 부동산에 대한 수요곡선이 <그림 1-1>의 오른쪽에서 보듯이 우상향하는 형태를 취하게 될 것입니다.

앞에서 예로 든 화장품의 경우처럼 부동산의 경우에도 수요곡선이 이와 같이 우상향하는 꼴을 취한다고 해봅시다. 그러면, 이와 같이 수요곡선이 우상향하는 상품의 공급을 늘리면 가격은 어떻게 될까요? 가격이 떨어지기는커녕 올라갑니다.

<그림 1-2>를 보아 주십시오. 이 그림에서 D로 표시된 곡선은 이 상품에 대한 수요곡선이고 S로 표시된 곡선은 공급곡선입니다. 수요곡선과 공급곡선이 이와 같이 주어지면, 시장에서 균형거래량은 q_0이고 이때 이 상품의 가격은 p_0가 됩니다. 이제 정부의 규제완화 덕분에 이 상품의 공급이 늘어났다고 합시다. <그림 1-2>에서 곡선 S'는 공급이 증가한 상태에서의 공급곡선입니다. 만일 새로운 균형이 형성된다고 하면, 균형거래량은 q_1이 되고 이때 가격은 p_1이 될 것입니다. 공급이 늘어났는데 시장에서 가격은 올라갑니다. 정부의 규제완화로 인한 공급의 증대가 부동산가격을 떨어뜨리기는커녕 오히려 부추깁니다.

〈그림 1-2〉 공급증대가 가격상승을 초래하는 경우

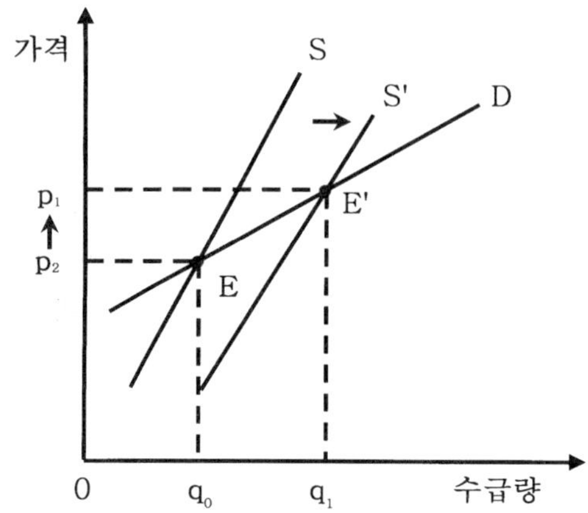

물론, 수요곡선이 우상향하더라도 공급증가가 가격을 떨어뜨리는 경우도 있을 수 있습니다. 예를 들어서, 수요곡선이 <그림 1-3>에서 D로 나타낸 곡선과 같다고 합시다. 이 수요곡선의 기울기는 <그림 1-2>의 수요곡선의 그것보다 더 가파른데, 이는 높은 가격의 매력이 <그림 1-2>에 비해서 떨어진다는 얘기입니다. 어떻든 <그림 1-3>에서 애당초 균형거래량은 q_0이고 시장가격은 p_0이었는데 공급이 늘어났다고 합시다. 이런 이상한 상황에서 과연 새로운 균형점이 형성될 수 있을지 확실하지 않지만, 어떻든 새로운 균형점이 E'라고 해봅시다. 그렇다면, 시장에서 가격은 p_1으로 떨어집니다. 하지만 그림에서 보듯이 판매량도 동시에 감소합니다. 가격도 떨어지고 판매량도 떨어진다면 공급증대가 기업에게 손해만 잔뜩 줄 것은 불보듯 뻔합니다. 이렇게 손해가 뻔한 짓을 기업이 과연 감행하겠습니까. 공급을 늘리기 위해서 정부가 규제를 완화해봐야 기업이 따라주지를 않으면 무슨 소용이겠습니까?

〈그림 1-3〉 공급증대가 이윤감소를 초래하는 경우

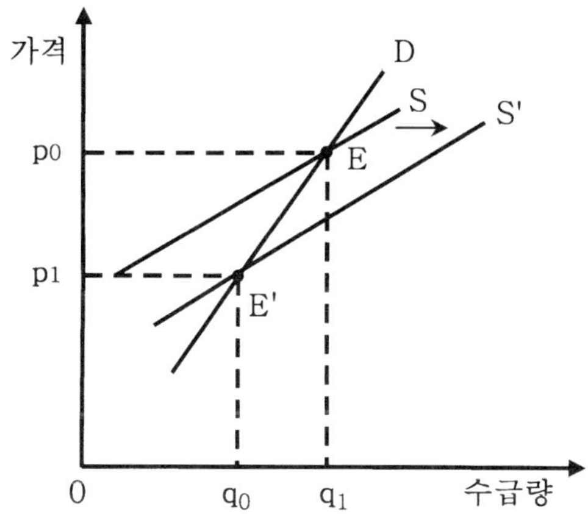

설령, 공급증대가 가격을 떨어뜨리면서 거래량도 증대시킨다고 해보십시다. 위 화장품의 예에서 가격이 비싸진 이유는 공급이 부족해서가 아닙니다. 소비자들이 비싼 맛에 너무 기분을 내는 이상 심리 때문에 비싸졌습니다. 명품이나 특정 사치품의 경우 사람들은 왜 비쌀수록 더 좋아할까요? 경제학원론 교과서에는 과시효과 혹은 전시효과 탓이라고 쓰여 있습니다.[1] 만 원에서 10만 원까지 화장품가격이 올라간 이유는 과시욕을 충족시키고 싶어 하는 수요 때문이라는 겁니다.

그렇다면, 이렇게 이상한 요인으로 비싸진 가격을 떨어뜨리기 위해서 굳이 공급을 증대시키는 것이 과연 바람직한가라는 의문이 제기됩니다. 만일 그런 과시욕은 사회적으로 바람직하지 않은 욕망이라고 한다면, 그리고 현 화장품 공급량의 상당한 부분이 그런 과시욕을 충족시키기 위한 것이라면, 그 화장품의 공급을 늘리기보다는 오히려 줄이는 것이 더 타당하지 않을까요?

물론, 화장품가격이 만 원에서 10만 원까지 부풀려진 이유가 개인의 과시욕 때문만은 아닐 수도 있습니다. 예를 들어서 10만 원에 상응하는 만큼 그 화장품의 질이 좋을 것이라고 소비자들이 잘못 생각하고 샀을 수도 있습니다. 그렇다면, 공급을 늘려서 화장품가격을 잡기보다는 소비자들에게 충분한 정보를 제공하는 것이 더 바람직할 수도 있습니다.

3) 정상적 시장과 비정상적 시장의 구분

이런 얘기는 부동산에 대해서도 그대로 적용됩니다. 부동산가격이 비싼 이유가 공급이 부족해서가 아니라 사람들이 자본이득을 집중적으로 노리기 때문이며, 또한 투기성 자본이득이 사회적으로 바람직하지 못하다는 공감대가 폭넓게 형성되어 있다고 합시다. 그리고 현 부동산 공급량의 상당한 부분이 그런 바람직하지 못한 동기를 충족시키기 위한 것이라고 합시다.

그렇다면, 그 부동산의 공급을 늘리기보다는 오히려 줄이는 것이 더 타당하지 않을까요? 화장품의 경우에는 비록 가격이 크게 오르더라도 제3자에게 미치는 피해가 경미하지만, 많은 경우 부동산가격상승이 제3자에게 미치는 피해는 때로는 실로 엄청나게 큽니다. 아파트 값이 올라가면 집 없는 수많은 서민들은 내 집 마련의 꿈이 점점 더 멀어지는 좌절감의 고통을 가만히 앉아서 당해야 합니다.

"부동산시장이 비정상적일 경우에는 부동산공급 증대가 오히려 부동산의 가격을 높일 수도 있다."

물론, 부동산공급이 필요 없다는 얘기는 아닙니다. 허나, 누울 자리를 보고 다리를 뻗으랬다고, 모든 행동에는 때와 장소가 있는 법입니다. 부동산 공급도 마찬가지입니다. 부동산시장이 정상적어서 수요의 법칙이 잘 작용할 때에는 공급증대정책이 부동산가격 안정에 효과가 있습니다.

그러나 앞에서 보았듯이 부동산시장이 비정상적일 때에는 공급증대정책이 오히려 부동산투기를 부추기고 부동산가격을 올리는 역효과를 초래할 수도 있습니다. 2005년 8·31조치가 발표되었을 때 시민단체들이 공급증대정책에 반대했었는데 바로 이런 부작용을 걱정했기 때문이었습니다. 그래서 공급증대정책을 취하기에 앞서 우선 부동산시장을 정상화시킬 것을 요구하였습니다. 부동산시장의 과열부터 식히고 투기심리를 뿌리 뽑은 연후에 시장이 정상화되면 공급증대정책을 실시하라는 것입니다.

공급증대정책이 안고 있는 또 하나의 문제점은 공급증대에 상당한 시간이 걸린다는 것입니다. 투기가 성행해서 지금 당장 부동산가격이 뛰는데 1년 내지 2년 후에 부동산공급을 늘려봐야 결국 뒷북만 치는 꼴이 아니냐는 질문이 제기될 수 있습니다. 그래서 예컨대 2년 후에는 A지역, 4년 후에는 B지역, 6년 후에는 C지역 등에 부동산을 공급한다는 장기공급계획을 세워서 국민에게 미리 알려야 한다는 주장도 있습니다. 뒤에서 다시 자세히 설명하겠지만, 부동산의 특성상 부동산가격은 개발에 임박해서 갑자기 올라가는 것이 아니라 계획이 발표되는 순간부터 들먹들먹합니다.

투기가 성행할 때는 특히 더 그렇습니다. 계획이 발표되기가 무섭게 개발지역에 투기꾼들이 몰려듭니다. 뒤에서 설명할 떼 짓기가 연출되면 부동산가격은 정상적 수준(시장근본가치)을 훌쩍 뛰어넘게 됩니다. 시장가격의 결정에는 각 개인의 지불용의액의 크기뿐만 아니라 수요자의 수도 매우 중요하게 작용하기 때문입니다. 이런 떼 짓기 현상을 우리는 그동안 수없이 많이 보아왔습니다.

어떻든, 때가 중요함에도 불구하고 시장주의자는 시도 때도 없이 그저 공급증대만을 줄기차게 요구합니다. 공급증대정책을 시행하면 투기억제정책은 필요 없다고 시장주의자는 말합니다. 그런데도 정부가 공급증대정책보다는 투기억제정책에 매달리는 이유는, 투기억제정책이 인기가 있고 돈이 많이 안 드는 손쉬운 정책임에 반해서 공급증대정책은 인기도 없고 예산도 많이 드는 귀찮은 정책이기 때문이라고 시장주의자는 강변합니다. 그러나 이런 주장은 경제학 교과서가 얘기하는 것과는 사뭇 다릅니다. 경제학 교과서에 의하면, 기업은 이윤극대화를 추구하고 관료는 예산극대화를 추구합니다.[2] 관료는 예산을 많이 주무를 수 있어야 더 많은 영향력을 행사할 수 있고 떡고물도 더 많이 떨어지기 때문이랍니다. 이런 교과서 얘기가 옳다면, 부동산관련 관료와 공기업에게는 투기억제정책보다는 공급증대정책이 단연 훨씬 더 인기 있는 정책입니다.

사실이지 우리 정부는 실제로 공급증대정책을 부지런히 펴왔음에 반해서 투기억제정책은 그저 시늉뿐이었습니다. 여론이 끓어오르면 투기억제정책을 강하게 펴는 척 했다가 여론이 잠잠해지면 슬그머니 거두기를 반복했습니다. 예를 들면, 지난 80년대 말 온 나라가 부동산투기열풍에 휩싸이고 여론이 들끓자 정부가 서둘러 토지공개념법을 제정하였지만 얼마 후 흐지부지되어 버리지 않았습니까? 늘 이런 식이다 보니, 이번 8·31조치도 얼마 안가서 유야무야될 것이라고 대부분의 사람들이 생각하는 것 같습니다. 국민의 불신, 이것이 우리나라 부동산정책 수행의 큰 문제점입니다. 그래서 시민단체들이 요구하는 것은, 한번만이라도 부동산투기억제 정책을 제대로 펴보라는 것입니다. 정부의 공급증대 정책이 늘 대규모 환경파괴를 초래하였다는 과거의 쓰라린 경험도 시민단체가 이 정책에 거부감을 보이는 중요한 이유이기도 합니다.

부족의 착각(shortage illusion)과 거품의 형성

1) 이론과 거리가 먼 부동산시장 현실

이와 같이 가격 그 자체가 부동산 매입 및 보유로부터 얻는 이익의 일부가 되고 따라서 가격상승이 부동산매입의 주된 동기가 되는 현상은 우리나라에만 나타나는 현상은 결코 아닙니다. 잘 알려져 있듯이 과거 1980년대 말까지 일본 열도는 토지투기의 열풍에 휩싸여 있었습니다. 우리나라에 "강남불패"의 신화가 있듯이 당시 일본에는 토지에 관해서 세 가지 신화가 널리 퍼져 있었습니다. 그 중의 하나는 "토지는 항상 부족하다"는 신화이고, 다른 하나는 "지가는 오르기만 한다"는 신화입니다.[3)]

광활한 국토에 시장의 논리가 비교적 잘 통한다는 미국을 봅시다. 최근 미국에서도 대도시를 중심으로 부동산투기 열풍이 불고 있습니다. 부동산에 관하여 많이 인용되는 미국 예일대학교 경제학과 쉴러(R. J. Shiller)교수의 최근 연구는 부동산가격 상승에 대한 일반시민들의 기대가 이 부동산투기 열풍의 진원임을 보이고 있습니다. 이 연구는 미국의 4개 대도시에서 최근 부동산을 매입한 사람들을 상대로 설문조사를 한 결과를 보고하고 있습니다.

이것을 보면, 지속적인 부동산가격 상승을 경험하는 도시의 응답자의 75%가 주택가격의 상승이 주택매입의 주요 동기이었음을 인정하였습니다. 그러나 부동산가격상승을 경험하지 않은 도시의 응답자 중에서는 주택가격상승을 노리고 주택을 매입하였다는 응답자의 비율이 극히 낮았습니다.[4] 만일 우리나라에서 이런 조사를 하였다면, 부동산가격상승을 노리고 부동산을 매입하는 사람의 비율이 미국의 경우보다 현저하게 높았을 겁니다.

사실, 쉴러교수의 이런 설문조사 결과가 그리 대단한 것은 아니라고 할 수도 있습니다. 비슷한 설문조사 결과가 무척 많이 보고되었습니다. 그러나 쉴러교수의 연구가 밝혀낸 한 가지 중요한 사실은, 부동산의 경우에는 많은 사람들이 경제상식에 어긋나는 '이상한 착각'에 빠진다는 것입니다.

어떤 상품의 가격이 갑자기 올라갔다고 합시다. 약간이라도 경제상식을 가진 사람이라면 누구나 시장에서 이 상품이 부족하다는 것, 달리 말하면 공급이 달린다는 것을 직감할 것입니다. 그러면, 곧 공급이 증가하여 수요를 따라잡으면서 가격이 다시 떨어지거나 혹은 그렇지는 않더라도 수긋해지리라는 것도 경제상식으로 쉽게 짐작할 수 있는 일입니다.

그러나 쉴러의 연구에 의하면 일반시민들은 이렇게 생각하지 않습니다. 부동산시장에서는 일단 부족이 관측되면, 일반시민들은 이것이 그 특정가격 하에서 공급이 달리기 때문이라고 생각하지 않고, 무조건(정확하게 말하면, 모든 가격 하에서 절대적으로) 공급이 달리기 때문이라고 생각하는 경향이 있다는 겁니다. 그러므로 부족이 계속되며, 따라서 앞으로도 계속 가격이 오를 것이라고 기대하게 됩니다. 그 부족이 시장의 자동조절기능에 의해서 해소된다고 기대하지 않는다는 겁니다. 경제상식에 어긋나는 이런 이상한 생각을 쉴러는 <u>"부족의 착각"</u>이라고 불렀습니다.

부족의 착각: 부동산가격이 오를 경우 공급증대로 가격이 곧 안정될 것이라는 경제상식과는 달리 앞으로도 오름세가 계속될 것이라고 생각하는 현상.

과거 일본열도를 휩쓴 "토지는 항상 부족하다"는 신화와 "지가는 오르기만 한다"는 신화도 이런 부족의 착각이 현실화된 것임을 잘 확인시켜 주는 신화입니다. 쉴러교수의 연구에 의하면, 부동산가격 상승을 경험하는 도시의 응답자들의 대부분은 주택가격은 절대 떨어지지 않는다는 신념을 가지고 있었으며, 따라서 주택투자의 위험(risk)을 거의 느끼지 않았습니다. 그리고 이런 부족의 착각은 거의 모든 부동산시장에서 나타나는 특성입니다. 단지, 최근에 부동산가격상승의 경험이 없는 지역의 부동산시장에서는 부족의 착각이 현저하게 적게 나타날 뿐입니다.

예를 들면, 최근 부동산가격상승을 겪고 있는 도시의 응답자들의 71–73%가 부족의 착각에 빠져 있었으며, 최근 부동산가격상승이 멈추어진 도시에서도 응답자의 61%가 부족의 착각을 가지고 있었습니다. 부동산가격상승의 경험이 없는 도시의 응답자들 중에서 경제상식에 맞는 대답을 하는 응답자의 비율은 35%에 불과하였다고 합니다.

쉴러교수의 연구가 원래 의도하였던 목적은 일반시민들의 마음속에 있는 나름대로의 경제이론이 경제학자들의 이론과 얼마나 다른가를 알아보는 것이었습니다. 잘 알려져 있듯이, 경제학자들은 언제나 수요와 공급 그리고 이 두 가지의 밑바탕을 이루는 요인들에 의거해서 경제현상을 설명하고 예측합니다. 수요와 공급 그리고 이 두 가지의 밑바탕을 이루는 요인들을 흔히 시장근본요인이라고 부르며, 시장근본요인에 의해서 결정된 가격을 시장근본가치라고 부릅니다.

경제학자들은 이 시장근본요인에 대한 계량적 자료를 근거로 경제현상을 파악하고 예측하려고 노력합니다. 부동산거래동향과 부동산가격도 중요한 경제현상입니다.

그러나 쉴러교수의 조사결과에 의하면, 일반시민들 중에서 시장근본요인에 대한 통계를 바탕으로 현황을 파악하고 미래를 예측하면서 부동산을 매입하는 사람은 거의 없었습니다. 일반시민들은 시장근본요인에 대해서 별로 관심이 없습니다. 다만, 가격변동에 대해서는 관심이 많으며 가격변동에 대한 최근의 경험이 이들의 선택에 크게 영향을 줍니다.

더욱 놀라운 것은, 주식이나 부동산 투자전문가들의 행태도 일반시민들의 행태와 기본적으로 크게 다르지 않다는 점입니다. 예를 들면, 과거 미국과 일본이 경험한 주가폭락사태에 대하여 투자전문가들의 약 70% 이상이 그 원인을 이윤이나 이자 등 시장근본요인으로 설명하기보다는 투자심리로 설명하였습니다. 미래의 주가 동향을 예측할 때 무엇을 근거로 삼느냐는 질문에 "직감"이나 "느낌"이라는 응답의 빈도가 매우 높았습니다.

2) 부동산 시장의 특징: 남 따라하기

또 한 가지 재미있는 것은, 그럼에도 불구하고 많은 투자전문가들이 미래의 장세에 대한 자신들의 예측에 상당한 자신감을 보였다는 점입니다. 자신감을 보였다는 것은 그만큼 과거에 많이 성공했음을 반영합니다.

투자전문가들에 대한 쉴러교수의 연구에서 또 한 가지 눈길을 끄는 것은, 주식이나 부동산에 투자할 때 투자가들은 다른 사람들이 어떻게 행동할 것인지에 대단히 민감하다는 점입니다.

쉴러교수의 연구가 아니더라도 주식이나 부동산투자의 경우 "다른 사람 눈치 보기"가 상당히 큰 영향을 미친다는 것은 이미 잘 알려져 있습니다. 일상생활에서도 소수의 사람들이 어떤 특정 행동을 하면 다른 사람들이 우르르 따라 행동하는 현상이 자주 목격됩니다.

예를 들어서 극장이나 백화점에서 어떤 사람이 "불이야!" 소리치며 문 쪽으로 뛰어가면, 정말 불이 났는지 확인할 겨를도 없이 주위에 있던 사람들도 무작정 문 쪽으로 우르르 몰려갑니다. 이런 현상을 학사들은 "떼 짓기 행태"라는 말로 설명하는데, 이런 행태는 부동산이나 주식시장에서도 자주 관측되는 행태라고 합니다.[5] 부동산가격이 올라가서 소수의 사람들이 부동산을 사재기 시작하면 냄새를 맡고 다른 수많은 사람들이 벌떼처럼 사재기에 뛰어들면서 소위 부동산투기 붐이 조성되는 현상이 TV나 신문에 자주 보도됩니다.

그러면 부동산시장에서 왜 사람들은 다른 사람들의 눈치를 보며 떼 짓기 행태를 보이는가? 가장 큰 이유는 정보부족입니다. 잘 모를 때에는 무작정 다른 사람을 따라 행동하기 쉽습니다. 백화점에서 어떤 사람이 "불이야!" 소리치고 문 쪽으로 뛸 때, 사태를 잘 알고 있는 사람은 소리치는 사람을 무작정 뒤따라가는 미련한 짓을 하지 않을 것입니다. 그러나 정보가 부족할 때에는 다른 사람들의 눈치를 보며 따라 행동하기 마련일 뿐만 아니라, 또한 개인적으로는 그러는 것이 결코 비합리적이라고 말할 수도 없습니다.

특히 부동산의 경우에는 그렇습니다. 부동산의 경우에는 정보부족이 심각합니다. 정보부족이 부동산의 특징이라고 할 수도 있습니다. 부동산의 경우 모든 사람들에게 충분한 정보가 제공되지 못할 뿐만 아니라 이미 있는 정보마저도 특정인에게 편중되는 "정보의 비대칭성"이 심합니다.

토지시장을 예로 들어보겠습니다. 어떤 시장에서나 가장 중요한 정보는 가격입니다. 토지시장에서도 마찬가지입니다. 땅값을 알아야 사든 말든 혹은 팔든 말든 어떤 결정을 할 수가 있습니다. 그러나 그 땅값은 잘 알려져 있지 않습니다. 우리나라에 약 3천여 백만 필지의 땅 조각이 있다고 하지만 이들의 대부분 그 가치는커녕 가격조차 잘 알려져 있지 않습니다. 사실 우리 주위에서 보면, 땅주인조차도 자기가 가진 땅의 가격이 얼마인지를 잘 모르는 일이 허다합니다. 그럼에도 불구하고 땅값을 정확하게 알고 싶어서 안달하는 사람들도 무척 많습니다. 땅값을 정확하게 알아봐 주는 일이 엄청나게 좋은 돈벌이가 되기도 합니다.

실제로 우리 정부는 우리나라의 땅값을 알려고 해마다 수많은 사람들을 동원하면서 수백억 원의 돈을 뿌립니다. 예를 들면, 1998년 우리 정부는 전국의 지가를 알아내기 위해 348억 원의 돈을 썼습니다.[6)] 정부로서는 그럴 수밖에 없습니다. 우선 당장 땅값을 제대로 알아야 각종 세금을 걷을 수 있기 때문입니다. 정부뿐만 아니라 기업들도 땅값을 정확하게 알기 위해서 많은 돈을 씁니다. 반드시 투기 때문에 부동산가격을 정확하게 알려고 하는 것은 아닙니다. 토지나 건물은 소중한 담보물이기도 합니다. 예를 들면, 은행은 담보물의 가치를 정확하게 알지 않으면 막대한 손해를 볼 수도 있습니다.

부동산가격을 정확하게 아는 것이 어려우면서도 중요하다 보니 부동산가격을 알아내는 전문직이 인기를 끌고 있고 지가추정을 전담하는 공공기관도 있습니다. 라면의 가격이나 커피의 가격을 알기 위해서 돈을 뭉텅 쓴다면 그야말로 코미디 감이지만 땅값을 제대로 알기 위해서는 많은 돈과 시간을 들여야 하는 것이 우리의 현실입니다. 토지도 상품인 이상 다른 상품과 다를 것이 별로 없다고 말하는 사람도 있지만, 이것만 봐도 부동산, 특히 토지는 다른 상품과 무척 다르다는 것을 알 수 있습니다. 어떻든 이렇게 부동산에 대한 정보가 부족하다보니 자연히 부동산시장에서는 떼 짓기가 성행합니다.

쉴러교수의 연구는 요컨대, 부동산이나 주식에 관한 한 일반시민들이 지니고 있는 그들 나름대로의 경제이론은 경제학자들의 이론과 거리가 멀다는 것을 확인해주고 있습니다. 그래서 결국 부동산시장에서 실제로 벌어지는 현상이 경제학이론이 애기하는 바와 현저하게 달라질 수밖에 없습니다.

이와 같이 이론과 실제가 달라지는 현상은 비단 부동산시장에만 국한된 것은 절대 아닙니다. 예를 들면, 경제학적으로 볼 때 대통령선거나 국회의원선거에서 유권자들이 투표하는 행위는 비합리적 행위입니다. 투표하기 위해서는 시간도 들고 돈도 들지만, 대부분 보통사람의 경우 투표를 함으로 인한 이익은 거의 없다고 보아야 합니다. 투표자 한 사람의 표가 자신의 지지자를 당선시킬 확률은 그가 투표장에 갔다가 오는 도중 자동차에 치어 죽을 확률보다 훨씬 낮으며, 설령 지지자가 당선되었다고 해서 어떤 가시적 이익이 떨어진다는 보장도 없습니다. 따라서 경제학이론에 의하면 투표하지 않는 것이 합리적입니다.

그러나 실제로 대통령선거나 국회의원선거에서 유권자의 70% 이상이 투표를 합니다. 그렇다면 유권자의 70% 이상이 바보이거나, 아니면 경제이론이 현실과 맞지 않는다는 애기가 됩니다.

그래서 쉴러교수는 경제이론이 일반시민 마음속의 이론에 대한 통찰력을 수용하지 않고는 더 이상 앞으로 나아갈 수 없다고 결론을 내리고 있는데, 이런 결론에 공감하는 경제학자들이 점점 더 늘어가고 있습니다. 부동산문제에 관한 진단과 처방 역시 공허한 경제학이론에만 의존할 것이 아니라, 부동산시장에서 실제로 사람들이 어떻게 생각하고 행동하는지에 대한 관찰을 바탕으로 한 산 이론에서 나와야 할 것입니다.

투기는 어차피 오를 땅값을 앞당길 뿐이다?

1) 투기의 역할

부동산 하면 으레 투기라는 말이 나올 정도로 이 말이 유행하지만 정작 투기가 무엇인지에 대해서는 전문가들 사이에도 의견이 엇갈리고 있습니다. 흔히 가격상승으로 인한 자본이득을 주로 노리는 행위를 투기라고 합니다만, 사실 투기와 투자는 구별이 잘 되지 않습니다.

그러나 일단 투기는 그런 것이라고 정의하기로 하겠습니다. 한 가지 재미있는 것은, 투기의 역할에 대한 시장주의자들의 생각은 일반시민들과 크게 다르다는 것입니다.

일반시민들은 투기가 거품의 원인이라고 생각하고 이를 매우 좋지 않게 생각하는 데 반해서 시장주의자들은 대체로 투기에 대하여 긍정적으로 생각하는 경향이 있습니다. 투기를 매우 좋은 것으로 보는 전문가도 많습니다.

시장주의자들은 투기가 가격을 안정화시키는 긍정적인 기능을 수행한다고 봅니다. 농작물의 예를 들어보겠습니다. 추수철인 가을에 농작물이 시장에 쏟아져 나오면 농작물가격이 크게 떨어지기 시작합니다. 이 때 투기꾼들이 끼어들어 농작물을 사재기하면 농작물가격의 폭락이 발생하지 않습니다. 이듬해 춘궁기에 시장에서 농작물공급이 바닥나면 가격이 크게 오르기 시작합니다. 이때 투기꾼들이 사재기해 두었던 농작물을 슬슬 풀기 시작하면 가격폭등이 예방됩니다. 결과적으로 투기는 농작물가격의 변동폭을 줄여줍니다.

시장주의자들의 이런 긍정적인 생각은 부동산에도 적용됩

니다. 시장주의자들은 투기가 부동산가격 상승의 근본 원인이라고 생각하지 않습니다.

사람들이 부동산을 사는 근본적인 이유는 결국 부동산의 생산성이나 유용성 때문입니다. 아무런 소용이 없는 토지나 건축물은 아무도 사려고 하지 않으며 따라서 이런 것에 대해서는 투기수요도 없습니다.

시장주의에 의하면 부동산투기도 결국은 부동산의 생산성 내지는 유용성 때문에 존재한다고 봅니다. 성공한 부동산투기는 거의 예외 없이 목 좋거나 장래성이 큰 부동산에 집중됩니다. 예컨대 미래에 개발가능성이 높은 토지에는 거의 예외 없이 투기꾼들이 몰려듭니다. 이런 사실들은 부동산투기의 원천이 부동산의 생산성 내지는 유용성임을 반증합니다.

물론, 부동산투기 열풍이 부동산가격을 올리는 예를 우리 주위에서 흔히 보게 됩니다. 그래서 언뜻 보면 투기 때문에 부동산가격이 오른 것처럼 보입니다. 그러나 사실은 그렇지 않다고 시장주의자들은 주장합니다. 설령 부동산투기가 있고 그래서 부동산가격이 올라간다고 하더라도 그것은 어차피 올라갈 부동산가격을 미리 앞당긴 것에 불과하다는 것입니다.

예를 들어 어느 농촌지역에 10년 후 지하철이 통과하고 지하철역이 들어서게 된다고 합시다. 지하철역이 들어서면 인근지역은 크게 개발되고 땅값도 크게 오를 것입니다. 그러면, 이 지역의 땅값이 지하철역이 들어서는 10년 후에 갑자기 뛰느냐 하면, 전혀 그렇지 않습니다.

땅값은 지하철이 건설된다는 소문이 돌자마자 지금부터 오르기 시작합니다. 미래의 그림자가 현재에 드리웁니다. 이것이 부동산의 또 다른 큰 특징입니다. 어느 지역이 개발된다는 소문을 듣고 돈 좀 벌어보려고 달려가 보면 이미 땅값은 오를 대로 올라가 있어서 실망하고 돌아오는 사람들의 얘기가 우리 주위에 자주 돌아다니는데, 이럴 때마다 사람들은 투기를 탓합니다.

그러나 투기가 전혀 없다고 해도 미래에 개발될 지역의 땅값은 어차피 올라가게 되어 있습니다. 그럼에도 불구하고 지금 당장부터 땅값이 막 올라가기 때문에 마치 투기가 땅값을 올린 것처럼 보일 뿐이라고 시장주의자들은 말합니다.

부동산가격 상승이 부동산투기를 부추기는 것은 사실입니다. 시장주의자들의 주장은, 그렇더라도 투기는 부동산가격을 시장근본가치 이상으로 부풀리지는 않는다는 것입니다. 간혹 시장근본가치 이상으로 부동산가격이 올라갈 수도 있으나 이것은 일시적인 현상에 불과하다고 봅니다.

달리 말하면, 거품이 있다고 하더라도 일시적이라는 것입니다. 대체로 보면, 거품을 부정하는 학자들은 거품을 비합리적 행동의 결과라고 보는 경향이 있습니다. 사람들이 합리적으로 행동한다면 거품은 존재할 수 없으며, 설령 존재한다고 해도 일시적이라는 것입니다.

만일 실제 땅값이 시장근본가치보다 현저하게 높다고 하면 (즉, 거품이 존재한다고 하면) 합리적인 사람들은 저마다 토지를 팔아서 거품을 챙기려고 할 것이므로 토지공급이 늘어납니다. 그러다 보면 땅값이 가라앉으면서 거품이 걷힐 것입니다.

반대로 실제가격이 시장근본가치보다 낮다고 하면, 합리적인 사람들은 땅값이 장차 시장근본가치 수준으로 올라갈 것을 기대할 것입니다. 이들은 저마다 토지를 사서 보유하려고 할 것이므로 토지에 대한 수요가 늘어나서 지가가 오르면서 시장근본가치에 접근할 것입니다.

합리적인 부동산매입자는 시장근본가치 이상의 가격으로 부동산을 매입하지 않으며, 따라서 합리적인 투기자들도 시장에서 가격이 시장근본가치 이상으로 상승하기를 기대할 수 없다는 것이 시장주의자들의 주장입니다. 이런 주장을 받아들인다면 부동산가격의 대부분은 시장근본요인으로 얼마든지 설명가능하다는 결론이 나옵니다.

2) 부동산시장의 불확실성

그러나 현실에 비추어 볼 때, 이런 시장주의 주장에는 몇 가지 이해가 잘 안되는 부분이 있습니다. 우선, 시장주의 주장은 부동산매입자들이 시장근본가치를 잘 알고 있음을 전제하고 있는데, 사실은 그렇지 못합니다. 보통 상품의 경우에는 사람들이 시장근본가치 이상의 돈을 치르지 않는다고 말할 수 있습니다.

예를 들어서, 10만 원어치 가치가 있는 상품에 대하여 사람들은 10만 원보다 더 많은 돈을 지불하지 않을 것입니다. 10만 원어치밖에 가치가 없는 상품에 12만 원을 지불한다면 누가 봐도 바보 같은 짓임에 틀림없습니다. 그러나 부동산이라면 얘기가 달라집니다.

위에서 예로 든 농촌지역에 10년 후 지하철이 통과할 경우, 미래의 땅값이 어느 정도로 올라갈지는 이 지역이 어떤 식으로 개발되느냐에 따라 크게 달라집니다. 질서 있게 개발되느냐 무질서하게 개발되느냐, 공업지역이 되느냐 상업지역이 되느냐 주거지역이 되느냐 또는 이들이 혼재한다면 어떤 비율로 혼재하느냐, 녹지공간은 충분히 확보되는가, 공공시설이 충분히 갖추어지느냐, 어떤 공공시설이 들어서느냐 등등 이루 다 열거할 수 없는 수많은 요인들이 미래의 땅값을 좌우합니다.

실로 예측하기 어려운 수많은 주변 여건의 변화가 부동산 가격에 큰 영향을 준다는 것이 부동산의 특징입니다. 언제 내 집 앞이나 주위에 이상한 시설이나 이상한 아파트가 들어서서 내 집의 가치를 손상시킬지 알 수 없습니다.

어디 그 뿐입니까. 10년 후 우리 경제가 호황일지 불황일지, 수출이 호조를 이룰지 부진할지, 금리는 어떨지, 미국의 경제는 어떨지 등 복잡한 경제여건의 변화에 부동산가격이 민감하게 반응할 수 있습니다. 이런 요인들은 경제전문가들도 감히 예측하지 못합니다.

미래에 대한 좋은 정보를 싼 비용으로 만들어내는 것이 시장의 가장 중요한 기능 가운데 하나인데 투기꾼들이 바로 그런 역할을 맡고 있다고 시장주의자는 말합니다. 이런 주장이 부동산시장에도 적용될지 의문이지만, 어떻든 그렇다고 합시다. 투기꾼들이 만들어내는 정보는 대체로 개인의 돈벌이에 관한 것들입니다.

그러나 뒤에서 다시 설명하겠지만, 도시의 경우 돈벌이가 최고로 잘 되는 용도가 곧 사회적으로 최선의 용도는 아닙니다. 대한민국 국토의 각 부분이 사회적으로 최선의 용도에 이용될 때에 비로소 국토가 효율적으로 이용되었다고 말할 수 있는데, 투기꾼들은 사회적으로 최선의 용도가 무엇인지에 대해서는 별로 많은 정보를 제공하지 않습니다. 개인의 돈벌이에 관한 정보를 너무 많이 공급함으로써 오히려 국토가 사회적 최선의 용도에 이용되는 것을 방해합니다.

요컨대, 투기전문가를 포함한 개인이 예측할 수 있는 범위를 크게 벗어나는 수많은 요인들이 부동산가격에 큰 영향을 준다는 것입니다. 그러므로 다른 어떤 상품보다도 특히 부동산에 관해서는 불확실한 것이 너무도 많습니다. 그런데 부동산매입자들이 근본시장가치를 어떻게 훤하게 알겠습니까? 많은 사람들이 시장근본가치에 어두울 수밖에 없습니다. 그러니 가격이 시장근본가치를 초과하였는지 아닌지도 잘 알기 어렵습니다.

물론, 부동산이 아닌 보통상품의 경우에도 그것의 가치를 정확하게 알지 못할 수도 있습니다. 하지만, 보통상품의 경우에는 가격이라는 객관적 지표가 있습니다. 대부분의 소비자들은 비록 해당 상품의 가치는 정확하게 모르더라도 가격보다 큰지 적은지는 대충 안다고 말할 수 있습니다.

그러나 앞에서도 설명하였듯이 예컨대 토지에 관해서는 그 가치를 가늠할 수 있는 가격조차 잘 알려져 있지 않은 경우가 너무 많습니다. 토지는 부동산의 기본입니다. 땅값을 잘 모르면 건물의 가격도 정확하게 알기가 어렵습니다. 어떻든 이와 같이 불확실한 것이 너무 많아서 미래에 실현될 시장근본가치를 잘 알 수 없을 경우에는 실제로는 10만 원어치밖에 가치가 없는 부동산에 대하여 12만 원이 아니라 심지어 20만 원, 30만 원을 지불하는 사람들도 얼마든지 나타나게 됩니다.

3) 합리적 행동이 거품을 낳는다

설령, 사람들이 부동산의 시장근본가치를 잘 안다고 합시다. 그리고 부동산가격이 시장근본가치를 현저하게 초과하고 있다고 합시다. 그렇다고 시장주의자들의 말처럼 합리적인 사람들이 부동산을 당장 처분한다는 보장은 없습니다. 여러 가지 정황으로 미루어보아 앞으로도 계속 부동산가격이 올라간다고 믿는 사람은 부동산을 팔지 않고 계속 보유할 것입니다. 그러는 것이 합리적입니다. 다수의 사람들이 가격상승을 믿고 자본이득을 노리면서 계속 부동산을 보유한다면 부동산가격이 시장근본가치를 초과하더라도 부동산가격은 떨어지지 않을 것입니다.

위에서 자세히 살펴보았듯이 부동산매입자들이 노리는 것이 시장근본가치에 국한되지 않습니다. 자본이득도 중요한 노림의 대상입니다. 상황에 따라서는 자본이득이 더 큰 비중을 차지합니다. 이럴 경우에는 부동산매입자들은 시장근본가치 이상의 가격을 치를 용의를 얼마든지 가집니다.

과거에는 거품은 비합리적인 현상이라는 견해가 지배적이었습니다. 그러나 사람들이 합리적으로 행동하고 합리적으로 미래를 예측하더라도 얼마든지 거품이 존재할 수 있다는 주장이 요즈음에는 힘을 얻고 있습니다.

예를 들어서 선진국에서 보듯이 경제성장이 지속되고 자본이 풍부해지면서 금리가 전반적으로 하향추세에 있다고 합시다. 이자율이 낮아지면 은행에 저축하는 것보다는 부동산에 투자하는 것이 상대적으로 더 이익이 됩니다. 따라서 재산증식에 조금이라도 관심 있는 사람들은 저마다 은행에서 돈을 빼서 부동산 매입에 나설 것입니다. 또한, 그렇게 하는 것이 합리적입니다.

부동산개발에 대한 정보나 도시화에 대한 정보와는 달리 금리에 대한 정보는 누구나 손쉽게 알 수 있는 매우 단순한 정보입니다. 사람들이 단순한 정보에 입각해서 행동할수록 비슷한 행동이 많이 나타날 것입니다. 따라서 부동산개발이나 도시화의 경우에 비해서 이자율이 떨어질 경우 부동산시장에 대한 수요가 폭주할 가능성이 월등히 높다고 봐야 할 것입니다.

실제로 시장에서 형성되는 가격은 수요자의 지불용의액의 크기뿐만 아니라 수요자의 수에 따라 크게 달라집니다. 예를 들어서 어떤 상품에 대하여 모두들 똑같이 200만 원을 지불할 용의가 있다고 하더라도 10명이 달려들 때와 100명이 달려들 때 실제로 시장에서 결정되는 가격은 크게 달라질 것입니다. 100명이 몰려들 때 수요가 더 커지며 따라서 가격도 더 높아질 것입니다.

이자율의 하락은 시장에서 부동산에 대한 수요자의 수를 크게 늘림으로써 결과적으로 시장에서 높은 가격이 형성됩니다. 이자율이 떨어지면 부동산가격이 높아진다는 것은 웬만한 부동산 상식을 가진 부동산거래자는 다 압니다. 수요가 몰리면 부동산거래자들의 그런 합리적 기대가 실제로 시장에서 실현됩니다. 그러면 부동산투자수익이 이자율보다 더욱더 높아지고, 사람들은 부동산을 더욱더 많이 원하게 될 것입니다.

따라서 저금리추세가 지속된다고 많은 사람들이 믿으며 정부가 급작스럽게 경제에 개입하지 않는 한 부동산거품은 계속 유지될 것입니다. 요컨대, 사람들이 합리적으로 기대를 형성하고 투자한다고 하더라도 국민경제의 상황에 따라 거품이 얼마든지 발생할 수 있다는 것입니다.[7)]

2. 부동산문제를 어떻게 풀 것인가

부동산문제에 대한 근원적 대책

1) 유동성 자금과 부동산가격의 결정

부동산문제에 대하여 효과적인 대책을 강구하기 위해서는 우선 부동산가격이 어떻게 결정되는지를 잘 알아야 합니다. 부동산의 가장 큰 특징은 그 가격의 결정이 금융권과 직결되어 있다는 점입니다. 특히 외환위기 이후에 시행한 일련의 금융자율화는 금융권의 부동산시장 진입을 매우 쉽게 하였습니다. 그런 까닭에 부동산시장 안에서 수요-공급만을 만지작거리는 방법이 잘 먹혀들어가지 못할 수도 있습니다.

강물이 넘쳐서 마을의 집에 자꾸 물이 들어오면, 강에 제방을 쌓아야지 마당의 담을 높여봐야 별 도움이 되지 못합니다. 큰 홍수에는 담이 무너질 수 있습니다. 부동산공급을 늘리자는 시장주의 주장은 홍수를 앞두고 마당의 담을 높이자는 주장과 진배없습니다. 부동산시장이 외따로 격리되어 있다면 시장주의 주장이 옳을 수도 있습니다.

그러나 자본이득 때문에 부동산이 좋은 투자대상이 되고 있다는 사실 자체가 부동산시장이 금융권과 나아가서 국민경제의 큰 흐름과 밀접하게 연결되어 있음을 의미합니다. 부동산의 자본이득은 부동산시장과 금융권을 연결하는 고리가 됩니다. 이런 고리를 통해서 부동산시장이 경제의 큰 흐름과 연결되어 있을 때에는 우선 그 큰 흐름과 연관해서 대책을 강구한 다음 공급증대정책과 같은 부동산시장 내부에 대한 대책을 강구하는 것이 제대로 된 순서일 것입니다. 그래야 부동산문제에 대한 근원적 대책이 나올 수 있습니다.

경제학은 사람이 합리적으로 행동한다고 가정합니다. 여기에서 합리적이라는 것은 어떤 주어진 목적을 가장 잘 달성하는 수단을 알고 선택한다는 뜻입니다. 이 가정은 경제학의 가장 기본이 되는 가정입니다. 또한, 이 가정은 시장에서 자연스럽게 형성되는 가격에 큰 권위를 부여합니다.

가격이라는 것이 시장에서 사람들이 합리적으로 행동한 결과에 불과하다고 하면 그것에 시비를 걸기가 매우 어려워집니다. 경제학의 그런 기본가정에 따라 부동산 거래자들도 합리적으로 행동한다고 해 봅시다. 합리적으로 행동하기 위해서는 우선 손익계산을 철저히 잘 해야 합니다. 그래야 어떻게 하는 것이 최선인지를 알 수가 있습니다.

부동산을 취득했을 때 보유자가 현실적으로 기대하는 이익에는 크게 두 가지 종류가 있을 수 있습니다.

그 하나는 부동산을 잘 이용함으로 인해서 얻게 되는 순이익입니다. 예를 들면, 땅을 사서 농사를 지으면 농업수입을 올릴 수 있고, 상가를 지어 임대하면 임대수입을 올릴 수 있으며, 주택을 지어 여기에 살면 주거안정의 이익이 발생합니다. 이런 실용적 이익에서 부동산이용에 소요되는 경비를 제한 순수익을 '부동산이용수익'이라고 부르기로 하겠습니다.

그러나 위에서도 자세히 살펴보았듯이, 부동산 거래자가

직면하게 되는 현실적 이익으로는 부동산이용수익 외에도 부동산 가격의 상승으로 인한 재산증식의 이익이 있습니다. 이 이익은 부동산매각과 더불어 자본이득으로 구체화됩니다. 이 이익은 부동산의 이용과 관계없이 단순히 부동산을 소유한 덕분에 얻게 되는 이익입니다.

근래 주택가격이 급등하고 있는 중국의 상하이에서는 새집을 매입하여 임대하지 않고 빈집으로 보유하고 있다가 가격이 충분히 오른 후에 매각하여 자본이득을 챙기는 사람들이 많다고 합니다. 이 경우에는 부동산이용수익은 없고 오직 자본이득만 존재하는 셈입니다. 부동산이용수익과 자본이득을 합쳐서 부동산수익이라고 합시다.

부동산수익 = 부동산이용수익 + 자본이득

그러면, 부동산을 매입할 때 따져봐야 하는 손실은 무엇일까? 부동산의 특징은 고가(高價)상품이라서 매입에 큰 돈을 지불해야 한다는 것입니다. 억대 내지 수십 억대의 거금이 필요한 경우가 많습니다. 이렇게 큰돈을 들여서 부동산을 매입하면, 그 돈을 은행에 넣거나 다른 사람들에게 빌려주었을 때 얻을 수 있는 이자소득을 포기해야 합니다.

예를 들어서 1억 원짜리 땅이 있다고 합시다. 이자율이 5%라고 할 때 1억 원을 은행에 넣어 놓으면 500만 원의 수익을 올릴 수 있습니다. 그런데도 그 땅을 산다면 은행으로부터 얻을 수 있는 500만 원을 포기해야 합니다. 물론, 그 1억 원을 은행에 예치하지 않고 다른 용도로 활용할 수도 있습니다. 주식을 매입할 수도 있고 유망해 보이는 사업에 투자할 수도 있습니다.

그럼에도 불구하고 토지를 매입한다면, 주식매입이나 사업으로부터 기대할 수 있는 투자수익을 포기해야 합니다. 이자소득이나 투자수익은 부동산 매입으로 인해서 포기해야 할 이익이요, 따라서 부동산을 살 때 반드시 고려해야 할 손실입니다. 이 이자소득이나 투자수익과 같이 포기된 이익을 기회비용이라고 합니다.

평균적으로 보아 은행금리가 기회비용을 가장 잘 반영하는 대표적인 지표라고 가정합시다. 그렇다면, 합리적인 부동산 매입자는 부동산수익과 이자소득을 비교해 보고 매입여부와 매입규모를 결정할 것입니다. 부동산수익이 이자소득보다 더 크다면, 부동산을 매입할 것이고 그 반대이면 매입하지 않을 것입니다.

현재의 부동산가격 아래에서 부동산수익이 기회비용으로서의 이자소득보다 더 크다고 해봅시다. 즉, 다음과 같은 부등식이 성립한다고 해봅시다.

(1) 부동산이용수익 + 자본이득 > 이자소득

이럴 경우, 합리적인 투자가들은 은행에 돈을 예치하거나 다른 사업에 투자하기보다는 부동산 매입에 투자할 것입니다. 돈이 부동산 매입에 몰리면, 일단은 부동산에 대한 수요가 증가하면서 부동산가격이 오를 것입니다.

그러나 부동산의 수요와 공급이 완전히 시장에 의해서 결정된다면, 부동산 가격 상승에 부응해서 토지개발과 주택건설이 활발해지면서 토지 및 주택공급이 늘어날 것입니다. 그러면 토지임대료와 주택임대료가 떨어지면서 결국 부동산이용수익도 떨어질 것입니다. 부동산시장이 정상적이라면 장기적으로는 부동산가격이 안정화되고 부동산가격상승률도 낮은 수준으로 떨어지면서 자본이득도 점차 감소할 것입니다.

이와 같이 장기적으로는 시장에서 부등호의 왼쪽 값을 떨어뜨리는 힘이 작용할 뿐만 아니라 오른쪽 값(즉, 이자소득)을 크게 하는 힘도 작용할 것입니다. 돈이 금융권에서 빠져나와 부동산시장으로 계속 이동하면, 장기적으로는 이자율도 올라갈 것입니다. 국민경제의 한정된 자금이 부동산시장으로 쏠리면, 금융권에서 산업계가 끌어다 쓸 자금이 부족해지기 때문입니다. 이자율이 올라간다는 것은 기회비용이 커진다는 뜻입니다.

정상적인 시장에서는 장기적으로 위의 부등식 왼편의 값(부동산수익)을 떨어뜨리고 오른편의 값(이자소득)을 밀어올림으로써 이 두 값 사이의 차이를 점차 감소시키는 힘, 즉 시장의 자기조절기능이 작용하게 됩니다.

경제학자들은 시장메커니즘에 이런 자기조절기능이 내장되어 있다고 굳게 믿는 경향이 있습니다. 어떻든 시장의 자기조절기능 덕분에 부동산과 결부된 이익의 측면과 손실의 측면이 일치하는 상황이 오게 될 것입니다. 물론, 시장이 과민 반응한 탓으로 부동산이용수익이나 자본이득이 너무 급속하게 떨어지고 은행금리가 지나치게 오르면 위 부등식의 부등호 방향이 정반대로 바뀌면서 다음 부등식이 성립하는 상황이 일어날 수도 있습니다.

(2) 부동산이용수익 + 자본이득 < 이자소득

그러나 이런 상황 역시 장기간 지속될 수는 없습니다. 왜냐하면, 이런 상황에서는 합리적인 부동산 거래자들은 부동산에 투자하기보다는 돈을 은행에 넣거나 아니면 주식을 매입하거나 산업활동에 투입하는 등 다른 곳에 투자하려고 할 것이기 때문입니다. 그러면 돈이 점차 부동산시장으로부터 빠져나오면서 토지개발과 주택건설도 둔화될 것입니다.

공급이 둔화되면 부동산이용수익은 점차 올라가고 부동산가격도 점차 올라갈 것입니다. 부동산시장에서 빠져나온 돈이 금융권에 몰리면서 금리도 점차 떨어질 것입니다. 그래서 장기적으로는 부동산수익은 점차 커지는 반면 이자소득은 점차 감소하게 됩니다.

2) 부동산가격결정 일반식

이와 같이 자본 및 자원이 자유스럽게 이동한 결과 시장의 자기조절기능에 의해서 이익의 측면과 손실의 측면 사이의 격차가 감소하면서 드디어 다음과 같이 이 두 측면이 같아지는 균형의 상황으로 옮겨갑니다.

(3) 부동산이용수익 + 자본이득 = 이자소득

이 등식에서 자본이득은 부동산가격에 그 상승률을 곱한 값입니다. 예를 들어서 연간 지가상승률이 5%라고 합시다. 그러면 평당 100만 원 하는 땅은 1년 후 105만 원이 되면서 5만 원(=100x0.05)의 자본이득을 낳습니다. 위에서 설명하였듯이 기회비용으로서의 이자소득은 부동산가격에 이자율을 곱한 값입니다. 따라서 위의 등식은 다음과 같이 고쳐 쓸 수 있습니다.

(4) 부동산이용수익 + 부동산가격상승률 · 부동산가격 = 이자율 · 부동산가격

부동산은 고가상품이기 때문에 부동산시장에서 거래되는 금액도 천문학적 규모일 수밖에 없습니다. 현재 우리 경제에는 이와 같이 부동산시장과 금융시장을 오락가락하는 소위 유동성자금이 400조 원 내지 500조 원에 이른다고 합니다. 그런 엄청난 액수의 돈이 부동산시장과 금융시장을 오락가락하면서 위의 등식이 성립하는 방향으로 부동산가격, 이자율, 부동산이용수익, 부동산가격상승률 등의 변수들이 상하로 조정됩니다. 이 등식에서 핵심 변수는 부동산가격입니다. 이 등식을 정리하면, 다음과 같이 부동산가격결정에 대한 일반식을 얻습니다.

$$(5)\ \text{부동산가격} = \frac{\text{부동산이용수익}}{\text{이자율} - \text{부동산가격상승률}}$$

이 등식에 의하면, 동산이용수익과 이자율뿐만 아니라 부동산가격상승률도 부동산가격을 결정하는 요인이 됩니다. 다른 조건이 일정할 때 부동산가격상승률이 높으면 부동산가격은 더 높아집니다. 만일 부동산가격상승률이 0이라면 사람들은 자

본이득을 노리고 부동산을 매입하는 일은 없어질 것입니다.

이럴 때 결정되는 부동산가격이 시장근본가치입니다. 부동산가격상승률을 0으로 놓으면 위의 등식은 다음과 같이 단순화됩니다.

$$\text{시장근본가치} = \frac{\text{부동산이용수익}}{\text{이자율}}$$

<예 1> 연간 평당 1만 원의 수익을 올리는 농지; 금리 = 5%; 부동산가격 상승률 = 3%;

농지의 평당 가격 = 1/(0.05-0.03)만 원 = 50만 원 > 시장근본가치 = 20만 원

<예 2> 연간 500만원의 임대료를 내는 상가아파트; 금리 = 5%; 부동산가격 상승률 = 3%;

상가아파트의 가격 = 500/(0.05-0.03)만원 = 2억 5천만 원 > 시장근본가치 = 1억 원

3) 노동시장의 유연화와 부동산문제

부동산가격 일반식이 시사하듯이 부동산가격은 국민경제의 유동성자금 흐름과 밀접한 관계를 가지면서 결정됩니다. 그러므로 국민경제 전체의 자금의 흐름을 떼어놓고 부동산가격을 얘기할 수 없습니다. 위의 등식 왼쪽이 부동산부문의 수익을 반영하고 오른쪽이 부동산부문 밖의 수익을 반영한다고 보면, 부동산가격은 결국 부동산부문의 수익률과 부동산부문 밖의 수익

률이 균형을 이루는 수준에서 결정된다고 말할 수 있습니다.

여기에서 부동산부문 밖의 수익률이란 산업계의 수익률이나 금융자산의 수익률을 포함한 포괄적 수익률을 말합니다. 금융자산의 수익률이 부동산부문 밖의 수익률을 대변한다고 하면, 부동산가격은 부동산부문의 수익률과 금융권수익률이 균형을 이루는 수준에서 결정된다고 할 수 있습니다. 바로 이런 점이 부동산의 가장 큰 특징이라고 하겠습니다.

부동산의 이런 특징에 입각하여 우리나라 부동산문제를 짚어 봅시다. 지난 30년 내내 우리가 안고 있는 부동산문제는 정부의 온갖 노력에도 불구하고 투기바람을 타고 비정상적으로 높은 부동산가격이 계속 유지될 뿐만 아니라 그 오름세가 지속되고 있다는 것입니다. 그렇다는 것은 우리나라 부동산시장이 위의 등식 (3)과 같은 균형의 상태가 아니라 부등식 (1)과 같은 불균형의 상태에 있다는 것입니다.

부등식 (1)의 상태는 부동산수익이 다른 부문의 수익에 비해서 워낙 높아서 자금이 계속 부동산부문으로 흘러들어가는 상태입니다. 부동산부문으로 계속 돈이 들어가기는 하지만, 공급을 늘리는 쪽보다는 수요를 늘리는 쪽으로 돈이 이용되기 때문에 부동산가격은 계속 올라가기만 하는 것으로 이해됩니다.

그래서 부동산부문으로 유입되는 자금이 시비거리가 됩니다. 산업계로 투입되어 유용하게 사용되어야 할 막대한 자금이 부동산부문으로 유입된 결과 생산적으로 이용되지 못하고 부동산거품만 일으켰다는 비난과 우려가 쏟아져 나옵니다. 거품은 말 그대로 허망한 것입니다. 우리 국민경제의 한정된 자금이 생산적으로 이용되지 못하고 그런 허망한 것을 쫓아

다닌다면 우리 경제의 경쟁력도 떨어질 수밖에 없습니다.

삽화: 조선만평(신경무 화백).

바로 이 점이 우리가 부동산투기에 대하여 크게 우려하는 또 한 가지 중요한 이유입니다.

이렇게 보면, 우리나라 부동산문제에 대처하는 방법은 크게 두 가지가 있을 수 있습니다.

그 하나는 실질 부동산수익을 직접적으로나 간접적으로 떨어뜨림으로써 부동산부문으로 부동자금이 유입되지 못하게 억제하는 방법입니다. 여기에도 여러 가지 방법이 있습니다. 가장 흔히 사용되는 방법은 세금을 부과하는 방법입니다.

예를 들어서 부동산보유세는 부동산수익을 떨어뜨립니다. 토지거래신고제나 허가제 등 부동산거래에 대한 각종 규제도 경제학적으로 보면 부동산수익을 실질적으로 떨어뜨리는 효과를 초래합니다.

또 다른 방법으로 부동산의 공급을 늘리는 방법을 들 수 있는데 이는 간접적으로 부동산수익을 떨어뜨림으로써 장기적으로는 비생산적인 자금의 유입을 억제한다고 할 수 있습니다. 이렇게 보면, 현재 우리나라 정부가 실행하고 있는 부동산대책들은 대부분 부동자금 유입을 억제하는 방법이라고 할 수 있습니다. 얼마 전에 정부가 발표한 8·31부동산대책 역시 거의 전적으로 이 방법에 의존하고 있습니다.

그러나 이런 방법들만으로는 만성적인 우리나라 부동산문제를 잡기에는 역부족인 것 같습니다. 물길을 막기만 할 것이 아니라 물길을 돌리기도 해야 합니다. 달리 말하면, 유동성 자금을 부동산부문 밖으로 흘러나오게 해야 한다는 것입니다. 특히 산업계로 돈이 들어가게 하는 것이 긴요합니다.

현재 우리나라 경제의 가장 큰 문제점은 산업계의 투자가 매우 저조해서 경제성장도 잘 이루어지지 않을 뿐만 아니라 실업자가 양산되고 있다는 것입니다. 산업계에서 마땅한 투자처를 찾지 못한 돈이 부동산부문으로 계속 흘러들어가고 있다는 얘기는 부동산문제를 산업계의 문제와 결코 분리해서 생각할 수 없음을 시사합니다.

그러면 왜 우리의 산업계의 투자가 저조할까요? 여러 가지 얘기가 나오고 있습니다. 아마도 가장 빈번히 듣는 얘기는 고임금과 노동시장의 경직화일 것입니다. 그렇다면 부동산문제를 해결하기 위해서라도 이 두 가지에 손을 대야 할 것입니다. 고임금은 어쩔 수 없다고 하더라도 노동시장의 경직화에 대해서는 무슨 대책이 있어야 할 것입니다.

물론, 노동시장의 유연화가 자칫 고용 없는 성장만 초래할 우려가 없지 않습니다. 그러나 성장과 고용을 동시에 달성할 수 있는 노동시장의 유연화는 부동산문제의 해결에도 크게 도움이 된다는 점을 분명히 인식할 필요가 있습니다. 어떻게 보면 이것이 부동산문제를 근원적으로 해결하는 처방이라고 할 수도 있습니다. 하지만, 2005년 8·31조치는 이런 근원적인 해결책을 확실하게 제시하고 있지 못하다는 점에서 큰 아쉬움을 남기고 있습니다.

토지세와 환경세의 재순환

1) 나쁜 조세와 좋은 조세

부동산세는 부동산투기문제만 발생하면 정부가 으레 빼드는 전가의 보도입니다. 2005년 8·31조치도 부동산세제의 강화를 핵심 내용으로 삼고 있습니다. 위에서 언급하였듯이 부동산투기 문제는 우리 경제가 당면하고 있는 여러 가지 문제들 중의 하나에 불과합니다. 실업문제도 심각하고 경기침체문제도 심각한데, 이런 문제들이 부동산투기문제와 연결되어 있습니다.

그렇다면, 이왕 부동산세제를 강화하는 김에 비단 부동산문제뿐만 아니라 실업문제 그리고 경기침체 문제도 한꺼번에 해결한다는 목표 아래 조세제도 전체를 홀까닥 바꾸는 것도 심각하게 생각해 볼 필요가 있습니다. 이런 점에서도 2005년 8·31조치는 또 다른 큰 아쉬움을 남깁니다.

부동산세에는 여러 가지가 있습니다. 크게 보면 토지에 부과되는 세금이 있고 건물에 부과되는 세금이 있습니다. 부동산취득에 대하여 부과되는 조세가 있고 부동산보유에 부과되는 조세가 있으며 부동산양도에 부과되는 조세가 있습니다. 부동산취득에 부과되는 대표적인 세금은 지방세인 취득세와 등록세입니다. 양도소득세는 부동산양도에 대하여 부과되는 세금이며, 종합부동산세는 대표적인 보유세입니다.

이런 여러 가지 조세들 중에는 바람직한 조세도 있고 그렇지 못한 조세도 있습니다. 세상에 세금을 좋아할 사람은 아무도 없지만, 경제학적으로 보아도 거의 대부분의 조세는 사회적으로도 바람직하지 않습니다.

조세문제는 경제학자들 중에서도 재정학자의 주된 연구대상인데, 재정학자들은 거의 대부분의 세금이 경제를 왜곡시키고 그럼으로써 필연적으로 사회적 손실을 초래한다는 것을 열심히 증명해 보입니다.

조세는 경제활동을 위축시키는 효과를 초래합니다. 맥주에 대한 세금은 맥주의 생산과 소비를 위축시킵니다. 농산물에 대한 세금은 농산물 생산을 위축시키고 공산품에 대한 세금은 공산품 생산을 위축시킵니다. 생산과 소비는 사회적으로 바람직한 행위입니다. 왜냐 하면, 우리의 복지를 증진시키기 때문입니다. 이 바람직한 행위를 위축시키기 때문에 조세부과가 사회적 손실을 발생시킨다고 말합니다. 그러므로 생산과 소비에 대하여 부과되는 조세는 **나쁜 조세**라고 말할 수 있습니다.

그런데 왜 세금을 걷는가? 비록 대부분의 세금징수가 일단 사회적 손실을 초래한다고는 하지만 이를 상쇄하고도 남을 만큼 정부가 국민복지 증진을 위해서 세금을 잘 쓴다는 것을 전제하기 때문입니다.

그렇다고 모든 세금이 다 나쁜 것은 아닙니다. 사회적으로 바람직하지 않은 행위에 대하여 부과되는 조세도 있기 때문입니다. 사회적으로 바람직하지 못한 행위에 세금을 부과하면, 물론 이런 행위도 위축될 것입니다. 사회적으로 바람직하지 못한 행위가 위축되는 것은 사회적으로 바람직한 것입니다. 따라서 사회적으로 바람직하지 못한 행위에 부과되는 조세는 좋은 조세라고 할 수 있습니다.

그러면, 어떤 행위들이 사회적으로 바람직하지 못한가? 명백한 범죄 행위는 나쁜 행위요 따라서 법에 따라 규제됩니다. 그러나 꼭 집어서 범죄행위라고 보기는 어렵지만 사회적으로 크게 지탄받는 행위가 있습니다. 환경을 오염시키는 행위와 부동산투기가 그것입니다. 따라서 환경을 오염시키는 행위와 부동산투기에 대하여 부과되는 조세는 사회적으로 바람직한 효과를 초래하는 조세요, 따라서 좋은 조세라고 할 수 있습니다.

이렇게 나쁜 조세가 있고 반면에 좋은 조세도 있다면, 나쁜 조세는 줄이고 좋은 조세는 늘리는 것이 상식입니다. 왜냐 하면, 그러는 것이 국민 모두에게 이익이 되기 때문입니다. 그럼에도 불구하고 우리나라의 조세구조는 그런 상식에 많이 어긋나는 구조입니다. 조세구조를 완전히 바꾸어야 하겠지만, 조세저항이 만만치 않습니다. 그렇다고 내버려둘 수는 없지 않습니까. 상식이 통하는 사회를 우리 국민 스스로 만들어나가야 합니다. 부동산조세의 문제도 우선 이런 차원에서 생각해 보아야 합니다.

위에서 열거한 부동산세들 중에서도 나쁜 세금이 있고 좋은 세금이 있습니다. 생산과 소비를 위축시키는 부동산세도 많습니다.

예를 들면, 건물에 대하여 부과되는 조세는 건축행위를 위축시킵니다. 집이 남아돌아서 걱정이라면 몰라도 그렇지 않을 때는 건물에 대한 조세는 나쁜 조세입니다. 취득세는 부동산거래를 위축시킵니다. 토지거래가 활발해야만 토지가 생산적으로 이용될 가능성이 높아집니다. 토지를 잘 이용하지 못하는 사람들이 토지를 가지고 있는 것은 사회적으로도 손실입니다. 그래서 부동산세 중에서도 건물에 부과되는 조세나 부동산거래에 부과되는 조세는 나쁜 조세이므로 상식에 따라 마땅히 과감하게 줄여야 합니다. 대부분의 경제학자들도 이런 상식에 동의할 것입니다.

2) 양도소득세의 전가

흔히 양도소득세가 부동산투기억제에 매우 효과적이며 따라서 매우 바람직한 조세인 것처럼 알려져 있습니다. 경제학적으로 보면, 양도소득세는 토지투기억제나 지가안정에 관한 한 그 효과가 극히 의심스러운 정책수단입니다. 무거운 양도소득세를 부과하는 정부의 속셈은 토지투기의 이득(자본이득)을 세금으로 환수함으로써 투기로 돈을 벌어보겠다는 의욕을 꺾어서 부동산가격을 가라앉히자는 것입니다.

그러나 이런 정부의 속셈이 제대로 실현되기 위해서는 양도소득세가 전가되지 않는다는 보장이 있어야 합니다. 달리 말해서 투기자가 꼼짝없이 양도소득세를 고스란히 부담한다는 보장이 있어야 한다는 것입니다.

그러나 문제는, 특히 토지의 경우에는 그런 보장이 없다는 것입니다. 사람들이 땅을 샀을 때는 막연하나마 장래의 비용과 수익을 저울질하고 나서 적정하다고 여겨지는 가격에 샀을 것입니다. 따라서 그들이 그 토지를 팔 때에도 최소한의 순이익을 고려한 어떤 기대가격을 염두에 두고 있을 것입니다. 양도소득세가 부과됐을 경우 이 세금을 고스란히 부담해야 한다면 그들은 예상외의 손실을 입게 될 것입니다. 그러므로 그들은 기대가격이 실현될 때까지 일단 땅을 팔기를 보류하고 관망하는 태도를 취하게 될 것입니다.

토지는 오래 보유하고 있어도 녹슬거나 파손되지 않습니다. 그래서 토지는 기다리고 버티기 딱 좋은 상품입니다. 우리나라의 부동산정책은 일관성이 없다는 점도 투기자들의 버티기를 부추기는 한 요인이 됩니다. 투기자들은 정부정책이 바뀌기를 잔뜩 기대할 것입니다. 어떻든 모든 토지소유자들이 이렇게 기다리고 버틴다면 토지시장 전체로서는 공급물량이 감소합니다.

이런 효과를 흔히 "동결효과"라고 부르기도 합니다. 조세의 부과가 공급을 동결시킨다는 뜻입니다. 공급이 동결되면 결국 땅값이 올라가게 됩니다. 토지매입자는 높아진 땅값을 치러야 땅을 살 수 있습니다. 그렇다면 양도소득세는 투기자로부터 매입자에게 전가되는 셈입니다. 투기자는 양도소득세로부터 자유로워집니다. 이렇게 양도소득세가 전가되면, 부동산투기에 내린 정부의 철퇴가 엉뚱하게 선의의 토지매입자에게 떨어지는 꼴이 되고 맙니다. 바로 이런 현상이 지난 수십년 동안 계속되어 왔습니다.

물론, 양도소득세 전가의 여부나 정도는 상황에 따라 달라질 수 있습니다. 예컨대, 투기의 성행으로 수요의 법칙이 작용하지 않아서 부동산시장이 비정상적일 경우 양도소득세는 전가될 가능성이 매우 높습니다. 부동산경기가 좋을 때면 부동산매입자가 양도소득세를 자신이 부담하겠다고 미리 자진 선언하고 투기자와 거래에 들어가는 사례를 아주 자주 듣게 됩니다. 그러나 부동산시장이 정상적일 경우에는 자본이득이 별로 크지 않기 때문에 굳이 양도소득세를 안고 부동산을 매입하려는 사람도 적을 것입니다. 따라서 양도소득세가 잘 전가되지 않을 가능성이 높습니다. 그렇기 때문에 앞에서도 수차례 강조하였듯이 부동산시장의 정상화가 매우 중요합니다.

> 양도소득세는 전가될 가능성이 높은 조세이다.
> 부동산시장이 비정상적일 때에는 특히 더 그렇다.

3) 토지보유세와 지가하락효과

이와 같이 부동산관련 조세들 중에서 우선 건물의 취득, 보유, 양도에 대한 조세와 토지의 거래 및 양도에 대한 조세들은 과감하게 정리해야 할 것들입니다.

결국 남는 것은 토지의 보유에 대한 조세입니다. 사실, 매우 오랫동안 경제학자들이 바람직한 조세로 꼽아온 조세는 바로 이 토지보유세입니다. 토지보유세는 토지가치에 부과되는 조세입니다. 토지가치가 같다면 용도가 어떠하든 상관없이 동일한 세금이 부과됩니다.

이런 조세가 경제학자들이 보통 말하는 토지세입니다. 경제학자들이 오랫동안 이런 토지세를 바람직하게 생각한 이유가 재미있는데, 토지이용양태에 아무런 영향을 주지 않는다는 것입니다. 용도에 상관없이 토지가치에 부과되므로 용도를 바꾼다고 해서 토지보유세를 비켜갈 수는 없습니다.

토지보유세의 부과가 토지이용양태에 아무런 변화를 초래하지 않으므로 토지이용의 효율성을 저해하지도 않고 따라서 아무런 사회적 손실을 낳지 않는다는 점에서 이 조세가 다른 조세와 크게 다른 점이라고 많은 경제학자들이 오랫동안 믿어 왔습니다.

이 토지보유세는 전가가 어렵습니다. 토지보유세는 회피할 방법이 없기 때문입니다. 용도를 바꾸어도 토지세를 비켜나갈 수 없습니다. 토지소유자가 자신이 소유한 토지를 아예 부숴 없애버린다면 토지보유세를 회피할 수 있겠지만, 토지는 파괴할 수 없는 자원입니다. 그렇다고 계속 보유하고 있으면 계속 세금을 내야 합니다.

이 점에서 양도소득세의 경우와는 다릅니다. 양도소득세의 경우, 보유기간에는 이 세금을 내지 않으므로 토지매입자는 땅값이 충분히 오를 때까지 버티고 기다릴 수 있습니다. 그러나 토지보유세는 버티고 기다린다고 해서 피할 수 있는 것이 아닙니다. 양도소득세와는 달리 토지보유세는 세월이 지남에 따라 누적됩니다. 버티고 기다릴수록 오히려 손해입니다. 따라서 남은 유일한 방법은 팔아버리는 것입니다.

하지만, 땅을 사려는 사람은 토지보유세의 멍에를 의식하기 때문에 땅 사기를 꺼려할 것입니다. 그러므로 땅을 팔려는 사람과 사려는 사람들 사이의 흥정에서 팔려는 사람은 자연히 불리한 입장에 처하게 됩니다. 땅을 사려는 사람은 이 약

점을 알고 최대한 기다리고 버티기를 시도할 것입니다. 합리적이라면 토지매입자는 앞으로 자신이 부담하게 될 토지보유세를 공제한 나머지만 가격으로 치르려 할 것입니다.

정확하게 말하면, 앞으로 매년 치르게 될 토지보유세의 현재가치를 모두 합친 값, 달리 말하면 토지보유세를 자본화한 값만큼을 공제한다는 것입니다.

예를 들어 토지가치가 1억 원이고, 토지보유세 세율이 1%이며, 이자율이 5%라고 합시다. 그러면, 매년 부과되는 토지보유세는 100만 원이 됩니다. 미래에 매년 지불할 100만 원의 현재가치를 모두 합친 값을 자본화한 값이라고 하는데, 이 경우 토지보유세를 자본화한 값은 2,000(=100/0.05)만 원이 됩니다. 그러므로 토지매입자는 이 2,000만 원을 빼고 8,000만 원만 내려고 할 것입니다. 토지소유자는 토지보유세를 자본화한 값만큼 땅값을 덜 받게 됩니다. 모든 토지거래자들이 합리적으로 행동하면, 토지보유세의 부과는 세금을 자본화한 만큼 땅값을 떨어뜨리는 효과를 낳습니다. 이런 효과를 경제학자들은 토지보유세의 '자본화 효과'라고 부릅니다.

결국 토지소유자가 꼼짝없이 토지보유세를 부담하게 됩니다. 대체로 보면 토지소유자들은 부유한 사람들입니다. 그렇다면, 토지보유세는 부유한 사람들이 주로 부담하는 조세가 됩니다. 따라서 토지보유세는 빈부격차를 완화하는 효과를 낳습니다.

바로 이 점도 많은 경제학자들이 토지세를 바람직한 조세로 꼽아온 한 가지 이유가 되었습니다. 토지보유세는 땅값을 떨어뜨리므로 지가안정에 기여합니다. 토지보유세는 땅값 상승으로 재미를 보려는 투기심리에 찬물을 끼얹습니다. 따라서 토지보유세의 부과는 투기심리를 억제함으로써 간접적으로 지가안정에 기여합니다.

4) 토지보유세와 개발촉진효과

그러나 토지보유세에 대하여 비판적인 학자도 있습니다. 토지보유세의 효과는 일회성에 불과하다는 것입니다. 토지보유세가 부과된 이후에 토지를 매입하는 사람은 토지보유세를 공제한 나머지만 가격으로 치르게 됩니다. 위의 예에서, 1억 원짜리 땅을 8,000만 원에 매입하게 됩니다. 결국 2,000만 원에 상응하는 토지보유세를 원소유자가 부담하는 셈이 됩니다. 그러니 계산상으로만 본다면, 토지보유세가 부과된 이후에 토지를 매입하는 사람들은 이 세금을 내지 않는 것처럼 되어 버립니다.

그러므로 토지보유세 부과 이후 모든 토지의 소유권이 한 번 바뀌고 나면 사실상 아무도 조세의 부담을 지지 않은 꼴이 되어 버립니다. 팔릴 때 원소유자가 모두 부담해버리니까요. 그래서 심지어 토지보유세는 사실상 세금도 아니라는 극언도 나옵니다.[8] 단지, 토지보유세의 부과가 단 한번 지가를 떨어뜨리는 효과를 초래할 뿐이라는 것입니다.

그러나 이런 식의 주장은 17세기 유럽 중상주의시대에 나온 케케묵은 얘기입니다. 자본화효과를 처음 얘기한 학자도 유명한 중상주의학자인 윌리암 페티였습니다. 오늘날 경제학에서는 토지보유세에 대하여 자본화효과만 얘기하지 않습니다.

예를 들어봅시다. 토지보유세의 자본화효과 덕분에 10억 원짜리 땅을 8억 원에 싸게 샀다고 합시다. 싸게 샀든 비싸게 샀든 토지매입자는 매년 토지세를 꼬박꼬박 내야 합니다. 토지보유세가 매년 1,000만 원이라고 합시다. 과거에 어떻게 샀든 간에, 이 토지매입자가 현재와 미래에 당면하는 분명한 사실은 8억 원에 매입한 땅을 보유하고 있다는 것 그리고 매년 1,000만 원의 세금을 내야 한다는 것, 이 두 가지입니다.

오직 이 두 가지 엄연한 사실을 바탕으로 합리적 결정을 내리고 행동해야 합니다. 오늘날의 경제학적 사고방식에서는 과거를 묻지 않습니다. 오직 현재와 미래가 중요할 뿐입니다. 그래서 경제학적 사고방식이 합리적이라고 합니다. 과거에 싸게 샀으니까 그 1,000만 원의 세금은 없는 것으로 치자는 식의 사고방식은 허용되지 않습니다. 엄연히 있는 것을 어떻게 없는 것으로 칩니까? 그렇다고 이 땅을 미래에 10억 원에 되팔게 되는 것도 아닙니다. 자본화효과 탓으로 미래에 팔더라도 8억 원 밖에 받을 수 없습니다.

이 토지를 최선의 용도에 이용하면 연 3,000만 원의 소득을 올릴 수 있다고 합시다. 합리적이라면 그 토지를 매입한 사람은 이 3,000만 원에서 세금 1,000만 원을 뺀 2,000만 원을 순소득으로 인식할 겁니다. 그래서 결국 8억 원 투자해서 2,000만 원의 소득을 올린다고 계산할 겁니다. 경제학적으로 말하면 이 토지매입자는 연간 세금 1,000만 원을 제약조건으로 간주한다는 것입니다.

쉽게 말해서 토지소유자는 토지보유세의 부담을 실제로 느낀다는 겁니다. 설명의 편의상 1,000만 원의 보유세가 부과되는 이 땅을 A지역의 땅이라고 합시다. 그리고 예를 들어서 이웃인 B지역에 토지보유세가 완전히 면제되는 8억 원짜리 땅이 있는데 연간 2,800만 원의 소득을 올리고 있다고 합시다.

중상주의 사고방식을 가진 사람은 토지보유세를 없는 것으로 간주하기 때문에 A지역의 땅은 연간 3,000만 원의 소득을 올리고 B지역의 땅을 연간 2,800만 원의 소득을 올리는 것으로 계산하므로 A지역의 땅을 더 선호할 것입니다. 그러나 현대경제학적 사고방식을 가진 사람은 똑같은 8억 원을 투자해서 A지역의 땅을 사면 연간 2,000만 원의 소득을 올리고 B지역의 땅을 사면 연간 2,800만 원의 소득을 올린다고 계산하므로 A지역의 땅보다는 B지역의 땅을 선호할 것입니다. 이미 A지역의 땅을 샀다면, 얼른 이것을 팔아서 B지역의 땅을 살 것입니다.

이와 같이 토지보유세를 비용으로 간주하고 토지소유자가 이 부담을 덜기 위해서 노력하게 되는 효과를 경제학에서는 <u>보유비용효과</u>라고 합니다. 토지보유세의 부담을 더는 한 가지 방법은 더 높은 수익률을 찾아 토지를 매각하는 것입니다. 다른 한 가지 방법은 토지를 더 고밀도로 이용해서 세금을 내기 위한 돈을 짜내는 것입니다. 결과적으로 토지보유세의 부과는 토지이용의 밀도를 높이는 효과(토지를 보다 더 집약적으로 이용하게 하는 효과)를 낳게 됩니다.

앞에서 조세부과는 해당 경제활동을 위축시킨다고 말했습니다. 그래서 토지보유세를 부과하면 경제활동이 위축된다고 우려하는 사람들이 상당히 많습니다. 그러나 사실은 전혀 그렇지 않습니다. 앞에서 설명하였듯이 토지보유세의 부과는 일차적으로 땅값을 떨어뜨리는 효과를 발생시킵니다. 개발업자의 입장에서 보면 토지를 종전보다 더 싸게 매입할 수 있게 됩니다.

그래서 토지보유세의 부과는 토지매입자에게 사실상의 보조금을 주는 것과 흡사한 기능을 하는 까닭에 개발업자들은 토지를 좀 더 많이 매입하려는 경제적 인센티브를 가지게 됩니다. 또한 토지보유세의 부과는 토지소유자에게 조세부담을 느끼게 만드는 까닭에 토지를 매각하려는 경제적 동기를 부여합니다. 토지매입자와 토지보유자 사이의 이해가 이와 같이 잘 맞아 떨어지기 때문에 토지보유세의 부과는 오히려 토지거래를 활성화하고 토지개발을 촉진하는 효과를 낳습니다.

토지보유세의 부과는 토지의 고밀도 이용을 유도하고 토지개발을 촉진하는 효과를 낳는다.

근대경제학의 창시자로 추앙받는 알프레드 마샬은 이미 100여 년 전에 토지보유세의 부과가 건설경기를 너무 부추겨서 오히려 도시의 난개발을 촉진할 우려가 있기 때문에 신중을 기해야 한다고 조언하였습니다.

어떤 학자는 특히 토지매입 및 개발을 위한 금융지원체제가 매우 미흡한 후진국의 경우 토지개발을 촉진하기 위한 하나의 방편으로서 토지보유세를 무겁게 부과하는 방안이 매우 효과적이라고 말하기도 합니다.[9] 그러므로 난개발에 대한 효과적인 제동장치만 마련한다면, 토지보유세의 부과는 한편으로는 부동산투기를 억제하고 다른 한편으로는 토지개발을 촉진할 뿐만 아니라 빈부격차도 완화하는 효과를 발생시킵니다. 이런 점에서 보면 토지보유세는 대단히 바람직한 조세라고 하겠습니다.

5) 또 다른 좋은 조세: 환경세

토지세(보유세)가 매우 오랫동안 경제학자들이 바람직한 조세로 인정해 온 조세임에 반해서 근래에 와서 매우 바람직한 조세로 급부상하고 있는 조세가 있습니다. 그것이 바로 환경세입니다. "소득이 있는 곳에 세금이 있다"라는 말이 있는데 최근에는 "환경오염이 있는 곳에 세금이 있다"라는 말이 생길 정도로 환경오염행위를 대상으로 세금을 징수하는 일이 서구 선진국에서 빈발하고 있습니다.

환경오염피해를 근거로 삼아 환경오염행위에 대하여 부과되는 세금을 흔히 환경세라고 합니다. 그러나 사실은 이렇게 정의된 환경세는 이론상의 환경세입니다. 대부분의 경우 환경오염피해를 추정하기가 무척 어렵기도 하지만 환경오염 피해란 때와 장소에 따라 매우 유동적입니다.

그래서 환경세는 환경오염피해가 대체로 환경오염물질의 배출량에 비례한다고 보고 이 배출량을 대상으로 부과되는 경우가 많습니다. 즉, 환경세는 환경오염물질배출량 단위당 일정액의 세금을 징수하는 형식을 취하는 조세를 말합니다.

환경오염문제는 결국 환경오염물질을 지나치게 많이 배출하면서 경제활동을 하기 때문에 발생하는 문제입니다. 모두들 적정량의 오염물질만 배출한다면 환경오염문제가 발생하지 않습니다.

한강에 폐수를 배출하는 러브호텔은 한강 물이 더러워짐으로 인하여 다른 사람들이 당하는 피해를 생각하지 않고 오직 자신의 이윤만을 노리고 사업을 합니다. 그러다 보면 예컨대 1억 원의 호텔 측 이윤을 위해서 다른 사람들이 10억 원의 폐수피해를 당하는 이상한 현상들이 횡행하게 됩니다. 러브호텔 주인이 다른 사람들이 당하는 피해를 충분히 고려해서 폐수처리시설을 설치하고 잘 운영함으로써 적정수준의 폐수만 배출하는 것이 사회 전체의 이익을 증진하는 길입니다.

그러나 자본주의 시장은 러브호텔 주인으로 하여금 그렇게 행동하지 못하게 합니다. 따라서 지나치게 많은 폐수가 배출되어서 환경을 심하게 오염시키게 됩니다.

환경오염물질을 배출하는 사람들로 하여금 제3자에게 미치는 피해를 충분히 고려하게 함으로써 오염물질을 너무 많이 배출하지 않게 하는 한 가지 방법은 환경오염물질의 배출에 대하여 충분한 가격을 치르게 하는 것입니다. 바로 이 가격이 환경세입니다.

환경세가 부과되면, 환경오염물질을 많이 배출할수록 조세납부액도 커지기 때문에 공해업체는 조세부담을 줄이기 위해서 환경오염물질의 배출을 적정수준 이하로 통제하지 않을 수 없습니다.

환경세는 잘못된 행위동기를 바로 잡으려는 취지를 가집니다. 환경세는 이미 잘못되어 있는 것, 이미 왜곡되어 있는 것을 올바르게 고침으로써 사회복지를 증대시키는 취지를 갖는 반면, 다른 대부분의 보통 조세는 오히려 시장을 왜곡시킴으로써 사회적 손실을 초래합니다.

최근 우리나라에서도 환경세를 도입하자는 주장이 자주 제기되고 있는데, 여기에서 우선 한 가지 짚고 넘어가야 할 것은, 이 주장이 의도하는 환경세와 원래 경제학에서 말하는 환경세는 취지가 근본적으로 다르다는 것입니다. 환경문제에 관하여 흔히 듣게 되는 틀린 주장은, 환경오염방지 기초시설이 부족해서 우리나라의 환경오염이 심해졌다는 것입니다.

환경오염방지 기초시설이 환경개선을 담보하지 못한다는 단적인 예는 시화호 오염사건입니다. 당시 시화호에는 매우 훌륭한 폐수처리시설이 설치되어 있었습니다. 아무리 시설이 좋은들 제대로 가동하지 않는다면 아무런 소용이 없습니다. 제대로 가동하면 되지 않느냐는 반문이 나오겠지만, 세상일이 그렇게 엿장사 마음대로 되는 것이 아닙니다.

이 얘기는 일단 접어두고, 어떻든 환경오염방지 기초시설을 대폭 늘리는 것이 급선무라고 말하는 사람들이 많이 있다 보니 환경오염방지 기초시설을 위한 투자재원확보 차원에서 자연스럽게 떠오른 대안이 환경세의 도입이었습니다.

재원확보를 주목적으로 하는 환경세를 <u>목적세로서의 환경세</u>라고도 합니다. 목적세로서의 환경세 도입은 일단 환경개선을 위해서 마련된 투자재원이 효율적으로 쓰임을 전제합니다. 그러나 비교적 효율적이라는 미국에서도 많은 경제학자들이 이 전제가 성립하지 않는다고 주장합니다.

어떻든 이 전제가 성립하지 않으면 목적세로서의 환경세 도입은 정당성을 잃습니다. 사실 환경세를 도입하여 환경오염을 통제하자는 주장은 약 100년 전에 이미 경제학에서 나온 것입니다. 그동안 경제학자들이 강력하게 추천해 온 환경세는 환경투자재원의 조달을 위한 수단으로서의 조세가 아니라 어디까지나 환경오염의 억제에 초점을 맞춘 조세요, 사회복지가 좀 더 증진되는 방향으로 모든 경제주체가 우리의 환경을 이용되도록 유도하기 위한 적극적 의의를 갖는 조세입니다.

6) 세 마리의 토끼를 잡기 위한 조세구조 개혁

그러나 최근 서구 OECD국가의 많은 경제학자들은 이런 참된 환경세의 도입에서 한 걸음 더 나아가 조세구조를 홀까닥 바꿀 것을 강력하게 주장하고 있습니다.

즉, 참된 의미의 환경세를 도입함과 동시에 그 세수를 나쁜 조세의 경감에 이용하자는 내용을 담고 있습니다. 이 주장에서의 큰 매력은, 환경세 세수입을 정부로 하여금 환경개선사업이나 혹은 기타 사업에 사용하도록 허용하는 것이 아니고 세수입만큼 다른 나쁜 조세를 경감시킴으로써 결과적으로 국민의 조세부담을 늘리지 않는다는 데에 있습니다.

이와 같이 총 조세수입이 증가하지 않는 범위 내에서 특정 조세의 세수를 다른 조세의 감면에 이용하는 것을 "조세의 재순환"이라고 부르기도 합니다. 환경세 세수의 재순환은 단순히 환경세 도입에 대한 조세저항을 누그러뜨리기 위함이 아닙니다.

환경세 세수를 재순환하는 조세구조의 개편은 기본적으로 환경세의 장점으로 인한 이익과 다른 나쁜 조세의 단점 해소로 인한 이익을 동시에 발생시킵니다. 우선, 환경세의 철저한 실시는 환경을 오염시키려는 잘못된 동기를 바로 잡아 환경오염을 억제함으로써 환경을 깨끗하게 만드는 사회적 이익을 가져다줍니다. 환경개선의 이익이 국민들에게 배당된다고 해서 이 이익을 특별히 "환경배당금"이라고 부르기도 합니다. 주로 환경개선을 노린다는 점에서 서구에서 진행되는 조세개혁운동은 환경친화적 조세구조개혁이라고 할 수 있습니다.

그러면, 이 운동에서 환경세가 대체할 다른 나쁜 조세는 구체적으로 어떤 것들일까요? 주로 근로소득에 대한 조세와 법인세가 감면대상으로 거론되고 있습니다.

순전히 상식적으로만 생각해봐도 근로소득에 대한 조세는 나쁜 조세입니다. 열심히 일한다는 것은 동서고금을 막론하고 어느 사회에서나 장려되는 최고의 덕목입니다. 사회가 잘 돌아가기 위해서는 모든 사람에게 열심히 일하려는 동기를 부여해야 합니다. 근로소득은 개인이 열심히 일해서 얻은 소득입니다. 근로소득에 대한 조세는 그런 소득에 대하여 부과되는 세금입니다.

이유야 어떻든 간에 근로소득에 대한 조세의 징수는 결국 개인이 열심히 일해서 번 돈의 일부를 강제로 빼앗아 가는 것입니다. 열심히 일하는 행위는 분명히 사회적으로 바람직한 행위인데 여기에 세금을 부과한다는 것은 김 새는 처사임에 틀림없습니다.

이런 점에서 보면, 법인세도 나쁜 조세입니다. 법인세는 법인이 올린 소득에 부과되는 조세입니다. 기업이 벌어들인 총수입에서 실 경비를 우선 차감하고 감가상각 및 설비투자에 대한 특별공제 등을 공제하고 난 후의 기업이윤에 대하여 부과됩니다.

기업이 올린 이윤은 투자가에게 돌아갈 몫입니다. 투자가는 이 수입을 노리고 투자합니다. 투자는 경제를 움직이는 원동력입니다. 누구나 투자가 잘 돼야 경제가 잘 돌아간다고 말합니다. 투자는 사회적으로 바람직한 행위이지만 법인세는 투자를 장려하는 요인이 아니라 반대로 투자의욕을 위축시키고 장기적으로는 자본형성에도 역효과를 줄 수도 있습니다.

그러면 환경세 세수를 근로소득에 대한 조세와 법인세 감면에 재순환하면 어떤 효과가 발생할까요?

예를 들어서 환경세 세수만큼 근로소득에 대한 조세와 법인세 세율을 낮춘다고 합시다. 근로소득세의 경감은 근로자의 사회복지를 실질적으로 개선할 뿐만 아니라 기업의 입장에서 보면 실질적으로 노동이 그만큼 저렴해짐을 의미하기도 합니다. 이것만으로도 고용이 늘어날 여지가 있는데, 여기에 더해서 법인세를 감해준다면, 그만큼 기업의 노동수요도 증가할 것입니다. 그러므로 환경세 세수를 근로소득에 대한 조세의 경감으로 재순환시키면 노동에 대한 수요가 늘어나기 때문에 결과적으로 고용은 늘어나면서 상품의 생산도 증가할 것입니다.

그래서 위에서 언급하였듯이 환경도 개선하고 경제도 활성화시키는 묘책이 된다는 주장이 성립합니다. 이와 같이 환경세 세수의 재순환으로 인한 고용증대 효과를 "고용배당금"이라고 부르기도 합니다.

고용증대에 조바심이 심한 유럽의 나라에서는 근로소득세나 법인세의 경감보다 더 직접적이고 노골적으로 고용을 증대시키는 방법을 원하기도 합니다. 예컨대 기업에게 고용보조금을 지급하거나 고용에 관련된 기업의 부담금을 경감시켜주는 방법이 많이 얘기되고 있습니다.

실제로 OECD 여러 국가에서 1990년대 초부터 환경세를 재순환하는 환경친화적 조세구조 개혁이 학계뿐만 아니라 정치계의 관심을 끌기 시작하였습니다. 특히 고용배당금이 관심을 끌었습니다.

최근 유럽공동체에서 환경친화적 조세구조 개혁에 관하여

여론조사가 있었습니다. 조사결과 환경세 세수를 재순환하는 조세개혁에 대하여 73%가 지지하였는데, 모든 연령계층과 모든 소득계층에서 골고루 지지하는 것으로 나타났습니다. 이 결과를 보면, 유럽에서 환경친화적 조세구조개혁안이 여론의 지지를 상당히 많이 받고 있음을 알 수 있습니다.[10)]

이러한 서구 OECD국가의 조세구조개혁운동은 우리에게도 많은 것을 시사하고 있습니다. 서구식 환경친화적 조세구조개혁은 우리나라 환경정책의 목표이기도 한 경제개발과 환경보전의 조화를 실질적으로 이루는 길이기도 합니다.

그러나 우리나라는 환경문제뿐만 아니라 부동산문제를 안고 있습니다. 따라서 우리나라의 조세구조 개혁은 서구식에서 한 걸음 더 나아간 형태이어야 합니다. 즉, 환경세의 도입과 더불어 토지보유세를 대폭 강화하고, 반면에 근로소득세와 법인세 그리고 부동산거래에 부과되는 각종 조세는 감면하는 조세구조 개혁, 이것이 앞으로 우리가 지향해야 할 목표요 상식이 통하는 사회를 만드는 길이기도 합니다.

우리 나름대로의 이러한 조세구조 개혁은 세 가지 이익을 우리 국민에게 안길 것입니다. 환경개선, 고용증대 그리고 부동산투기억제가 그것입니다. 조세구조 개혁으로 일석삼조의 효과를 노릴 수 있습니다.

백년대계를 위한 토지정책

1) 국토의 효율적 이용

부동산문제와 관련해서 우리가 꼭 유념해야 할 것은, 부동산투기 및 부동산가격상승의 문제는 부동산문제의 일부분에 불과하다는 점입니다. 부동산의 기본은 토지이고 부동산문제의 핵심은 토지문제입니다. 토지문제의 핵심은 우리의 한정된 국토를 어떻게 최대한 잘 이용하느냐의 문제입니다. 우리에게 주어진 국토를 어떻게 이용하느냐에 따라 우리 후손의 복지가 크게 영향을 받기 때문에 토지문제야말로 백년대계의 문제이기도 합니다.

한정된 국토를 최대한 잘 이용하기 위해서는 어떻게 해야 할 것인가? 시장주의자의 얘기부터 들어봅시다. 대체로 보면, 시장주의자는 토지의 특수성을 잘 인정하지 않습니다. 다른 자원들과 마찬가지로 토지도 우리 인간의 이익을 위해서 효율적으로 이용해야 할 하나의 자원에 불과하다고 봅니다.

우리나라에는 약 3,000여 만 필지의 땅 조각이 있습니다. 이 3,000여 만 필지 각각이 모두 최선의 용도에 이용될 때 비로소 우리 국토가 효율적으로 이용되었다고 말합니다. 각 필지가 최선의 용도에 이용되기 위해서는 그 땅을 가장 잘 이용할 수 있는 사람에게 그 이용권이 주어져야 합니다.

그러면 각 필지의 땅을 가장 잘 이용할 수 있는 사람을 어떻게 알아낼 수 있을까? 가장 높은 가격을 지불할 수 있는 사람을 찾아내면 된다고 시장주의자는 말합니다. 토지에 대한 시장이 형성되면, 각 필지별로 최고의 가격을 부르는 사람이 나타나게 되고 소유권과 이용권이 자연히 이런 사람들에게 배정됩니다. 그러므로 국토를 효율적으로 이용하기 위해서는 토지가 시장에서 자유롭게 거래되게 허용해야 한다는 것이 시장주의자의 결론입니다.

그러나 이런 주장은 토지라는 자원의 성격을 너무 단순화하고 있습니다. 토지는 여러 가지 특성을 가지고 있지만, 특히 시장을 통한 토지의 효율적 이용을 매우 어렵게 하는 두드러진 특징은 그 용도가 무척 다양하다는 것입니다.

경제학적으로 크게 보면 세 가지 용도가 있습니다. 토지는 생산요소로 이용될 수도 있고, 재산으로 이용될 수도 있으며, 소비재로 이용될 수도 있습니다.

생산요소로 이용되는 토지는 말 그대로 재화나 용역의 생산에 이용되는 토지를 말합니다. 주로 상품의 생산에 이용됨으로써 우리에게 혜택을 주는 토지입니다. 농업용 토지, 공업용 토지, 상업용 토지, 주거용 토지 등이 이에 속합니다. 흔히 말하는 실수요란 대체로 생산요소용 토지에 대한 수요를 말합니다.

재산으로 이용되는 토지란 재산을 안배하거나 재산을 증식하기 위한 목적으로 이용되는 토지를 말합니다. 돈을 많이 가진 사람들은 안전과 재산증식을 위해서 자신의 재산을 여러 가지 형태로 분산시켜 놓습니다. 은행예금, 주식, 채권, 귀금속, 외화 등이 그 예입니다. 토지나 부동산은 그 한 가지에 불과합니다.

미국에서도 그렇지만 특히 일본이나 우리나라에서는 부동산은 많은 돈을 빌릴 때 아주 유용한 담보물이 됩니다. 담보물로서의 가치는 재산으로서의 가치의 중요한 한 부분이 됩니다. 이런 이유 때문에 많은 사람들이 재산으로서 부동산을 가지고 싶어 합니다.

소비재로 이용되는 토지는 생산요소로 이용되지도 않고 재산으로 이용되지도 않지만, 단지 존재하는 그 자체로서 다양한 혜택을 공급하는 토지를 말합니다. 울창한 삼림지나 임야가 그 대표적인 예입니다. 울창한 삼림지는 우리에게 깨끗한 공기를 제공하고 깨끗한 물을 제공할 뿐만 아니라 아름다운 경관과 각종 생태계 보전기능을 제공합니다. 이러한 혜택들을 포괄적으로 환경가치라고 부르기도 합니다.

이와 같이 크게 보아 세 가지 용도가 있다고 할 때, 우리 국토의 얼마만큼을 생산요소로 이용하고, 얼마만큼을 재산으로 이용하며 얼마만큼을 소비재로 이용하는 것이 과연 최선인가를 결정하는 문제가 곧 큰 틀에서 본 국토의 효율적 이용 문제입니다.

이 세 가지 용도에 따라 토지를 생산요소용 토지, 재산용 토지, 소비재용 토지로 나누어 봅시다.

시장주의자들은 생산요소용 토지가 크게 부족하다고 늘 주장하며, 그래서 우리나라의 땅값이나 아파트 값이 비싸다고 말합니다. 투기와 거품을 우려하는 전문가들은 너무나 많은 사람들이 토지를 순전히 재태크의 수단으로만 여기는 탓으로 지나치게 많은 토지가 재산증식 수단으로 이용되고 있다고 한탄합니다. 환경운동가들은 소비재용 토지가 너무 빨리 감소하고 있다고 걱정하면서 이를 지키기 위해서 열심히 뛰니다.

이런 주장들 모두가 결국 국토의 효율적 이용에 관한 것들입니다. 국토의 효율적 이용이 가장 중요한 과제임에도 불구하고 우리나라의 토지정책은 이런 효율적 이용측면보다는 부동산투기억제와 부동산가격 잡기에 너무 집착하고 있다는 비판의 목소리가 높습니다. 물론 부동산투기가 국토의 효율적 이용을 저해하는 측면이 없지 않습니다.

그렇다면 국토를 이 세 가지 용도에 적절히 배분하기 위해서는 어떻게 해야 할 것인가? 시장주의자의 주장대로 각 필지의 토지이용을 시장에 맡겨버리면 어떻게 될까? 이에 답하기 위해서는 우선 그 세 가지 용도의 특성을 잘 이해해야 합니다.

2) 시장은 국토의 효율적 이용을 담보하지 못한다

토지를 생산요소로 이용하거나 또는 재산으로 이용함으로 인한 이익은 금방 돈으로 환산됩니다. 그리고 그런 이익은 토지소유자나 이용자 각 개인에게 귀속됩니다. 그렇기 때문에 사람들은 토지를 생산요소로 이용하거나 재산으로 이용하려는 강력한 경제적 인센티브를 가지게 되고, 따라서 이런 용도의 토지에 대하여는 시장에서 수요가 발생합니다.

달리 말하면, 시장에서 자연스럽게 소위 실수요와 가수요가 발생합니다. 그리고 공급이 뒤따르고 가격이 형성됩니다. 만일 대한민국의 모든 토지에 대하여 자유롭게 시장에서 거래하게 하고 자유롭게 이용하게 내버려둔다면 시장주의자의 주장대로 아마도 각 필지의 땅이 최고가격을 부르는 사람들의 차지가 될 것입니다.

그렇다면 이 결과가 국토의 효율적 이용일까요? 아마도 시장주의자도 그렇지는 않다고 말할 것입니다.

다른 자원들과는 달리 토지는 남에게 물리적 피해를 주지 않고 이용하기 매우 어려운 자원입니다. 내 땅이라고 해서 내 마음대로 화장터를 만든다거나 쓰레기매립장을 만든다거나 높은 건물을 지어 경관이나 햇빛을 가로막는다면 다른 사람들에게 막대한 피해를 주게 됩니다. 강가에 집을 지으면 수질을 오염시켜서 남에게 피해를 주게 됩니다.

토지이용이 제3자에게 미치는 피해의 종류와 성격이 너무 다양하고 복잡 미묘하기 때문에 이런 것들에 대해 일일이 신경을 쓰다가는 내 땅을 제대로 이용하기 어렵습니다.

그러나 토지이용을 시장에 맡겨서 결정한다고 하면, 땅 가진 사람들은 다른 사람이야 어떤 일을 당하든 아랑곳하지 않고 자신의 이익에 따라 토지를 마음대로 이용하려고 할 것이며, 결과적으로 남에게 피해를 주는 토지이용이 만연할 우려가 있습니다. 남에게 피해를 주는 것은 결코 토지를 효율적으로 이용하는 것이 아닙니다.

물론 시장주의자가 강조하듯이 이해당사자들이 타협을 통해서 제3자의 피해를 최소화할 여지가 없지 않습니다. 하지만, 보통 타협에는 많은 시간과 돈이 소요됩니다. 경제학적으로 말하면 거래비용이 많이 든다는 것입니다. 시장주의자는 이 거래비용을 너무 경시하는 경향이 있습니다.

그렇다고 토지이용이 제3자에게 피해만 주는 것은 아닙니다. 남에게 큰 이익을 줄 수도 있습니다.

소비재로 이용되는 토지가 특히 그렇습니다. 토지가 생산요소로 이용되거나 재산으로 이용될 경우에 발생하는 이익이 금전화되고 소유자 개인에게 귀속되는 데에 반해서, 소비재로 이용되는 토지에서 발생하는 이익은 대부분 잘 금전화되지 않을 뿐만 아니라 토지소유자 개인에게 전적으로 귀속되지도 않습니다. 그 이익이 불특정 다수에게 분산됩니다.

소비재용 토지가 제공하는 아름다운 경관, 공기정화기능,

수자원함양기능, 수질정화기능, 다양한 생태계보전기능 등으로 인한 이익은 흔히 말하는 공익 혹은 환경가치입니다. 어느 개인이 독차지할 수 있는 이익이 아닙니다. 지리산에 가면 누구나 지리산 삼림이 뿜어내는 싱그러운 공기를 즐길 수 있는데, 다른 사람들보다 더 많이 즐기려고 굳이 애를 쓸 필요가 없습니다. 남과 다툴 필요 없이 누구나 마음껏 즐길 수 있기 때문입니다.

남과 다툴 필요가 없이 마음껏 즐기는 현상에 대하여 경제학은 비경합성이라는 표현을 씁니다. 지리산이 제공하는 깨끗한 공기는 비경합성을 가집니다. 설악산의 아름다운 경관도 비경합성을 가집니다. 남이 설악산 경관을 더 많이 차지할 것을 걱정할 필요가 없습니다. 누구나 설악산에 가서 즐기기만 하면 됩니다.

지리산 공기나 설악산의 경관은 비경합성 이외에 또 다른 중요한 특성을 가지고 있습니다. 즉, 어떤 특정인을 제외하고 나머지 사람들만 즐기게 하기 매우 어렵습니다.

예를 들어서 납세의무를 지키지 않을 사람들을 빼고 나머지 사람들만 지리산의 깨끗한 공기나 설악산의 아름다운 경관을 즐기게 하기는 매우 어렵기도 하고 옳지도 않습니다.

이와 같이 특정인을 배제시키기 어려운 현상을 경제학에서는 <u>비배제성</u>이라고 합니다. 지리산 공기나 설악산의 경관과 같이 비경합성과 비배제성을 가진 것을 경제학에서는 <u>공공재</u>라고 부릅니다. 소비재용 토지가 제공하는 공익은 대부분 이런 공공재의 성격을 가집니다.

공공재의 성격을 강하게 가진 것들은 돈벌이의 대상이 되지 못합니다. 예를 들어서 아무도 지리산의 깨끗하고 싱그러운 공기를 팔아서 돈벌 생각을 하지 않습니다. 깨끗한 공기를 공급하기 위한 용도로 자신의 토지를 이용하려는 사람도 없을 것입니다. 돈벌이가 안 되니까요. 돈벌이가 안 되기 때문에 사람들은 자신의 토지를 이런 공공재 공급을 위해서 이용하지도 않을 뿐만 아니라 공공재 공급에 적합한 토지도 다른 용도로 전환하려고 할 것입니다. 그래서 소비재용 토지에 대해서는 시장수요도 없고 가격도 없음이 보통입니다. 설령 있다고 해도 아주 낮습니다.

그러나 가격이 없다고 해서 가치가 없다는 것은 아닙니다. 예를 들어서, 아시아에서 가장 넓다고 하는 새만금 갯벌은 엄청나게 큰 가치를 가지지만 가격은 없습니다. 하지만, 새만금 갯벌을 들러 엎어서 농지로 조성한 땅에는 가격이 붙습니다. 문제는, 갯벌로서의 가치가 더 크냐, 농지로서의 가격이 더 크냐 입니다. 많은 환경학자들이 갯벌로서의 가치가 훨씬 더 크다고 주장합니다.

소비재용 토지가 제공하는 공익은 대체로 환경가치라고 했는데 이것에 관하여 한 가지 꼭 집고 넘어갈 것이 있습니다. 국민의 소득수준이 높아짐에 따라서 이 공익에 대하여 국민이 부여하는 가치가 대단히 빠른 속도로 높아진다는 것입니다. 대체로 보면 소득수준보다도 더 빠른 속도로 높아집니다. 경제학적으로 말하면 소비재용 토지가 제공하는 환경가치는 소득에 대하여 매우 탄력적이라고 말하기도 하고 탄력성이 1보다 크다고 말하기도 합니다.

이에 반해서 생산요소용 토지가 제공하는 이익의 소득에

대한 탄력성은 대체로 보아 1보다 작다고 합니다. 다시 말해서 비탄력적이라는 것입니다. 그러므로 예를 들어서 소득수준이 10% 올라가면, 환경가치는 10%보다 더 높아지는 반면에 생산요소용 토지가 제공하는 이익은 10% 이하로 증가합니다.

시장주의자는 우리의 국민소득수준이 앞으로도 계속 높아질 것이라고 말하면서도 소비재용 토지가 제공하는 공익의 가치가 소득수준 향상속도보다도 더 빠른 속도로 높아진다는 사실은 간과합니다. 대체로 보면, 시장주의자나 경제학자는 단기적 이익에 매달리는 경향이 있습니다. 토지에 관한 한 먼 미래를 내다보기 어렵기 때문입니다.

그러나 앞에서도 강조하였듯이 소비재용 토지의 확보는 백년대계의 문제입니다. 풍부한 환경가치를 지닌 산지가 일단 개발되면 다시 원상복구하기가 무척 어렵습니다. 원상복구에 장구한 시일이 소요됩니다.

그러므로 소비재용 토지에 대하여 얘기할 때는 반드시 먼 미래를 염두에 두어야 하며 앞으로 소비재용 토지의 가치가 급속도로 높아진다는 점을 간과해서는 안 됩니다. 지금 당장은 임야나 산지의 가치가 도시용 토지의 가치보다 낮기 때문에 임야나 산지를 빨리 도시용으로 전용해야 한다고 말할 수 있을지 모르지만, 앞으로 30년 후까지 염두에 둔다면 이런 말을 할 수 없습니다.

또 한 가지 주의할 점은, 대체로 보면 소비재로 이용되는 토지는 높은 가치를 가지지만 가격은 매우 저렴하다는 것입니다. 가치와 가격이 크게 다르며 가격이 가치를 반영하지 못한다는 것, 이것이 소비재용 토지의 두드러진 특징입니다.

예를 들면, 가격으로는 임야가 상당히 싸지만, 여러 가지 공익적 기능을 가지기 때문에 그 가치는 매우 큽니다. 그리고 이 가치는 앞으로 빠른 속도로 높아집니다.

그러나 환경가치는 공공재적인 성격을 가진 것이라서 임야의 주인 입장에서 보면 그리 커 보이지 않습니다. 따라서 임야의 주인은 자신의 땅을 임야로 내버려두지 않으려고 합니다. 달리 말하면 자신의 땅을 소비재용 토지로 남겨두려고 하지 않습니다. 때가 오면 임야를 택지로 바꿈으로써 자신의 땅에 높은 가격이 붙게 하려고 끊임없이 노력합니다.

자본주의 시장경제는 사람들로 하여금 가치보다는 가격을 추구하게 만듭니다. 이것이 시장의 힘입니다. 산지가 아무리 가치가 크다고 한들 가격이 낮으면 소용이 없습니다. 상가와 같이 가격이 높은 것이 제일입니다.

바로 이런 시장의 힘 때문에 생산요소용 토지나 재산용 토지는 점차 증가함에 반해서 필연적으로 소비재용 토지는 점차 감소하게 됩니다. 앞으로 소득수준이 점차 높아짐에 따라 국민이 다른 용도의 토지보다 소비재용 토지를 상대적으로 점점 더 많이 원하게 되고 그래서 그 가치가 점차 높아짐에도 불구하고 소비재용 토지가 오히려 감소한다면, 이는 국토이용의 효율성 차원에서 심각한 문제가 아닐 수 없습니다. 시장은 국민이 원하는 만큼의 소비재용 토지의 공급에 점점 더 실패한다는 것입니다.

이 말은 시장이 국토의 효율적 이용에 실패한다는 뜻이기도 합니다. 경제학자들은 이런 현상을 "시장의 실패"라는 말로 표현합니다.

이와 같이 시장이 실패한다면, 어떻게 해야 할 것인가? 많은 경제학자들이 정부가 나서야 한다고 주장합니다. 공권력에 의해서 선의의 제3자에게 해를 끼치는 토지이용을 강력하게 규제하고 소비재용 토지를 최대한 확보하는 것이 국토이용에 관한 정부개입의 핵심이 됩니다.

실제로 서구 선진국에서는 국토의 이용에 관한 한 정부가 무척 적극적으로 개입합니다. 독일의 경우에는 전 국토의 구석구석에 대하여 꼼꼼하게 토지이용계획을 세우고 이에 따라 국토가 이용됩니다. 아름다운 나라, 프랑스는 토지이용규제가 엄격하기로 유명합니다. 주택의 형태는 물론이고 주택의 색깔까지 일일이 정부가 규제합니다.

서구 선진국에 비하면 우리나라의 토지이용규제는 관대하기 짝이 없습니다. 흔히 우리나라의 토지이용규제가 너무 심하다고 말하지만, 이것은 전혀 사실이 아닙니다. 토지이용규제도 느슨하고 토지관련 세금도 매우 쌉니다. 이런 점에서 우리나라처럼 토지이용이 자유로운 나라는 세계에 별로 없을 것입니다.

비록 우리나라의 토지이용제도가 미국의 제도와 같다고는 하지만, 근래 미국의 정부도 토지이용규제를 대폭 강화하고 있는 추세입니다. 이제 우리도 생산요소용 토지로 개발할 곳과 소비재용 토지로 보전해야 할 곳을 분리하되, 개발할 곳은 철저하게 개발하고 보전할 곳은 철저하게 보전하는 체제가 조속히 갖추어져야 할 것입니다. 이와 관련하여 토지이용계획이나 규제에 대한 구체적인 내용은 뒤에서 자세한 얘기가 있을 것입니다.

3) 사유재산권의 한계와 이를 극복하기 위한 방안

물론, 개인이나 기업도 소비재용 토지를 공급합니다. 위에서 언급하였듯이 소득수준이 높아짐에 따라 깨끗한 공기나 물, 그리고 아름다운 경관 등에 대한 수요도 증가하는 경향이 있습니다.

짧게 줄여서 환경에 대한 수요가 증가한다고 말합니다. 환경에 대한 수요가 증가하면 이것을 이용해서 돈벌이를 할 여지가 열립니다. 예를 들면, 기업이 대규모의 자연녹지를 확보하여 이를 공원화하고 입장료를 받아 돈을 버는 사례가 실제로 있으며, 선진국의 경험에 비추어 볼 때 아마도 앞으로 우리나라에서도 이런 사례가 많이 발생할 것입니다.

요즈음에는 자연친화적 혹은 환경친화적 아파트단지가 크게 인기를 끌고 있습니다. 이런 현상은 소비재용 토지와 생산요소용 토지를 적절히 섞어서 아파트단지를 공급하는 것으로 이해할 수 있습니다. 이런 현상을 예로 들면서 시장주의자는 국토이용을 시장에 맡기더라도 기업에게 사유재산권만 잘 보장해주면 소비재용 토지가 얼마든지 공급될 수 있다고 주장합니다

그러나 이런 주장은 과장된 주장입니다. 이런 주장에 대하여 크게 두 가지 문제점을 지적할 수 있습니다.

하나는 토지이용의 효율에 관한 문제이고, 다른 하나는 사유재산권에 관한 문제입니다.

우선 효율의 측면부터 살펴봅시다. 비록 기업이 소비재용

토지를 공급한다고 하더라도 기업의 논리상 국토의 효율적 이용을 달성할 만큼의 충분한 양을 공급하지는 않습니다. 우선, 기업은 돈을 내지 않는 사람들에게는 혜택을 베풀지 않는다는 점에 유의하여야 합니다. 위에서 공공재는 비경합성을 갖는다고 말했습니다. 비경합성 때문에 공공재의 경우 수혜자의 수가 늘어난다고 해서 비용이 추가되지 않습니다. 그러므로 돈을 내든 안내든 원하는 모든 사람들에게 혜택이 골고루 돌아가도록 공공재가 공급되어야 합니다. 이것이 최소의 비용으로 최대의 효과를 달성하는 길입니다.

이런 점에서 공공재는 보통 재화와 크게 다릅니다. 빵을 예로 들어봅시다. 빵을 원하는 사람이 늘어나면 빵을 더 많이 생산해야 하고, 그러자면 돈을 더 많이 들여야 합니다. 즉, 수혜자의 수가 늘어나면 비용이 추가됩니다. 만일 생산을 늘리지 않는다면, 공급량은 고정됩니다. 이 경우 내가 빵을 하나 먹으면 대한민국에서 누구인가는 빵을 하나 덜 먹게 됩니다. 나는 그 사람에게 피해를 주게 됩니다. 그 사람에게 피해를 주지 않게 하는 한 가지 방법은 내가 빵 값을 지불함으로써 빵이 하나 더 생산되게 만드는 것입니다.

경제학적으로 보면, 공공재가 아닌 보통 재화의 경우 반드시 돈을 지불해야 하는 이유는 남에게 피해를 주지 않기 위해서입니다. 피해가 발생할 경우 반드시 이에 대하여 대가를 지불하여야 한다는 것이 경제원칙입니다.

공공재의 경우에는 이런 문제는 없습니다. 예를 하나 들어보겠습니다. 정부가 100억 원의 돈을 투자해서 일기예보시설을 설치하고 일기예보를 한다고 합시다. 일기예보 역시 비경합성을 가진 공공재입니다. 비경합성을 가진다는 것은 예컨대 갑이 일기예보를 듣고 혜택을 받았다고 해서 다른 사람이 일기예보를 즐기는 데에 아무런 지장을 주지 않는다는 뜻입니다. 갑의 소비가 다른 사람들에게 아무런 피해를 주지 않는다면 왜 갑이 굳이 돈을 지불해야 합니까? 갑이 일기예보를 들었다고 해서 일기예보 비용이 증가하는 것도 아닙니다. 일단 100억 원의 돈을 들여서 일기예보시설을 만들었으면 1,000명이 일기예보를 들으나 1,000,000명이 일기예보를 들으나 비용은 100억 원으로 똑같습니다. 사실은 일기예보를 듣는 사람이 많아질수록 그 100억 원 투자로 인한 사회적 이익은 점점 더 커집니다.

그렇다면 되도록이면 많은 사람들이 일기예보를 듣고 혜택을 받게 하는 것이 최소의 비용으로 최대의 효과를 달성하는 길입니다. 즉, 공공재의 경우에는 대가의 지불 여부에 상관없이 누구나 그 혜택을 누리도록 하는 것이 경제성을 높이는 길입니다. 설령 돈 벌 요량으로 어떤 기업이 일기예보 사업을 한다고 합시다. 이윤을 추구한다면 당연히 이 기업은 돈을 내지 않을 사람들을 배제할 것이고, 그러다 보면 경제성을 최대한 살리지 못할 것입니다. 그러므로 설령 공공재가 시장에서 돈벌이의 대상이 될 수 있고, 따라서 기업이 덤벼든다고 하더라도 그 공공재가 시장을 통해서 국민에게 적정량이 공급된다는 보장은 전혀 없습니다.

일기예보에 대한 얘기는 소비재용 토지에도 그대로 적용됩니다. 비록 기업이 소비재용 토지를 공급한다고 하더라도 불특정 다수에게 충분한 혜택이 돌아가는 식으로 공급하지는 않습니다. 다시 말해서 경제적 효율성을 달성하지 못합니다. 이것이 기업의 한계입니다. 소비재용 토지가 제공하는 이익의 대부분이 돈벌이 대상이 되지 않을 뿐만 아니라 설령 돈벌이 대상이 된다고 하더라도 기업이나 개인에게 맡길 수는 없다는 결론이 나옵니다.

시장주의의 가장 큰 특징은 사유재산권을 신성시한다는 것입니다. 그러다 보니 시장주의자는 사유재산권의 확실한 보장이 토지의 효율적 이용의 선결조건이요 전제가 된다고 늘 주장합니다. 그러나 토지에 대해서만은 이런 주장을 할 수 없습니다. 토지가 국유화 혹은 공유화되어 있어도 얼마든지 효율적으로 이용될 수 있을 뿐만 아니라 실제로 그런 사례가 많이 있습니다.

예를 들어 세계 금융의 중심지인 뉴욕 맨하탄 일대는 9·11테러 이전만 하더라도 세계에서 가장 번화하면서도 무척 아름다운 관광명소이었습니다. 하지만 이 지역의 토지는 사유지가 아닙니다. 뉴욕시가 개인에게 장기 임대한 땅입니다. 중국 상하이를 다녀온 사람들은 그 어마어마한 개발의 규모와 속도에 놀라움을 금치 못합니다. 하지만, 상하이의 땅은 사유지가 아닙니다. 잘 알려져 있듯이 중국은 사회주의국가로서 토지의 사유재산권이 인정되지 않습니다. 단지 개인에게 장기 임대될 뿐입니다.

이런 성공적인 예들은 토지가 사유화되지 않더라도 임대제도를 잘만 운용하면 토지를 얼마든지 효율적으로 이용할 수 있다는 산 증거입니다. 임대제도의 활용은 부동산투기와 난개발을 예방하는 좋은 방법이 될 수도 있습니다. 그럼에도 불구하고 우리나라에서는 국·공유지조차도 자꾸 사유화시키고 있습니다. 앞으로 국토의 효율적 이용을 위해서나 토지투기를 억제하기 위해서도 토지의 사유화보다는 토지의 국·공유지 확대와 더불어 임대제도의 활성화를 심각하게 생각해야 할 것입니다. 100여년 전에 헨리 죠지라는 유명한 사상가는 다음과 같은 말을 남겼습니다.

> 토지를 경작하게 하고 또한 이 토지의 생산성을 높이기 위해서 굳이 '이 토지는 당신의 것이다'라고 말할 필요가 없다. 단지, '이 토지로부터 당신이 생산한 것은 바로 당신의 것이다'라고 말하는 것으로 충분하다.[11)]

미　　주

1) 이준구·이창용(1997), 『경제학원론』, 서울: 법문사, 52쪽.

2) 이에 대한 자세한 내용은 다음 문헌 참조: 이정전(2005), 『경제학에서 본 정치와 정부』, 서울: 박영사

3) 또 다른 신화는 "토지정책은 유해무익하다"는 신화이다. 자세한 내용은 다음 문헌 참조: 華山謙(1981), 『現代の 土地神話』, 東京: 朝日新聞社.

4) Shiller, R. J.(1990), Speculative Prices and Popular Models, J. of Economic Perspectives, Vol. 4, no. 2, Spring.

5) 이 행태에 대해서는 영남대학교의 한동근교수가 많은 조언을 하여 주었다. 한동근교수는 herd behavior를 "양몰이"라고 표현하였는데, 필자의 생각에는 "떼 짓기"가 원 취지를 더 잘 살리는 표현이 아닌가 생각한다.

6) 건설교통부(1998), 「1998년도 지가공시에 관한 연차보고서」, 59쪽.

7) Tirole, J.(1985), "Asset Bubbles and Overlapping Generations," Econometrica, vol. 53, No. 5(Sept.).

8) Seligman, E. R. A.(1927), Incidence of Taxation, New York: Columbia University Press, p. 281.

9) Becker, A. P.(1969), "Principles of Taxing Land and Buildings for Economic Development," in Arthur P. Becker ed., Land and Building Taxes, Madison: The Wisconsin University Press, pp. 33-34.

10) Gee, D.(1997), "Economic Tax Reform in Europe," in Tim O'Riordan ed., Ecotaxation, London: Earthscan Publications.

11) George, H.(1879), Progress and Poverty, New York: The Modern Library, p. 398.

제 2 편

토지이용규제와 개발이익환수문제

서 순 탁

1. 토지이용규제에 대한 이해
2. 토지이용규제완화에 대한 이해
3. 개발이익환수에 대한 이해

1. 토지이용규제에 대한 이해

우리나라 토지이용규제 과연 강한가?

많은 전문가들과 개발업자들, 특히 시장주의자들은 우리나라의 토지이용규제가 지나치게 심하다고 불평합니다. 그러나 이런 불평은 선진 외국의 토지이용규제가 어떤지를 잘 모르는, 그야말로 우물 안 개구리식 생각만 하는 불평입니다. 서구 선진국의 토지이용규제가 얼마나 강한지 그곳에 살아본 전문가들은 잘 압니다.

세계에서 가장 아름다운 도시라는 파리에서는 건물의 높이는 물론 건물의 양식과 건물의 색깔까지도 정부가 일일이 규제합니다. 내가 내 집을 빨간색으로 칠하고 싶어도 내 마음대로 할 수 없는 나라가 프랑스입니다. 아무리 내가 건물을 짓고 싶어도 주위와 잘 어울리지 않는다면 지을 수 없습니다. 이렇게 엄격하게 규제하니까 세계적으로 아름답고 살기 좋은 도시가 만들어지는 것입니다.

독일의 토지이용규제는 프랑스보다 더 엄격한 것으로 알려져 있습니다. 실제로 가보면, 독일이나 스위스의 도시들은 정말 그림 같지 않습니까? 그에 비하면 우리의 수도 서울은 어떻습니까? 큰 강과 산을 끼고 있어서 정말 좋은 천혜의 자연적 조건을 가지고 있다고 합니다. 하지만, 서울의 도시모습은 아름다움과 거리가 멀고, 심지어 살벌하기까지 합니다. 서울은 그야말로 거대한 시멘트 덩어리에 불과합니다. 소음과 먼지, 더 이상 말할 필요가 없습니다. 서로 어울리지 않는 건물들이 들쭉날쭉 무질서하게 여기 저기 널려 있고, 원색의 잡다한 길거리 광고판들이 보는 사람들을 어지럽게 합니다.

영국의 토지규제 또한 엄격합니다. 영국은 토지소유권만 인정하고 장래 개발권은 개인에게 허용치 않는 국가로 알려져 있습니다. 자기가 소유한 땅이라 할지라도 개발할 경우에는 지방정부의 허가를 받아야 하는 계획허가제(Planning Permission System)를 운용하고 있기 때문입니다.

영국도 처음부터 허가제를 운용해 온 것은 아닙니다. 1930년대까지 미국과 같이 용도지역·지구제를 채택했으나, 용도지역제가 갖는 근본적인 한계를 인식하고 허가제로 전환했던 것입니다. 그 이유가 자못 궁금하지 않습니까?

당시 영국의 계획가들은 도시를 관리하기 위한 도시계획은 용도지역을 통해 토지자원을 공간적으로 배분할 뿐이라고 생각했습니다. 다시 말해 도시계획은 특정토지의 가치를 증가시키고 다른 토지의 가치를 감소시킨다고 보았습니다. 이러한 불평등이 토지규제를 어렵게 한다고 보고 용도지역제 대신 계획허가제를 도입하여 이러한 불평등을 해소시키고자 했습니다. 이로 인해 영국은 건축부자유라는 불편함을 감수하면서까지 도시계획에 따른 손익조정에 무게중심을 두었다고 볼 수 있습니다.

토지이용규제를 전문적으로 연구하는 학자들은 곧잘 미국식 토지이용규제와 독일식 토지이용규제를 대비시킵니다. 미국의 토지이용규제는 유럽에 비해서 상당히 느슨하다고 합니다. 우리나라의 토지이용규제는 미국식이라고 합니다. 미국은 사유재산권이 최고로 잘 보장된 나라로 꼽힙니다. 미국식은 기본적으로 토지소유자가 자신의 토지를 마음대로 이용할 수 있게 허용하는 체제입니다. 다만, 남에게 피해를 주면 법의 제제를 받습니다. 미국식 토지이용규제의 기본정신은 개인에게 토지이용의 자유를 최대한 보장하되 남에게 피해를 주면 법에 따라 사후적으로 제재한다는 것입니다.

예를 들어서, 조용한 주댁가 근저에 매연을 내뿜는 공장이 들어서면 인근 주민들은 큰 피해를 당하게 됩니다. 집값도 떨어질 것입니다. 이런 식의 피해를 막는 한 가지 방법은 주택가와 공장을 공간적으로 격리시키는 것입니다.

그래서 미국에서는 도시를 여러 지역이나 지구로 나누고 각 지역이나 지구에 대하여 용도나 이용양태를 지정합니다. 주거지역, 상업지역, 공업지역, 풍치지구 등, 이와 같이 지역이나 지구별로 토지의 용도 및 이용양태를 지정하고 이를 어길 경우 법적 제재를 가하는 방식을 전문가들은 흔히 지역·지구제라고 부릅니다. 이런 지역·지구제는 남에게 피해를 입히는 토지이용이나 개발행위를 규제하기 때문에 땅값이나 집값이 떨어지는 것을 막아줍니다.

미국의 지역·지구제는 원래 개인의 사유재산을 보호하려는 취지에서 시작되었습니다. 우리나라의 토지이용규제는 기본적으로 이런 미국식 지역·지구제를 바탕으로 하고 있습니다.

미국식과는 달리 독일식은 전 국토에 대하여 사전에 치밀

하고 세세한 토지이용계획을 짜놓고 이 계획에 부합하는 토지이용 행위만을 허용하는 방식입니다. 이 계획은 각 지역별로 토지의 용도뿐만 아니라 예를 들면 그 지역에 들어갈 건물의 크기, 모양, 색, 등 세밀한 내용까지 담고 있다고 합니다.

전문가들은 그런 계획을 흔히 지구상세계획이라고 부릅니다. 물론, 이 계획은 법적 뒷받침을 받습니다. 이 계획에 맞지 않는 토지이용은 허용되지 않습니다.

그래서 독일에서는 계획이 없으면 토지이용도 없다고 말합니다. 독일뿐만 아니라 대체로 유럽 선진국에서는 기본적으로 토지는 개인이 마음대로 이용할 수 없는 것으로 인식되고 있다고 합니다. 정부의 계획이 없으면 개인은 마음대로 건물을 지을 수 없습니다. 그래서 유럽 선진국의 토지이용은 "건축 부자유의 원칙"에 의거하고 있다고 말합니다.

유럽 선진국과는 달리 미국이나 우리나라에서는 건축법이나 토지이용관련법에 나와 있는 몇 가지 요건만 지키면 얼마든지 개발을 하고 건물을 지을 수 있습니다.

서부영화에서 보듯이 미국은 엄청나게 큰 땅덩어리를 가진 나라입니다. 차를 타고 하루 종일 달려봐야 사람 하나 집 한 채 볼 수 없는 곳이 수두룩합니다.

우리나라와 같이 인구는 많고 땅이 비좁은 나라에 그런 미국식 토지이용규제가 과연 적합한지 한 번 곱씹어볼 일입니다. 그래서 우리나라도 독일식 제도의 좋은 취지를 본 딴다는 의미에서 몇 년 전에 국토이용에 관한 기본법을 바꾸면서 소위 "선계획 후개발"의 원칙을 도입하였습니다.

우선 토지이용계획을 세우고 나서 이에 따라 토지를 이용하게 한다는 것입니다. 그러나 지금과 같은 느슨한 토지이용규제마저도 지나치게 강하다고 개발업자들과 시장주의자들이 반발하는 판에 과연 "선계획 후개발"의 취지가 제대로 현실에 접목될 수 있을지 심히 걱정스러운 것이 사실입니다.

토지이용규제 진정 불필요한가?

시장주의자들은 우리나라의 토지규제가 지나치게 심하다고 생각하는 경향이 있는 것 같습니다. 좁은 땅덩어리에 수백 개의 용도지역, 지구, 구역, 권역이 지정되어 있음을 그 예로 들고 있습니다. 여기에다가 토지를 이용하거나 개발하는 데 거쳐야 하는 절차도 지나치게 복잡하다는 지적을 합니다.

일견 자유로운 토지이용이나 개발을 통해 이익창출을 극대화하는 것을 미덕으로 여기는 자본주의체제하에서 정부개입을 통한 토지규제는 아무리 공익적 관점에서 필요한 것이라 할지라도 환영받기가 쉽지 않을 것입니다.

지금까지도 토지규제는 부지불식간에 불필요한 것, 해로운 것이라는 인식이 확대되고 있습니다. 어느 일면에서 보면 우리는 다른 나라에 비해 과도하리만치 많은 수의 규제를 갖고 있는지도 모릅니다. 2004년 10월 기준으로 볼 때, 14개 부처 121개 법률에서 총 324개 종류의 용도지역·지구를 지정·운용하고 있습니다(<표 2-1> 참조).

〈표 2-1〉 소관부처별 · 명칭별 지역 · 지구 법률 현황

부처 \ 분야	지 역	지 구	구 역	권 역	기 타	계
건설교통부	28	24	24	6	20	102
환 경 부	23	5	23	1	10	62
산업자원부	16	6	6	-	9	37
행정자치부	5	5	6	-	4	20
농 림 부	5	2	6	1	15	29
국 방 부	1	-	21	-	4	26
해양수산부	2	1	7	-	15	25
문화관광부	-	2	2	-	4	8
교육인적자원부	-	-	1	-	-	1
과학기술부	-	-	1	-	1	2
재정경제부	2	-	4	-	-	6
정보통신부	-	-	-	-	2	2
외교통상부	-	-	-	-	2	2
여 성 부	-	-	2	-	-	2
계(14개 부처)	82	45	103	8	86	324

자료: 정희남, 2004, "토지이용규제 합리화 추진방안," 국토연구원, 4쪽.

2004년에 국토연구원이 조사한 결과를 보면, 국토계획법과 82개의 개별 법률에 의해 전국에 지정된 지역 · 지구는 무려 567,292㎢나 되는 것으로 나타났습니다. 이 수치는 전 국토(99,600㎢)의 5.8배에 해당하는 것입니다. 이것은 전국적으로 1개 필지당 평균 5.8개의 용도지역 · 지구가 중복하여 지정되어 있음을 의미합니다. 이러한 점은 시장주의자들에 의해 비

판의 대상이 되어 왔으며 동시에 규제완화의 구실이 되고 있습니다. 그들은 중복적이고 과도한 토지규제로 인해 사유재산권이 침해될 뿐만 아니라 토지공급이 저해된다는 주장을 펴고 있습니다.

과연 그러한가를 좀 더 구체적으로 살펴보겠습니다. 국토계획법상 용도지역을 보면, 우리나라는 농림지역과 자연환경보전지역이 59.6%, 관리지역 24.6%, 도시지역 15.8%를 차지하고 용도지구는 국토면적의 2.6%, 용도구역은 국토면적의 8.3%가 지정되어 있습니다. 이를 용도지역·지구를 유형별로 분류하면 다음의 네 가지로 나눌 수 있습니다.

먼저 토지이용규제만을 정한 지역·지구로서 건축물 용도·밀도(건폐율, 용적률, 높이 등) 등의 규제가 주요 내용으로 되어 있습니다. 도시지역·관리지역(국토계획법), 농업진흥지역(농지법) 등이 그 예에 해당합니다.

둘째, 토지이용규제와 인적(人的) 행위제한을 병행하는 지역·지구로서 상수원보호구역(수도법), 하천구역(하천법) 등이 있습니다.

셋째, 계획적 개발 등을 위해 일시적인 토지이용규제를 하는 지역·지구로서 택지개발예정지구(택지개발촉진법), 도시개발구역(도시개발법) 등이 여기에 해당합니다.

마지막으로 토지이용규제는 없고 인적(人的) 행위제한만 있는 지역·지구로서 입산을 통제하는 입산통제구역(산림법), 사업지원 등을 위한 산촌진흥지역(산림기본법), 거래·소유 등의 경제활동만을 제한하는 토지거래허가구역(국토계획법) 등이 있습니다.

그러나 마지막 규제형태는 사실상 토지규제와 무관한 것이므로 규제의 숫자에서 빼는 것이 맞습니다. 이들 규제를 하나하나 들여다보면, 모두 필요에 의해 만들어진 것임을 알 수 있습니다.

본래 토지이용규제는 정부가 개별적인 토지이용행위를 사회적으로 바람직한 방향으로 유도하기 위해 법적·행정적 조치에 의거하여 그 행위를 제한하는 것이며, 이를 통해 사회 전체적으로 효율적인 토지이용을 도모하는 데 그 목적이 있는 것입니다.

그렇다면 토지이용규제는 효율적인 토지이용을 위해 어느 사회나 필요한 정책수단으로 볼 수 있습니다. 이러한 이유로 토지이용규제는 오랜 역사를 갖고 있습니다. 역사적으로 볼 때, 토지이용규제는 산업혁명 이후 도시로 인구집중이 심화되면서 도시내 주거지역의 보건·위생이 문제되자, 이 문제 해결을 위해 도입된 제도입니다. 초기에는 주로 보건·위생·안전 등 소극적 목적을 위해 도입되었으나, 최근에는 토지이용 효율화, 계획적인 개발유도, 환경·생태보전 등으로 토지규제의 목적이 차츰 확대되고 있는 추세입니다.

이처럼 토지규제가 보다 나은 정주환경을 만드는 데 필요한 수단으로 활용되고 있음에도 불구하고 계속 도마 위에 오르는 이유는 토지이용규제로 인한 개인의 손실 때문입니다. 사회구성원 다수를 위한 공익목적으로 도입된 규제가 규제를 당하는 개인의 입장에서는 매우 억울한 일일 것입니다. 그렇다고 해서 규제를 폐지하는 것은 바람직하지 않을 것입니다.

그렇다면 한편으로는 규제시스템이 환경변화에 따라 불합

리하게 된 점을 보완하면서 다른 한편으로는 공익을 위해 규제손실을 감내하는 만큼 이에 상당하는 보상이 제도적으로 이루어질 수 있도록 개선하면 될 것입니다.

토지이용규제 무엇이 문제인가?

문자 그대로 토지의 용도를 일정한 범위의 공간으로 정하고, 그 안에서 지정목적에 맞게 이용행위를 허용하거나 제한하는 제도적 장치가 토지이용규제라면 왜 시장주의자와 기업가들이 이것을 문제 삼을까요? 정말로 토지규제가 불필요하고 중복되며 실효성이 없는 것일까요? 사실 용도지역제는 그동안 국토의 효율적 관리수단으로서 기능하지 못하고 국가경쟁력을 저해하는 부작용만 낳고 있다는 비판을 받아 왔습니다. 현실적으로 어떤 문제가 있는지 그리고 어떻게 고쳐나가야 할지를 살펴보겠습니다.

용도지역 · 지구제의 체계성

우리나라는 21세기를 맞이하면서 「국토의계획및이용에관한법률(이하 국토계획법)」이라는 새로운 국토관리기본법을 탄생시켰습니다. 그 이전에는 도시지역과 비도시지역을 나누어 도시지역은 체계화된 용도지역제와 세련된 도시계획수단을 갖추고 관리하여 왔으나, 비도시지역은 그러하지 못했습니다.

그러다가 비도시지역의 무계획적인 난개발이 성행하자 이 지역의 계획적 개발을 유도할 목적으로 도시지역과 비도시지역을 통합적으로 관리할 필요성이 커졌습니다. 이러한 이유로 도시지역을 관장하는 도시계획법과 비도시지역을 관장하는 국토이용관리법을 통합하여 국토계획법을 2003년 출범시켰습니다.

이 때 제정된 국토계획법은 개별법과의 관계에 있어서 기본법적 성격을 강화했다는 데 그 의미를 찾을 수 있습니다. 즉 전 국토에 대한 행위규제를 일차적으로 국토계획법에서 규정함으로써 각각의 개별법이 갖고 있는 용도지역 지정·변경에 위계와 질서를 부여하고자 했던 것입니다.

이렇게 함으로써 과거에 비해 전체적인 조정기능은 상당수준 개선되었으나 문제가 완전히 해소된 것은 아닙니다. 용도지역·지구의 합리성 여부에 대한 검증이 미흡하고, 일부 개별법에서 국토계획법상 용도지역을 초월한 구역지정이 가능하도록 허용하고 있어 토지이용계획의 실효성을 훼손하고 있기 때문입니다.

또한 국토계획법상 행위제한을 다른 법에 전적으로 위임하고 있어 국토계획법상 용도지역의 행위제한 내용과 개별법에 의한 행위제한 내용이 상충되는 경우 어떤 규정을 적용해야 하는지 불명확한 경우도 있습니다. 이를 위해서는 토지이용규제를 정비할 필요가 있게 됩니다. 지금까지 토지규제가 많아 진 것은 규제할 사항이 많아진 이유도 있지만, 각 부처가 필요에 따라 자신들이 담당하고 있는 개별법에 근거하여 용도지역·지구를 신설했기 때문입니다.

그러므로 단기적으로는 개별법에 의한 용도지역·지구 신설을 제한하는 것이 일차적으로 필요할 것입니다. 불가피하게 신설 필요성이 인정된다 하더라도 이를 철저하게 심사하도록 하여야 할 것입니다. 그런 다음 모든 용도지역·지구를 국토관리의 기본법이라 할 수 있는 국토계획법에 통합하여 관리할 수 있도록 일원화하는 제도개혁이 필요합니다.

용도지역·지구 지정절차의 합리성

용도지역·지구 지정은 국민의 토지재산권에 영향을 주는 행위입니다. 그러므로 엄격한 법적 절차에 따라야 할 것입니다. 그런데 우리는 아직도 용도지역 지정기준이 없는 실정입니다. 이로 인해 토지소유자의 민원을 유발하는 원인이 되고 있습니다. 환경보전 및 각종 시설보호 등의 공익목적 달성을 위한 지역·지구 지정은 결국 토지소유자의 토지이용상의 제약으로 이어지고, 이는 토지가격 하락을 유발하게 되어 결과적으로 개인의 재산권에 손실을 발생시키기 때문입니다.

공익목적 달성을 위한 각종 지역·지구의 지정범위는 토지소유자의 피해를 최소화하기 위해 객관적·합리적 기준과 원칙에 따라 정책목적을 달성할 수 있는 범위 내에서 최소 규모로 지정되는 것이 바람직합니다.

또한 대부분의 법률에서는 지역·지구 지정과정에 토지소유자나 주민의 의견을 수렴하는 과정 없이 일방적으로 지역·지구를 지정하고 토지이용행위규제를 강제하는 경우가 많습니다. 사유재산권이 폭 넓게 허용되는 현대사회에서는 각종 지역·지구 지정을 통해 토지소유자의 토지이용행위를 규제함으로써 달성하고자 하는 공익도 중요하지만 피해를 입는 토지소유자의 사익 보호도 중요합니다.

따라서 일방적이고 강제적인 지역 · 지구 지정 후 토지소유자의 무조건적인 희생을 요구하기에 앞서, 지역 · 지구 지정을 통해 달성하고자 하는 정책목표, 대상지역, 수반되는 행위규제내용 등에 대해 토지소유자에게 설명함으로써 정책목표에 대한 공감대를 형성할 필요가 있습니다. 그리고 토지규제가 수반되는 용도지역 · 지구를 지정할 때에는 주민이 알 수 있도록 의무적으로 의견을 듣고 설득해야 할 것입니다.

이 뿐만이 아닙니다. 용도지역 · 지구 지정시 사후 고시제도의 미흡으로 정확한 구역경계를 파악할 수 없습니다. 이는 행정편의만 앞세워 지적고시 없이 지역 · 지구를 지정하거나, 지적고시 절차가 제도화되지 않은 데 기인합니다. 이로 인해 정확한 지정현황 파악이 곤란할 뿐만 아니라 토지관리 및 이용에도 불편을 초래하고 있습니다.

따라서 불합리한 구역지정이 없도록 지정 및 경계설정에 관한 구체적인 기준을 마련하고 누구든지 지정현황을 알 수 있도록 지적고시절차를 도입해야 할 것입니다. 이를 통해 앞으로는 용도지역 · 지구가 사유재산권을 제한하는 토지이용규제를 수반하는만큼 이와 관련된 지역 · 지구 지정현황과 행위규제를 명확히 보여주어야 할 것입니다.

행위규제 내용의 투명성 및 지역 · 지구 지정목표의 명확성

행위규제 내용이 복잡하면서도 다양한 예외규정을 인정함으로써 정확한 행위규제 내용을 파악하기가 곤란한 실정입니다. 지정목적이 행위규제를 위한 것인데도 행위규제 내용이 없는 개별구역이 있는 반면, 지정목적은 유사하나 규제내용에 있어서는 서로 상충되는 경우도 있습니다.

그리고 토지에 대한 행위규제 내용을 국민이 편리하고 쉽게 파악할 수 있는 행정지원체계가 부족합니다. 행위규제를 확인할 수 있는 현행 방법으로는 토지이용계획확인서가 대표적이지만, 토지이용규제확인서에서 확인할 수 있는 것은 도시관리계획, 군사시설, 농지, 산림 등 10개 분야 27개에 불과한 실정입니다.

또한 국토계획법상 도시계획으로 결정・지정된 용도지역・지구에 개별법에 의한 개별구역이 중첩 지정되면서 지역・지구의 목표가 혼란스러운 경우가 있습니다. 일부 개별구역은 용도지역・지구와 무관하게 설정되고, 보존과 개발과 같이 서로 상반된 목적의 개별구역이 동시에 지정되기도 하여 장기적인 예측이 곤란한 경우도 있습니다. 행위제한 체계가 금지행위열거방식(negative system)과 허용행위열거방식(positive system)으로 혼재되어 있어 지역・지구가 중첩되어 있을 경우 행위제한내용에 대한 명확한 이해가 쉽지 않습니다.

그러므로 토지이용규제관련정보를 전산화하여 이용자가 쉽게 활용할 수 있도록 고쳐나가야 할 것입니다. 그러기 위해서는 단순열거식의 규제정보가 아닌, 종합적이고 입체적인 규제정보가 되도록 규제정보시스템을 구축해야 할 것입니다. 이러한 관점에서 최근 정부에서도 토지규제지도를 작성하여 국민과 기업의 토지이용을 돕겠다는 발표를 한 바 있습니다.

용도지역 · 지구제 평가

용도지역 · 지구에 대한 사전 조정평가 기능이 미흡하여 기존 제도의 보완보다는 새로운 법률 제정에 의존하여 유사한 목적의 법률 및 개별구역을 새로이 만들어 내고 있습니다. 용도지역 · 지구제는 특정구획을 발표한 것으로 종료되는 것이 아니라 상당기간 집행 및 평가과정을 거쳐야 하기 때문에 관련 중앙 및 지방정부의 책임성, 추진능력, 부서간 협조 등이 요구됩니다.

그러나 해당 법률 소관부처, 같은 부처 내라도 담당 부서가 다르다는 이유로 협조가 원활히 이루어지지 않고 있는 실정입니다. 이 문제 해소를 위해 정부는 각 부처가 관장하고 있는 토지이용규제 지정 및 운영실태를 5년마다 평가하고, 평가에서 나타난 문제점을 제도적으로 개선하도록 의무화할 것으로 보입니다.

또한 용도지역 · 지구제를 실효성 있게 운용하기 위해서는 새로운 지역 · 지구가 지정될 때 이미 지정된 구획과 중복 또는 상충되는 목적이 있지나 않은지, 지정된 지역 · 지구의 지적고시나 사후관리는 제대로 되고 있는지 등의 평가와 모니터링이 필요합니다. 특별한 정책목적을 위해 개별구역의 지정이 필요한 경우 새로운 법률 제정 및 구역 신설 이전에 기존에 있는 유사 제도의 수정 · 보완을 통해 목적을 달성할 수 없는지 등을 검토할 필요가 있습니다.

지역 · 지구가 지정된 후에도 상당기간 사후관리를 해주어야 하지만, 각종 개별구역 지정 후 지속적인 관리가 이루어지지 않아 지정실적마저 정확히 파악되지 않는 경우도 다수 존재하여 사후 모니터링이 미흡한 실정입니다. 여기에는 여러 가지 이유가 있으나, 개별구역 지정 등의 최종 결정은 중앙정부에서 하지만 실제 관리 및 시행은 지자체에 맡기는 이원적인 운영체제에서 비롯된 것이라고 생각합니다.

2. 토지이용규제완화에 대한 이해

토지이용규제완화의 논리

경기가 침체할 때마다 기업투자의 활성화나 일자리 창출을 명분으로 항상 도마 위에 오르는 것이 토지규제입니다. 규제완화를 통해서 부족한 도시용 토지공급도 확대하고, 계속 오르기만 하는 지가도 안정시켜 국내외자본의 투자유치를 유도하겠다는 의도입니다. 과연 그러한가 곰곰이 살펴볼 일입니다.

시장주의자들의 토지규제완화논리는 대강 이렇습니다. 이들은 토지규제완화는 토지공급확대와 지가안정을 위해 반드시 필요하다는 주장을 하고 있습니다. 이러한 주장은 토지규제완화나 공급확대가 지가를 하락시킨다는 시장논리에 기초하고 있습니다.

일반적으로 토지규제완화란 토지규제에 의해 이용 및 개발이 제한되어 있던 토지에 대한 행위제한을 완화함으로써 개발이 가능한 토지로 전환함을 의미합니다. 일반적으로 이러한 토지규제완화는 토지공급 확대로 이어져 지가안정에 기여하는 것으로 알려지고 있습니다.

토지이용규제완화는 지가를 안정시키는가?

먼저 이론적으로 살펴보겠습니다. 일반적으로 볼 때, 부의 외부효과가 존재하면 그 주변에 있는 토지가격은 하락합니다. 예를 들어 주택가에 공해업체가 들어서면 공해로 인한 피해가 토지가치에 자본화되어 주택가의 땅값이 떨어지게 되는 것이 보통입니다. 반대로 토지이용규제 덕분에 심한 부의 외부효과가 효과적으로 통제되었다고 하면, 해당 지역의 토지에 대한 수요가 증가하여 이 지역의 지가는 규제 전에 비해 현저하게 상승할 것입니다.

그러므로 적어도 이론상으로는 부의 외부효과에 대한 토지이용규제의 성과는 규제 전과 후에 있어서 지가변화로 측정될 수 있다는 결론이 가능합니다. 반대로 토지규제완화가 지가에 미치는 영향도 알 수 있을 것입니다.

그러나 현실의 토지가격은 매우 많은 요인들에 의해 복합적으로 결정되기 때문에 이와 같은 지가변화만으로 규제 또는 규제완화의 성과를 추정하기는 어렵습니다.

토지규제완화 성과에 대한 실증적인 연구를 보면, 대부분 토지이용규제완화가 토지가격을 낮춘다는 결론을 도출하고 있습니다. 대체로 보면, 토지이용규제완화는 특정용도의 토지공급을 인위적으로 확대하므로 이 지역의 지가가 하락하게 됩니다.

이것을 그래프를 이용하여 설명하면 아래와 같습니다.

<그림 2-1>의 곡선 D_0, S_0와 같이 토지이용규제완화에 의해 특정용도의 토지공급이 확대된 결과 이 지역의 면적이 L_1으로 증가되었다고 하면, 이 용도의 토지가격은 P_0에서 P_1

까지 하락하게 될 것입니다. 예컨대 농업용 토지의 도시용 토지로의 전용에 대한 규제를 완화할 경우, 도시용 토지의 가격이 하락할 수 있습니다. 이 경우 지가하락의 정도는 토지규제완화를 통한 공급물량에 비례할 것입니다.

〈그림 2-1〉 수요변화를 수반하지 않는 토지이용규제완화 효과

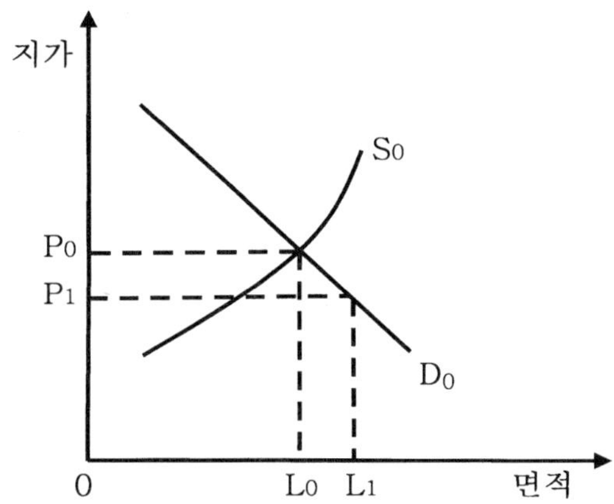

그러나 위의 주장은 토지규제완화가 수요변화를 수반하지 않을 경우에 한해 설득력을 가진다는 점에 주의할 필요가 있습니다. 현실적으로 보면, 토지규제완화는 사람들로 하여금 자기가 소유한 토지에 대한 기대를 갖게 함으로써 수요변화를 수반합니다.

예를 들어 <그림 2-2>에서와 같이 토지이용규제완화 결과 특정용도에 있어서 시장에서의 수요와 공급이 균형을 이루는 수준인 L_0보다 훨씬 많은 L_1만큼의 토지가 공급되었다고 할 경우 규제완화로 추가 공급된 토지 L_0L_1가 현재 논밭 등과 같이 이용밀도가 낮은 토지이고 또 해당지역이 도시화가 빠른

속도로 진전되어 오던 지역, 예컨대 수도권에 위치하고 있다고 하면, 그러한 용도지정은 가까운 장래에 이 초과 지정된 토지가 곧 개발되리라는 신호로 받아들여질 것입니다. 따라서 이 초과 지정된 토지는 투기의 대상이 되면서 투기수요가 발생하게 되어 수요곡선이 종전의 D_0에서 D_1으로 이동하게 되고 지가는 개발이전에 이미 P_1수준으로 오르게 됩니다.

〈그림 2-2〉 수요변화를 수반한 토지이용규제완화 효과

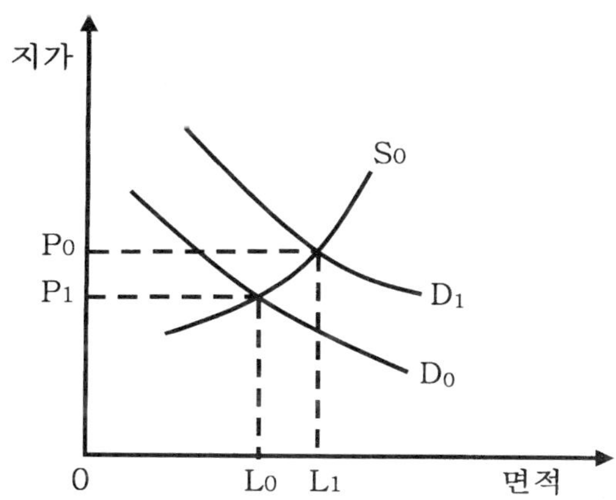

종합해 볼 때, 토지이용규제완화는 지가하락을 가져와 지가안정에 도움이 되지만, 지역에 따라서는 오히려 지가상승을 가져오기도 한다는 것을 알 수 있습니다. 이것은 토지시장의 국지성과도 관련되는데 우리의 현실을 감안해 볼 때, 수도권이나 대도시 주변지역에서의 토지규제완화는 지가상승을 초래할 가능성이 크다는 점을 시사합니다.

토지공급확대가 지가를 안정시킨다는 주장에 대해 현실적인 관점에서 농시규제완화를 사례로 하여 살펴보겠습니다.

쌀을 생산하는 농지의 경우 그동안 농지 보전차원에서 엄격하게 행위제한을 하여 왔습니다만, 최근 농수산물 시장 개방과 맞물려 농지에 대한 규제완화가 추진되고 있습니다. 농지소유에 대한 제한과 농지이용에 대한 행위제한의 완화가 바로 그것이지요.

국토연구원의 조사(2004)에 따르면, 농지규제완화 이후 농지, 특히 밭과 논의 지가상승률이 도시용지보다 높은 것으로 나타났으며, 대도시 인근지역과 관리지역의 농지가격 상승이 가장 큰 것으로 드러났습니다. 이 지역에서는 이른바 농지투기 가능성이 매우 큰 것으로 진단되고 있으며 실제로도 농지거래가 최근 증가하고 있는 실정입니다.

그렇다면 농지규제완화가 토지공급확대효과는 있으나, 지가안정에는 기여하지 못하고 오히려 농지투기만을 부추길 가능성이 큰 것을 알 수 있습니다.

그 밖에도 토지공급확대가 지가를 안정시킨다는 주장에도 설득력이 없어 보입니다. 시장주의자들은 다음과 같이 주장합니다. 재화나 서비스의 가격은 수요와 공급의 법칙에 의해 결정된다고 합니다. 토지도 예외가 아니라는 얘기죠. 수요가 늘면 가격이 오르고 공급이 늘면 가격이 내린다는 얘깁니다. 수요를 축소해서 가격을 잡겠다는 발상은 소비자의 삶의 질을 낮추는 일이기에 바람직하지 못하므로 가격을 낮추고자 한다면 공급을 늘리는 길만이 해결책이라는 것입니다.

아주 단순한 시장논리에 기초하여 나름대로 명쾌한 결론을 내리고 있습니다.

그러나 이러한 결론은 관점을 달리해 보면, 전혀 다른 결론이 나옵니다. 다시 말해 토지라는 재화는 다른 경제재와는 다른 차별적인 속성을 갖고 있다는 것, 그래서 단순한 시장논리로 충분히 설명될 수 없다는 점입니다.

토지는 사회 전체적으로 공급이 고정되어 있을 뿐만 아니라 개인의 입장에서 보더라도 토지공급이 가격에 탄력적이지 않은 속성을 갖고 있습니다. 공급이 고정되어 있는 경우 어떤 이유에서 지가가 상승하면 그 차익을 노린 투기가 일어납니다. 투기도 수요의 일종이기 때문에 투기가 일어난다는 것은 토지에 대한 수요가 증가한다는 것을 의미합니다.

결국 공급이 고정되어 있는 상태에서 지가는 토지에 대한 수요의 많고 적음에 의해 결정된다는 것입니다. 이처럼 지가가 수요에 의해서 결정되기 때문에 투기는 직접적으로 지가를 올리는 핵심요인이 된다는 애깁니다. 이렇게 투기가 지가를 올린다 하더라도 토지의 공급이 한정되어 있으므로 지가가 상승하면 투기는 더욱 기승을 부릴 것입니다.

이와 같이 토지공급의 고정성과 토지의 가격 비탄력성은 토지라는 재화의 가장 큰 특성이자 동시에 지가와 토지투기의 악순환을 가져오는 가장 큰 원인이기도 합니다. 이것은 또한 토지공급확대만으로 투기억제와 가격안정을 이룰 수 없는 이유이기도 합니다.

토지이용규제완화의 득과 실

이 밖에도 토지규제완화는 토지공급을 확대하여 지가를 안정시키는 순기능적인 측면이 분명 있습니다만, 토지규제완화로 잃게 되는 것도 많이 있습니다. 우리의 과거 경험이 이를 반증해 주고 있습니다. 그동안 토지규제완화는 지속적으로 추진되어 왔다고 볼 수 있습니다.

특히 90년대 초반 김영삼 정부가 들어서면서 대대적인 토지규제완화가 있었습니다. 당시 신경제5개년계획이라는 플랜하에 큰 폭의 국토관리시스템 변화가 있었습니다. 당시 국토를 그 특성에 따라 10개 용도지역으로 구분하여 관리해 왔습니다만, 개발에 필요한 도시용 토지를 원활히 공급하는 데 어려움이 많았습니다.

이에 문민정부에서는 도시용 토지공급을 확대할 목적으로 기업의 생산성과 국제경쟁력 강화를 위해 토지규제완화를 포함한 토지제도 전반에 대한 개혁을 추진하였는데, 그 가운데 하나가 국토이용계획제도의 개편입니다. 국토이용계획제도를 규제완화 차원에서 검토하여 개발가능한 토지의 공급을 확대한다는 취지하에 용도지역의 축소·개편, 행위제한의 완화 등이 추진됐던 것입니다. 그리고 당시에는 토지공개념이라는 강력한 수요관리정책이 시행되고 있어 부동산 시장이 안정되고 있다고 보았기 때문에 공급확대정책을 펴도 별 문제가 되지 않는다는 것이 시장주의자들의 주장이었습니다.

결국 1993년 국토이용관리법이 개정되었고, 그 결과 전국토의 1/4이 넘는 규모의 준농림지역이 국토공간상에 등장하게 되었습니다. 이 지역에서는 주택건설과 공장설립이 쉽게 허용되었습니다.

준농림지역제도가 도입된 1994년부터 1999년까지 6년간 준농림지역 토지이용 현황을 살펴보면, 준농림지역제도의 공과를 한 눈에 알 수가 있습니다. 제도 도입 이후 6년간 663개의 아파트단지, 32,774개소의 소규모 공장, 2,870건의 숙박업소, 18,583건의 음식점이 건립되었습니다. 전체 준농림지역 면적 25,878㎢의 1.5%에 해당하는 약 403㎢의 토지가 도시적 용도로 개발되었습니다. 이것은 토지이용규제완화의 성과라 할 수 있겠습니다.

그러나 토지규제완화를 통해 이만한 성과를 얻는 데는 사회 전체적으로 너무도 많은 손실이 있었습니다. 특히 주변환경과 어울리지 않는 소규모의 초고층 공동주택이 대도시 주변의 준농림지역에 난립하였고, 많은 우량농지와 녹지가 훼손되었습니다.

〈그림 2-3〉 준농림지역 난개발 사례(달성군)

언론에서는 이를 가리켜 <u>난개발</u>이라고 하였습니다. 결과적으로 토지규제완화는 국토난개발이라는 폐해를 초래한 주범으로 인식되기에 이르렀습니다. 그러다가 2000년대 초반에는 선 국민의 관심 속에 국토난개발을 방지하기 위한 제도개편

〈표 2-2〉 준농림지역 토지이용 현황(1994-1999) (면적: 천㎡)

구 분	계		공 장		아파트		일반주택		숙박업소		음식점		기 타	
	건 수	면 적	건 수	면 적	건 수	면 적	건 수	면 적	건 수	면 적	건 수	면 적	건 수	면 적
계	306,059	403,829	32,774	104,822	663	5,965	107,589	57,204	2,870	4,360	18,583	14,622	143,580	216,856
'94	36,648	61,690	5,940	19,505	174	1,549	8,998	4,477	528	710	2,851	2,383	18,157	33,066
'95	49,985	70,062	6,706	20,589	97	652	14,485	7,488	299	564	4,336	3,370	24,062	37,399
'96	63,325	77,243	5,774	17,403	90	480	22,595	12,624	592	972	5,121	4,388	29,153	41,376
'97	68,261	88,147	6,255	20,717	105	879	26,607	14,631	1,094	1,648	4,741	3,389	29,459	46,883
'98	46,079	50,323	3,077	9,190	80	560	19,286	9,523	173	209	674	409	22,789	30,432
'99	41,761	56,364	5,022	17,418	117	1,845	15,618	8,461	184	257	860	683	19,960	27,700

주: 준농림지역을 준도시지역으로 국토이용계획을 변경하여 이용한 것은 제외.

자료: 건설교통부, 2001.

이 이루어졌습니다.

「선계획 후개발」 원칙을 표방한 새로운 국토·도시계획제도가 바로 그것입니다. 이와 같이 토지규제완화를 통해 토지공급을 확대하고 동시에 지가를 안정시키려는 시도는, 1990년대 초반의 경험이 보여주듯이, 엄청난 사회적 비용을 지불해야 한다는 것을 우리에게 각인시켜 주었습니다.

토지이용규제완화시 고려사항

그렇다고 해서 토지규제완화가 불필요하다는 얘기는 아닙니다. 토지이용규제는 국토공간의 효율성 및 국가경쟁력 강화와 밀접한 관련이 있습니다. 공간적으로 볼 때, 토지이용규제의 규제대상이 되고 있는 부의 외부효과는 대부분 도시지역에서 발생하기 때문에 비도시지역에서는 규제의 필요성과 강도가 도시지역에 비해 작습니다.

이와 같은 규제의 지역적 차별성이 규제완화시 그 효과 여부를 결정짓는 중요한 요인이 되므로 지역별 규제강도에 대한 판단이 선행되어야 합니다.

또한 토지이용규제의 복합적인 속성도 규제완화시에 고려해야 할 중요한 특성 가운데 하나입니다. 정부규제가 일반적으로 경제적 규제와 사회적 규제로 대별되고 있는 가운데, 경제적 규제는 대폭완화 내지 철폐하는 방향으로, 사회적 규제는 현상유지 또는 절차간소화 차원에서 접근하는 경향이 있습니다. 기업의 토지이용은 기업의 본원적 경제활동에 해당한다고 볼 수 있으므로 경제적 규제의 대상에 해당

됩니다. 동시에 이것은 기업의 사회적 행동을 이루고 있기 때문에 사회적 규제의 대상이 되기도 합니다. 특히 토지이용규제가 국토공간의 친환경적 보존기능 강화라는 중요한 기능을 수행한다는 점에서는 더욱 그렇습니다. 그러므로 국제 및 국내 경제 · 사회 · 정치구조의 변화를 반영할 수 있도록, 토지규제의 기본 틀을 모색해야 합니다.

그리고 지금은 토지이용규제권한이 지방정부의 손 안에 있습니다. 지방정치의 속성상 규제보다는 규제완화가 선호되는 경향이 있습니다.

토지규제를 통해 국토를 효율적으로 관리하려는 중앙정부의 시도와 토지규제완화를 통해 지역경제를 활성화하려는 지방정부의 시도가 충돌하는 경우를 최근 많이 볼 수 있습니다. 따라서 지방분권화와 함께 토지관리정보체계망 구축이 거의 완료되었으므로 합리적인 토지이용규제의 원칙과 객관적인 기준이 제시되어야 합니다. 과거와 같이 획일적인 규제나 규제완화는 그 실효성을 담보하는 데 어려움이 클 것입니다.

동시에 토지규제나 규제완화에 대한 면밀한 평가가 주기적으로 내려져야 할 것입니다.

〈참고〉 국토계획법에 의한 용도지역 · 지구 · 구역 지정현황(2004)

구 분				지정지역	지정면적 (㎢)
용도지역	도시지역			인구와 산업이 밀집되어 있거나 밀집이 예상되는 지역에 체계적인 개발 · 정비 · 관리 · 보전 등이 필요한 지역	16,137.9
	주거지역			거주안녕과 건전한 생활환경 보호에 필요한 지역	1,929.1
		전용주거		저층 중심의 양호한 주거환경 보호를 위해 필요한 지역	8.7
		일반주거		일상의 주거기능을 보호하기 위해 필요한 지역	1,608.0
			1종일반	단독주택 중심의 주거환경 조성이 필요한 지역	38.2
			2종일반	연립 · 저층아파트 중심의 주거환경 조성 필요 지역	160.7
			3종일반	고층아파트 중심의 주거환경 조성이 필요한 지역	32.8
		준주거		주거기능을 주로 하되 상업적 기능의 보완이 필요한 지역	80.8
	상업지역			상업과 기타 업무의 편익증진을 위해 필요한 지역	249.6
		중심상업		도심 · 부도심의 업무 및 상업기능의 확충이 필요한 지역	22.3
		일반상업		일반적인 업무 및 상업기능을 담당하기 위해 필요한 지역	213.8
		근린상업		근린지역에서의 일용품 및 서비스의 공급을 위해 필요한 지역	8.8
		유통상업		도시내 및 도시간 유통기능의 증진을 위해 필요한 지역	4.7
	공업지역			공업의 편익증진을 위해 필요한 지역	721.0
		전용공업		주로 중화학 · 공해성공업 등을 수용하기 위해 필요한 지역	71.7
		일반공업		환경을 저해하지 않는 공업의 배치를 위해 필요한 지역	503.45
		준공업		경공업 · 기타 공업을 수용하되 주거기능의 보완이 필요한 지역	145.9
	녹지지역			자연환경 · 농지 및 산림의 보호, 보건위생, 보안과 도시의 무질서한 확산 방지를 위해 녹지보전이 필요한 지역	12,047.2
		보전녹지		도시의 자연환경 · 경관 · 수림 및 녹지를 보전이 필요한 지역	681.7
		자연녹지		녹지공간의 보전 범위내에서 제한적 개발이 불가피한 지역	10,158.3
		생산녹지		주로 농업적 생산을 위해 개발 유보가 필요한 지역	1,207.1
	미지정지역				1,135.6
	관리지역			도시지역의 인구와 산업을 수용하기 위해 도시지역에 준해 체계적으로 관리하거나, 농림업의 진흥, 자연환경 또는 산림보전을 위해 농림지역 또는 자연환경보전지역에 준해 관리가 필요한 지역	26,344.0
		보전관리		자연환경보호, 산림보호, 수질오염방지, 녹지공간확보, 생태계보전 등을 위해 보전이 필요하나 주변 용도지역과의 관계 등을 고려하여 자연환경보전지역으로 지정하기 곤란한 지역	-
		생산관리		농업 · 임업 · 어업생산 등을 위해 관리가 필요하나 주변 용도지역과의 관계 등을 고려하여 농림지역으로 지정하기 곤란한 지역	-
		계획관리		도시지역으로 편입이 예상되는 지역 또는 자연환경을 고려하여 제한적인 이용 · 개발을 하려는 지역으로서 계획적 · 체계적인 관리가 필요한 지역	-
	농림지역			도시지역에 속하지 않는 농지법에 의한 농업진흥지역 또는 산림법에 의한 보전임지 등으로 농림업의 진흥과 산림보전을 위해 필요한 지역	51,286.1
	자연환경보전지역			자연환경 · 수자원 · 해안 · 생태계 · 상수원 및 문화재의 보전과 수산자원의 보호 · 육성을 위해 필요한 지역	12,072.5
합 계					105,840.5

구 분			지정지구	지정면적 (㎢)
용도지구	경관지구		경관을 보호·형성하기 위하여 필요한 지구	35.2
	미관지구		미관을 유지하기 위하여 필요한 지구	90.3
		중심지	토지의 이용도가 높은 지역의 미관을 유지·관리하기 위하여 필요한 지구	24.4
		역사문화	문화재와 문화적으로 보존가치가 큰 건축물 등의 미관을 유지·관리하기 위하여 필요한 지구	27.7
		일 반	중심지미관지구 및 역사문화미관지구외의 지역으로서 미관을 유지·관리하기 위하여 필요한 지구	38.2
	고도지구		쾌적한 환경조성 및 토지의 고도이용과 그 증진을 위하여 건축물의 높이의 최저한도 또는 최고한도를 규제할 필요가 있는 지구	415.6
		최고고도		25.5
		최저고도		390.1
	방화지구		화재위험을 예방하기 위하여 필요한 지구	94.2
	방재지구		풍수해, 산사태, 지반의 붕괴 기타 재해를 예방하기 위하여 필요한 지구	1.1
	보존지구		문화재, 중요 시설물 및 문화적·생태적·농림자원적으로 보존가치가 큰 지역의 보호와 보존을 위하여 필요한 지구	39.4
		문화자원		28.0
		중요시설물		11.2
		생태계		0.3
	시설보호지구		학교시설·공용시설·항만 또는 공항의 보호, 업무기능의 효율화, 항공기의 안전운항 등을 위하여 필요한 지구	166.6
		학교시설	교육환경을 보호·유지하기 위해 필요한 지구	15.9
		공용시설	공공 업무기능을 효율화하기 위해 필요한 지구	4.7
		항만시설	항만기능의 효율화와 항만시설의 관리·운영을 위해 필요한 지구	25.2
		공항시설	공항시설의 보호와 항공기의 안전운항을 위하여 필요한 지구	120.8
	취락지구		녹지지역·관리지역·농림지역·자연환경보전지역 또는 개발제한구역 안의 취락을 정비하기 위한 지구	398.1
	개발진흥지구		주거기능·상업기능·공업기능·유통물류기능·관광기능·휴양기능을 집중적으로 개발·정비할 필요가 있는 지구	622.3
	특정용도제한지구		주거기능 또는 청소년 보호 등의 목적으로 청소년 유해시설 등 특정시설의 입지를 제한할 필요가 있는 지구	-
합 계				1,862.8

<table>
<tr><th colspan="2">구 분</th><th>지정구역</th><th>지정면적 (㎢)</th></tr>
<tr><td rowspan="3">용도구역</td><td>개발제한구역</td><td>도시의 무질서한 확산을 방지하고 도시주변의 자연환경을 보전하여 도시민의 건전한 생활환경을 확보하기 위하여 도시의 개발을 제한할 필요가 있거나 국방부장관의 요청이 있어 보안상 도시의 개발을 제한할 필요가 있다고 인정되는 구역</td><td>5,005.8</td></tr>
<tr><td>시가화조정구역</td><td>도시지역과 그 주변지역의 무질서한 시가화를 방지하고 도시의 계획적·단계적인 개발을 도모하기 위하여 일정기간 동안 시가화를 유보할 필요가 있다고 인정되는 구역</td><td>-</td></tr>
<tr><td>수산자원보호구역</td><td>자연환경보전지역 중에서 수산자원의 보호·육성을 위하여 필요한 공유수면이나 그에 인접된 토지 등에 대한 구역</td><td>2,980.9</td></tr>
<tr><td colspan="2">합 계</td><td></td><td>7,986.7</td></tr>
</table>

3. 개발이익환수에 대한 이해

개발이익의 성격에 대한 논쟁

토지로부터 발생하는 소득이 소유자의 노력에 대한 대가가 아니더라도 사회가 환수할 명분이 없다는 주장이 있습니다. 이러한 주장은 일부 시장주의자들에 의해 제기되고 있습니다.

이들은 개발이익이 개인의 노력에 의해 만들어지지 않았다는 것을 인정하면서도 이것 때문에 개발이익을 곧바로 환수해야 한다는 논리로 연결되는 것에는 무리가 있다고 보고 있습니다. 이들은 타인의 행위로 인해 우연한 이익을 얻는 것은 토지에서 발생하는 이익에만 국한되지 않는다고 보고 있습니다.

자산가치와 소득의 등락은 본인의 노력과 관계없이 우연하게 소득과 손실이 발생한다는 것은 경제생활의 일상적인 단면이므로 토지를 특별하게 취급해야 해야 할 논리적 이유가 없다고 주장합니다. 소유자의 노력과는 무관하게 토지가격이 뛴 것과 마찬가지로, 경제발전 과정에서 임금이 뛰는 것도 근로자들 개개인의 노력과는 무관하게 이루어졌다는 것입니다. 토지가격 상승분을 환수해야 한다면 임금상승분도 환수하는 것이, 같은 것을 같이 취급한다는 원리에 부합한다는 얘기입니다. 그런데도 사람들은 토지가격 상승분만을 문제시한다는 것입니다.

영국의 경제학자 잭 하비(J. Harvey)는 이런 현상을 가리켜 정치적인 다수가 소수를 착취하는 현상으로 이해하기도 합니다. 즉, 개발이익을 누리는 자들의 숫자는 그렇지 않은 자들의 숫자보다 상대적으로 적은 관계로 정치적 영향력도 작을 수밖에 없다는 것입니다.

그러나 이러한 주장에 대해 토지로부터 발생하는 소득은 소유자의 노력에 대한 대가가 아니기 때문에 사회가 환수해서 공동의 이익을 위해서 사용해야 한다는 반론이 더 많은 학자들에 의해 지지되고 있습니다.

John Locke, Adam Smith, D. Ricardo, J. S. Mill, L. Warlas, H. George 등과 같은 저명한 학자들도 이러한 주장에 동조한 바 있습니다. 자본주의 사회에서 어느 정도 개발이익의 허용은 불가피한 측면이 있다고 보여집니다. 그러나 과도한 개발이익의 사유화는 부의 양극화를 촉진하고 사회・경제적 모순을 심화시킵니다. 동시에 경쟁적인 토지개발로 인해 토지자원의 남용과 자연환경의 훼손을 초래하기도 합니다.

그러므로 적절한 개발이익의 환수는 투기적 가수요를 억제하여 자원의 효율적 배분을 촉진하는 데 기여할 뿐만 아니라 친환경적이고 지속가능한 토지이용을 가능케 할 것입니다. 아래에서는 우리 사회에서 토지개발을 통해 얼마나 이익이 발생하는지 그리고 얼마나 환수되고 있는지를 구체적으로 살펴보겠습니다.

개발이익은 얼마나 발생하나?

일반적으로 개발이익이란 다양한 요인에 의해 상승한 토지가치 증가분을 의미합니다. 이 때, 토지소유자의 투자에 의한 토지가치의 증가는 개발이익이 아니므로 제외됩니다. 개발이익의 개념은 토지가격의 변동요인에 따라 다르게 분류하는 경향이 있습니다. 이에 따르면 공공의 투자에 의한 토지가치의 증가(최협의), 토지이용계획의 결정·변경에 의한 토지가치의 증가(협의), 기타 사회·경제적 요인에 의한 토지가치의 증가(광의)로 분류되고 있습니다.

오늘날 대부분의 나라에서는 지가상승분에서 토지소유자의 직접적인 투자를 제외한 토지가치의 증가분으로 개발이익을 정의하고 있습니다. 그러나 현실적으로는 개발이익을 구분하는 것이 쉽지 않습니다.

왜냐하면 토지가치의 증가는 토지소유자의 노력, 공공의 유무형의 개발, 금리, 유동성, 투기적 가수요, 기타 환경 등 다양한 요인에 의해 이루어지기 때문입니다.

이러한 이유로 대부분의 나라에서는 광의의 개발이익과 나머지 개발이익을 구분하여 각기 다른 방식으로 환수하는 경향이 있습니다.

즉, 광의의 개발이익은 총지가상승분에서 토지소유자의 직접투자액을 공제한 이득 중 일부를 자본이득세를 통해 환수하며, 협의 또는 최협의의 개발이익은 부담금제를 통해 환수하는 경향이 있습니다. 다만, 토지가치 증가분 가운데 어느 정도를 환수할 것인지는 나라에 따라 시대상황에 따라 다른 것 같습니다.

그러나 공통점이 있다면 정도의 차이는 있을지언정 대부분의 나라가 개발이익을 환수하고 있다는 점이며, 개발의 개념과 개발이익의 개념이 점차 확대되고 있다는 점입니다.

그런데 이러한 개발이익은 어떻게 발생하는 것일까요.

토지개발이익 발생은 이와 같은 토지시장의 구조적 특성에 기인합니다. 토지라는 재화의 속성상 공급에 많은 제약이 수반되며, 이러한 토지공급의 비탄력성은 수요가 증가할 경우 이것이 곧바로 가격에 반영되는 경향이 있습니다.

현실적으로 보면, 용도지역의 변경, 대규모 개발사업의 시행, 재개발 및 재건축의 시행 등에서 개발이익이 많이 발생합니다. 먼저 토지의 용도지역 변경은 지가변화를 수반합니다.

이는 기존의 토지가 입지조건이나 공간적 특성에 따라 제각기 특정 용도로 이용됨으로써 그 이용상태를 반영하는 지가체계를 형성하고 있기 때문입니다. 일반적으로 우리의 경우 토지활용성이 큰 용도로 변경되면 지가가 상승하고, 그 반대일 경우에는 지가가 하락하게 됩니다.

그런데 문제는 용도지역이 변경되는 경우 변경 전후의 토지가격 차이가 매우 크다는 점이며, 그 차이가 토지소유자에게 모두 귀속된다는 점입니다. 용도지역 변경이 지가에 미치는 영향은 기 수행된 관련연구에도 잘 나타나 있습니다.

<표 2-3>에서 보는 바와 같이 주거지역이 상업지역으로 용도가 변경되면 약 3.1배, 공업지역이 주거지역으로 변경되면 1.1배, 녹지지역이 주거지역으로 변경되면 지가가 4.7배 상승하는 것으로 나타났습니다. 지역의 따라 다소의 차이가

있을 뿐 전국적으로 상당한 개발이익을 창출합니다.

〈표 2-3〉 용도지역 변경으로 인한 지가변화율(경산시)

구 분	주거지역	상업지역	공업지역	자연녹지지역
주거지역	-	3.1385	1.1208	0.2108
상업지역	0.3186	-	0.3571	0.0672
공업지역	0.8922	2.800	-	0.1881
자연녹지지역	4.7446	14.8912	5.3177	-

자료: 국토연구원, 1999.

대규모 개발사업도 용도변경 못지 않게 많은 개발이익을 발생시킵니다. 신도시 개발 등 전면매수에 의한 대규모 공공사업은 개발사업구역뿐만 아니라 그 주변지역에까지 많은 개발이익을 발생시킵니다. 개발사업 주변지역의 지가가 상승하는 데는 정의 외부효과와 무임승차형 개발이 가능하다는 점 이외에도 피보상자의 부동산 매입수요가 결정적인 역할을 하고 있습니다.

예컨대 판교신도시 개발의 경우, 평당보상가가 100만 원 수준으로 보상금만 약 3조 원 정도가 풀렸습니다. 지불된 보상금의 상당부분이 다시 주변의 주택이나 토지를 구입하는 데 투입되어 주변 토지가격과 주택가격 상승을 견인한 바 있습니다.

이처럼 여러 가지 요인으로 인해 발생한 개발이익의 규모는 전국적으로 천문학적인 수치를 보이고 있습니다. 국토연구원의 연구결과에 따르면, 지난 20여 년 동안 공시지가 기준으로 지가는 총 1,284조 원이 증가한 반면, 환수된 개발이익은 113조 원에 불과한 것으로 나타났습니다. 개발이익 환수수준으로 10%에도 미치지 못하고 있음을 알 수 있습니다.

현행 개발이익환수체계, 무엇이 문제인가?

그러나 문제는 이처럼 막대한 개발이익이 발생하고 있으나, 이를 적정하게 환수하는 정책수단이 없다는 점입니다. 개발이익환수체계는 통상적으로 보유단계, 용도변경 및 개발단계, 처분단계로 구분하여 구성되어 있습니다(<표 2-4> 참조).

조세적 방법에 의한 개발이익환수수단으로는 간주취득세, 양도소득세를 들 수 있으며, 비조세적 방법으로는 농지조성비, 대체산림조성비, 학교용지부담금, 기반시설부담금, 과밀부담금, 공공용지 감보, 기부채납 등이 있습니다.

또한 개발이익은 환수시점에 따라 실현된 개발이익과 미실현된 개발이익으로 구분됩니다. 실현된 개발이익이란 토지소유자의 변동이 수반된 처분이 있을 때 발생하는 이익을 말하며, 미실현된 개발이익이란 보유하고 있는 상태에서 이익이 발생하였으나 토지소유자의 변동이 없어서 실현되지 않은 이익을 의미합니다.

우리나라는 한때 실현된 개발이익은 물론 미실현 개발이익까지도 환수하는 다양한 환수제도를 가진 바 있었습니다. 보유단계에서는 토지초과이득세제가, 용도변경과 개발단계에서는 개발부담금제와 수익자부담금제 등이 있었으나 폐지되었습니다. 토지가격 상승으로 인한 이익을 처분단계에서 일정부분 환수하는 제도인 양도소득세와는 달리 토지초과이득세는 보유과정에서 미실현상태의 개발이익을 환수하는 강력한 제도적 장치였습니다.

삽화: 경실련(2005)을 수정.

조세형식이 아닌 부담금에 의해 개발이익을 환수하는 제도인 개발부담금제는 개발사업의 시행으로 인해 발생한 개발이익의 일부를 사업시행자로부터 환수하는 제도였습니다. 이러한 개발부담금제는 개발과정에서 발생하는 개발이익을 환수하는 대표적인 수단으로 작동했습니다. 그리고 수익자부담금은 공공사업으로 인해 현저한 이익을 받은 자에 대해 일정비율의 부담금을 부과하는 제도입니다. 도로사업, 각종 도시계획사업 등 개별사업에 따른 개발이익의 환수를 목적으로 도입되었으나 개발부담금과 토지초과이득세가 토지공개념의 확대 도입 차원에서 도입되면서 대부분의 수익자부담금제를 폐지하였습니다.

〈표 2-4〉 개발이익환수 구성체계(2004)

증가발생과정		보 유	용도변경과 개발	처 분
과세적 방법	실현된 개발이익	간주취득세		양도소득세 법인세특별부과세*
	미실현 개발이익	토지초과이득세*		
비과세적방법	실현된 개발이익		개발부담금* 농지전용부담금* 산지전용부담금* 농지조성비 대체산림자원조성비 학교용지부담제 기반시설부담제 광역교통시설부담금 과밀부담금 공공용지의 감보 기부채납	
	미실현 개발이익	수익자부담금*		
기 타				토지수용보상시 개발이익의 배제

주: *는 폐지된 정책수단임.

용도지역 변경에 따른 이익처리 실태

앞에서 살펴본 것처럼, 토지의 용도지역 지정 및 변경은 그 결정과 시행과정에서 막대한 개발이익이 발생할 뿐만 아니라 그 대부분이 사유화되고 있으나, 여기에서 발생하는 이익을 환수하는 장치가 없는 실정입니다.

용도지역 지정은 개발밀도의 차등화, 특히 용적률에 따른 지가차이를 발생시키며, 결과적으로 개발에 따른 이익이 토지소유주 등에게 사유화됩니다. 용도지역의 상향 변경은 토지소유자, 개발사업자, 지자체의 이해관계가 일치하므로 개발이익을 노리고 필요 이상의 용도지역의 변경을 시도하는 사례가 빈번합니다.

용도지역의 변경은 개발밀도(용적률)의 추가적인 허용을 의미하므로, 이에 따른 이익환수장치가 없는 경우, 도시기반시설의 부족과 개발에 따른 투기문제가 지속적으로 나타날 것입니다.

개발사업구역 주변에서 발생하는 이익처리 실태

대규모 개발사업 주변지역에서 막대한 이익이 발생하고 있으나 개발이익환수장치가 없습니다. 예컨대 신도시 개발의 경우 주변지역은 기반시설의 무임승차가 가능하게 되고, 보상금으로 주변 토지를 구입하는 경우가 많아 이 지역의 지가가 급등하는 경우가 많습니다. 또한 개발사업구역내 토지소유자들이 주변지역 지가에 상응하는 보상을 요구하는 등 민원제기로 사업추진이 지연되는 사례가 빈번합니다.

개발사업 주변지역은 개발사업의 추진으로 개발잠재력이 갑자기 커진 지역입니다. 이 지역의 지가급등으로 인한 우발이익의 처리를 위해서는 이익환수장치뿐만 아니라 도시계획적 대응이 필요합니다. 이러한 관점에서 도입된 제도가 바로 기반시설연동제와 개발행위허가제입니다.

기반시설연동제는 난개발 방지를 위해 최근 새로이 도입된 제도로서, 도시개발을 기반시설과 연계시켜 컨트롤한다는 점에서 간접적으로 이익환수의 기능을 수행합니다.

다시 말해, 이 제도는 개발에 따라 추가적으로 발생하는 기반시설수요에 대한 비용을 개발이익의 일부로 부담시키는 시설부담제의 일종입니다.

기반시설연동제는 신규개발지역에 적용되는 기반시설부담구역제와 기성시가지에 적용되는 개발밀도관리구역제로 구분됩니다. 전자가 도시개발에 따른 밀도증가에 비례하여 기반시설의 공급 확대를 의무화하는 방식이라면, 후자는 기반시설 용량에 따라 개발밀도를 제어하는 접근방식입니다.

개발밀도관리구역제는 개발행위로 인해 기반시설용량이 부족할 것으로 예상되는 지역에서 개발밀도를 당해 지역에서 허용하고 있는 수준보다 강화하여 개발을 억제함으로써 이익 발생의 여지를 원천적으로 차단하는 효과가 있습니다. 이에 비해 기반시설부담구역제는 기반시설의 추가설치가 가능한 지역에서 개발을 허용함으로써 많은 개발이익을 발생시키므로 개발업자가 직접 기반시설을 설치하거나 기반시설설치비용을 부담시킴으로써 손익조정기능을 담당합니다.

〈표 2-5〉 기반시설부담구역제도와 개발밀도관리구역제도의 주요 특성

구 분	기반시설부담구역제도	개발밀도관리구역제도
접근방식	기반시설 = f (개발밀도)	개발밀도 = f (기반시설)
적용지역	계획관리지역을 포함한 비도시지역 등 신규개발지역(기반시설 공급이 가능한 지역)	도시지역내 주거·상업·공업지역 (추가적인 기반시설 공급이 어려운 지역)
주요내용	건축연면적 또는 토지면적에 비례하여 사업시행자가 기반시설비용을 부담	건폐율·용적률을 해당 용도지역의 50% 범위내에서 강화 운영
기타	기반시설을 미리 설치하기 위한 지방채 발행 허용	-

자료: 건설교통부·국토연구원, 2002.

한편, 개발행위허가제는 2000년 도시계획법 개정을 통해 종전 토지형질변경허가제도를 수정하여 도입된 제도로서, 토지의 형질변경, 건축물의 건축과 공작물의 설치, 토석채취, 토지분할(도시지역내에 한함) 등의 개발행위에 대해 사전에 허가를 받도록 하는 제도입니다.

이 제도는 허가행위의 성격을 종전의 기속행위에서 재량행위로 변경하여 개발행위에 대한 사전 심사기능을 강화했다는 의미를 갖습니다. 국토계획법에 의해 개발행위허가의 대상이 전 국토로 확대됨에 따라 종전의 준농림지역 등 비도시지역에서의 난개발 문제를 제어할 수 있는 또 하나의 수단으로 기능할 것으로 보입니다.

특히 개발행위허가제도는 제2종지구단위계획 등에 의해 계획적 개발이 이루어지지 않는 소규모 단위의 개발행위를 통제함으로써, 제2종지구단위계획제도 및 기반시설부담구역제도와 함께 상호 보완적인 기능을 담당할 수 있을 것으로 기대됩니다.

국토계획법에서 정하고 있는 개발행위 허가기준으로는 용도지역별 특성에 따른 개발행위의 규모, 주변지역의 토지이용실태 또는 토지이용계획, 건축물의 높이, 토지의 경사도, 수목의 상태, 물의 배수, 주변환경 또는 경관과의 조화 여부, 개발행위에 따른 기반시설의 설치 등이 있습니다. 이 때 일정 규모 이상의 개발행위(예: 1만㎡ 이상의 택지개발)는 시장·군수 등의 허가권자가 허가를 하기 전에 도시계획위원회의 심의를 받아야 합니다. 그러나 이와 같은 개발행위허가제는 제도 운용과정에서 이익처리에 관한 규정미비로 허가에 따른 개발이익환수가 불가능하게 되어 있습니다.

재건축에 따른 이익처리 실태

서울을 포함한 대도시지역의 재건축 등이 활발하게 전개되고 있거나 향후 활발할 것으로 예상되는 데 비해, 도시관리 차원에서 이에 대한 이익처리장치가 없습니다. 서울시의 경우, 70-80년대에 대량 건축된 아파트들이 노후화됨에 따라 대부분 재건축이 진행중이거나 추진될 예정입니다.

이 시기에 건축된 아파트는 대부분 토지구획정리사업과 택지개발사업으로 조성된 토지에 건축된 대단위 아파트단지입니다. 다시 말해 아파트지구개발사업 및 택지개발사업은 지구 전체를 포괄하는 개발계획에 따라 용적률과 기반시설이 결정된 것입니다.

당초 광역의 지구로 개발된 아파트도 전제 지구에 대한 체계적인 재개발계획 없이 아파트 단지별로 고밀도의 재건축이 추진됨으로써 막대한 개발이익이 발생합니다.

전체 지구나 인근지역의 기반시설 수용능력 등에 대한 고려 없이 용도지역에 따라 최대 용적률로 단지가 개발될 경우 해당 지역이나 주변지역의 도시기반시설 부담이 증가할 것입니다. 용적률이 100% 미만으로 개발된 아파트단지는 대부분 250% 내외의 개발이 허용되기 때문입니다.

그러나 현행 법령상 대단위 아파트지구의 체계적인 개발을 위한 전체 지구 차원의 도시계획수립 절차의 부재는 물론 도시기반시설의 설치비용 부담 등 재건축에 따른 손익조정장치가 없습니다. 국토계획법에서 도시개발계획, 택지개발예정지구 등에 대한 지구단위계획 수립범위를 전체 지구로 한정하지 않았기 때문에 재건축시 실제 계획은 아파트 단지별로 수립할 수밖에 없습니다.

70년대에 토지구획정리사업으로 대량 건축된 아파트와 대지조성사업 등으로 건축된 아파트의 경우 지구단위계획 수립대상에서도 제외됩니다. 저층 재건축 아파트지구(예: 5층)의 경우, 고밀도(15-20층)로 재건축이 승인됨으로 인해 재건축 아파트가격이 급상승함에도 불구하고 이를 환수하는 장치가 없는 실정입니다.

〈표 2-6〉 유형별 개발이익처리실태 및 문제점

구 분 (유 형)	이익수혜자	손실부담자	문제점
용도지역 변경	Up-zoning 지역 토지소유자	Down-zoning 지역 토지소유자	용도변경에 따른 이익처리수단 부재
기성시가지 개발	토지소유자, 개발사업자	일반시민, 정부	개발밀도관리구역제도가 도입되었으나 아직 효과적으로 작동되고 있지 못하고 있음
미개발지 개발	토지소유자, 개발사업자	일반시민, 정부	기반시설연동제가 도입되었으나 아직 효과적으로 작동되고 있지 못하고 있으며, 개발행위허가제는 이익처리규정 미비
재건축	토지소유자, 개발사업자	일반시민, 정부	체계적인 재개발계획 및 이익환수장치의 부재

개발이익환수문제, 어떻게 접근할 것인가?

1) 양도소득세 정상화

지난 8월 31일 이른바 8·31부동산종합대책이 발표되었습니다. 이것은 그동안 발표되었던 대책에 비해 범위면에서 종합적이었고 수준면에서도 강도 높은 대책이었습니다.

여기에는 토지시장대책이 포함되어 있었는데, 핵심은 토지투기억제를 위한 수요관리정책이라고 할 수 있습니다. 최근 10년 동안 토지가격은 98년 외환위기로 인한 급락과 2002년 토지규제완화와 개발호재로 인한 지가급등을 경험한 것을 제외하면 소비자 물가상승률 수준 내지는 소폭 상회하는 정도였습니다.

2005년도에는 행정중심복합도시(충남 연기군, 공주시), 대규모 산업단지(충남 아산시, 경기 파주시), 미군기지 이전(서울 용산구), 기업도시 유치(충남 태안 등) 등 개발예정지역을 중심으로 지가가 가파르게 상승하는 지역이 늘어나고 있습니다. 이들 지역은 2003년 이전에 비해 적게는 2배에서 많게는 10배의 상승률 증가를 보이고 있습니다.

그러나 이 수치는 도시 전체 평균일 뿐 지역에 따라서는 더 큰 증가를 보이는 곳도 있었습니다. 왜 그랬을까요? 이유는 간단합니다. 대규모 개발계획이 발표되면서 개발이익을 기대한 투기적 수요가 급속히 확산되었기 때문입니다. 또한 각종 개발사업이 시행되면서 막대한 토지보상금이 지급되고 이 보상금이 다시 집값과 지가를 자극하면서 수요가 증가하였고 그 결과 토지가격이 상승하게 된 것입니다. 여기에 저금리로 인한 시중의 풍부한 유동성도 한 몫 거들었지요.

그런데도 우리나라 토지투기억제장치는 앞에서 살펴본 바와 같이 미흡했습니다. 그런 의미에서 이번 8·31대책은 토지공개념제가 무너진 이후 15년만에 발표된 토지시장안정과 투기억제를 위한 종합대책이라고 할 수 있습니다.

그 가운데 토지를 처분할 때 발생한 양도차액에 대해 과세하는 양도세 강화도 8·31대책에 포함되었습니다. 양도소득세는 토지의 총 가액에 따라 부담액이 결정되는 취득세·등록세·재산세·종합부동산세 등과는 달리 개발이익을 포함하는 자본이익을 과세대상으로 삼기 때문에 개발이익환수의 핵심적인 수단입니다.

이 제도는 부동산 경기 상황에 따라 세율 조정을 통해 부동산 투기억제와 경기부양 기능을 해왔습니다. 즉 부동산 경기가 지나치게 과열되었을 경우에는 세율을 강화하여 투기방지 기능을 하였고, 경기 침체시에는 세율을 인하하여 경기활성화기능을 담당하여 왔습니다.

그러나 지금까지 양도세는 높은 세율에도 불구하고 비과세 감면조항이 많을 뿐만 아니라, 실거래가격을 과세표준으로 하지 않아 실효부담률이 지나치게 낮아 개발이익을 환수하는데 대단히 미흡했다는 평가를 받아 왔습니다.

그런데 이번 8·31대책에서 발표된 양도세 강화내용을 보면, 크게 세 가지로 요약할 수 있습니다. 첫째, 양도세를 실거래가로 과세한다는 점입니다. 지금까지는 보유기간이 1년 미만이나 미등기 전매시에만 실거래가로 과세하던 것을 2006년부터는 비사업용 나대지와 잡종지뿐만 아니라 부재지주가 소유한 농지나 임야 등에 대해서는 실거래가로 과세할 것으로 보입니다. 2007년부터는 모든 토지거래에 적용할 예정으로 알려져 있습니다.

둘째, 양도세 세율이 강화되었다는 점입니다. 비사업용 나

대지와 잡종지뿐만 아니라 부재지주가 소유한 농지나 임야 등에 대해서는 양도세율이 60%로 강화됩니다. 동시에 보유기간에 따라 혜택을 받게 되는 장기보유특별공제(양도차익의 10~30%) 혜택도 받을 수 없게 됩니다.

셋째, 법인의 경우도 개인과 비슷한 수준으로 과세된다는 점입니다. 법인이라 하더라도 비사업용 나대지와 잡종지 그리고 법인의 주업으로 하지 않는 농지와 임야 등에 대해서는 법인세 특별부가세 30%를 부과할 것으로 보입니다.

그러나 이렇게 양도세를 강화할 경우 보유하고 토지를 시장에 내놓는 것을 꺼릴 가능성이 큽니다. 시장에 내다 팔아봤자 매매차익의 상당부분을 세금으로 빼앗기니 아예 팔 생각을 하지 않을 수도 있을 것입니다. 정부는 이 점을 고려하여 1년간의 유예기간을 두고 있습니다. 1년 동안 기다려 줄테니 시장에 내다 팔라는 일종의 메시지인 셈입니다.

종합해 볼 때, 8·31대책은 그동안 학계와 시민단체에서 꾸준히 제기해 왔던 양도소득세 정상화방안이 상당부분 반영된 것이라고 할 수 있습니다.

2) 개발부담금제 재도입을 통한 개발이익환수

8·31조치에는 개발부담금이 다시 부과된다는 내용이 포함되있습니다. 사실 개발부담금의 성격은 부담금이 아니라 토지개발이익을 환수하는 개발이익금입니다. 그런 이유로 근거법률도 「개발이익환수에관한법률」에 기초하고 있습니다. 2004년 부과중지되기 전까지 개발부담금은 개발사업구역 내에서는 변경에 따른 자본이득을 환수하는 데 효과적인 제도

적 장치였습니다.

특히 용도지역 변경이후 개발사업이 이루어지는 경우 개발부담금의 부과개시시점을 취득시점으로 앞당겨 용도지역 변경으로 인한 지가상승이익까지도 환수할 수 있도록 1993년 관련법률이 개정되었습니다.

그러나 지난 1997년 말에 시작된 외환위기로 기업의 자금난 심화와 개발사업 위축으로 개발부담금제는 그 기능이 축소되어 운영되어 오다가 2004년부터는 전면 부과 중지되었습니다.

이 제도의 의의는 자본이득세제가 정상적으로 개발이익을 제대로 처리하기까지는 많은 어려움과 시간이 소요되기 때문에 개발과정에서 발생하는 이익을 처리하는 장치가 필요하다는 점에서 찾아볼 수 있습니다.

또한 현실적인 측면에서 볼 때도 우리나라는 향후 대규모의 토지개발사업이 계속 추진될 것으로 전망되어, 대형 개발사업 추진으로 인한 막대한 개발이익의 발생이 예상되므로 개발부담금 재부과를 통해 개발이익도 환수하고 토지투기도 억제할 필요가 있습니다. 다만, 개발부담금제를 재도입할 경우 다음과 같은 점이 고려되어야 할 것입니다.

먼저 개발부담금이 개발과정에서 발생하는 개발이익을 환수하는 정책수단이라는 점에서 그 명칭을 개발이익금으로 변경해야 합니다. 개발부담금 부과대상사업을 법령에 규정된 사업에 한정하고 있기 때문에 형평성의 문제가 지적되고 있으므로 부과대상을 모든 개발사업으로 확대해야 합니다.

모든 개발사업을 부과대상으로 하되, 부과대상에서 제외되는 사업을 나열하는 방식 즉, <u>금지행위열거방식</u>을 적용하는 방안을 모색해야 합니다.

둘째, 개발부담금 감면대상사업 선정을 객관화해야 합니다. 개발부담금의 감면과 부과대상의 제외로 인해 항상 형평성의 문제가 제기되므로, 부담금의 감면기준을 객관화하는 동시에 대상사업의 주체보다는 사업의 공익성 여부에 대한 판단 그리고 사업의 영향 등을 고려해야 합니다.

즉 공익사업의 범위를 넓게 정하면 개발부담금제도의 실효성이 반감되므로 형평성과 건설경기와 국민에게 미치는 영향 등을 종합적으로 고려하여 결정할 필요가 있습니다.

그러나 문제는 개발부담금제가 법에서 정하고 있는 30개 사업에 해당되어야 하고 규모도 도시지역에서는 200평 이상, 비도시지역에서는 500평 이상이어야 한다는 것입니다.

그 결과 재건축이나 재개발사업은 부과대상사업에서 제외되고, 일정규모 이하의 건축행위도 부과할 수 없다는 한계가 있습니다. 이러한 문제 때문에 정부에서는 8·31대책 발표시 기반시설부담금제를 신설한다고 했습니다.

기반시설부담금제는 개발로 인해 야기되는 기반시설 설치비용을 개발행위자에게 부담시키는 제도입니다. 여기에는 신규주택·상가·오피스텔 건축, 재개발, 재건축 등이 포함됩니다. 부담금은 표준공사비와 용지비로 구성되는 기반시설 원단위 비용에 건축연면적을 곱한 후 비용 등을 공제하여 산정됩니다. 이렇게 하여 거두어들인 돈은 해당 지방자치단체의 기반시설을 설치하는 데 쓰이고, 일부는 국가균형발전사업에 사용될 것으로 보입니다.

3) 개발사업 주변지역의 개발이익 처리방향

토지공개념제가 붕괴된 이후 개발사업 주변지역에서 발생하는 개발이익을 처리하는 방안이 없어 문제가 되어 왔습니다. 이른바 개발이익환수의 사각지대였던 셈이지요. 토지초과이득세는 보유단계에서 지가상승이익에 과세하는 정책수단이었습니다. 처분이 아니라 보유단계에서 지가상승이익에 과세함으로써 미실현 자본이득을 환수한다는 비판과 저항을 받아왔던 조세였습니다. 급기야 1994년 7월 헌법재판소는 토지초과이득세제가 헌법에 불합치한다고 결정하였습니다. 그러자 이 제도는 헌법재판소의 지적을 반영하여 수정되었습니다.

먼저 과표산정의 법적 근거를 마련하고, 세부담의 적정성을 높이기 위해 초과누진세율체계를 도입하였으며, 과세대상토지인 유휴토지의 과세대상범위를 완화하였고, 조세마찰을 줄이기 위해 지가안정기에는 전국단위의 과세를 중지하고 지가급등지역에만 과세하도록 하였습니다. 그러던 중 토지초과이득세제는 1998년 외환위기를 겪으면서 정부 스스로 폐지하게 되었습니다.

그러나 외환위기를 극복하면서 건설경기가 살아나게 되고 각종 개발사업이 추진되자 주변지역의 지가가 급등하는 현상이 빈번해졌습니다.

주변지역의 지가급등은 이익환수가 어렵다는 문제와 더불어 또 다른 문제를 안고 있었습니다. 이 문제를 신도시 개발사례를 들어 살펴보겠습니다.

신도시를 개발하기 위해서는 택지지구를 지정하고 지구안의 토지를 모두 정부가 사들여야 합니다. 이 과정에서 토지를 강제로 수용당하는 사업지구 안의 토지소유자들은 신도시 개발을 반대하는 경향이 많아졌습니다. 그 이유는 자신들이 받는 보상금액이 사업지구 밖에 비해 현저히 적기 때문입니다. 현실적으로도 보상받은 돈으로 인근지역에 수용당한 규모의 상응하는 토지를 살 수 없는 실정입니다. 이런 상황에서는 개발사업에 반대하는 사람이 많을 수밖에 없을 것입니다.

이 문제를 해결하기 위해서는 사업구역 안과 밖의 격차가 발생하지 않도록 해야 할 것입니다. 다시 말해 주변지역의 우발이익을 환수하는 장치가 필요하다는 얘기입니다.

8·31대책엔 이러한 문제를 고민한 흔적이 역력해 보입니다. 그러나 이 문제 해결을 위해 과거에 사용했던 토지초과이득세를 재도입하기 보다는 토지보유세 중과라는 카드를 꺼내 들었습니다. 지금까지는 토지에 대해 단일세율로 재산세를 부과하는 분리과세, 누진세율로 재산세와 종합부동산세를 부과하는 별도합산과세와 종합합산과세로 구분하여 과세하여 왔습니다.

이 가운데 별도합산과세는 상가, 사무실 등 사업용 토지에 적용되며, 종합합산과세는 나대지, 잡종지, 도시지역, 임야 등 비사업용 토지에 적용됩니다.

8·31대책에서는 바로 비사업용 토지에 대한 종합부동산세 부담을 강화한다는 점이 특징입니다. 과세표준을 정함에 있어서 과표적용률을 종래 50%에서 2009년까지 100%로 끌어 올려 세부담을 늘리겠다는 것입니다. 과세방법 또한 인별합산에서 세대별합산으로 하였고, 기준금액도 공시지가 6억에서 3억 초과 토지로 낮추었습니다. 여기에 세부담 상한을

전년대비 1.5배에서 3배까지 허용하는 것으로 알려지고 있습니다.

이렇게 하여 2009년까지 비사업용 토지에 대한 종합부동산세 평균 실효세율을 1% 수준으로 끌어 올려 토지보유에 따른 부담을 크게 하겠다는 의지를 표명하고 있습니다.

이와 같은 토지보유세 강화는 개발사업 주변에서 발생하는 지가급등문제를 어느 정도 해소할 것으로 보입니다. 다만, 모든 토지가 아니라 비사업용 토지에 국한한다는 점과 공시지가 기준으로 3억 이하에는 적용되지 않는다는 점에서 효과가 제한적으로 나타날 가능성이 큽니다.

따라서 개발행위허가제와 연계하여 개발사업 주변지역의 문제에 접근할 필요가 있습니다. 개발사업 주변지역은 개발행위허가제를 확대 적용할 필요가 있다는 얘기입니다. 이 방안은 기(旣) 지정 토지용도는 인정하되, 앞으로 용도변경은 허가를 받도록 하여 용도변경에 따른 우발손실과 우발이익을 동시에 처리하기 위한 방안입니다. 이를 위해서는 용도지역 변경행위를 개발행위허가 대상으로 삼아야 하므로 용도변경을 개발개념에 포함시키면 됩니다.

이 제도가 시행될 경우, 지방자치단체는 허가시에는 이익을 환수하지만 불허시에는 보상할 필요가 없게 되므로 용도지역 변경을 둘러싼 갈등은 원천적으로 해소될 것입니다.

4) 재건축 개발이익 처리방향

재건축, 특히 오래된 주택의 재건축은 향후 우리나라 도시관리의 핵심이 될 것으로 보입니다. 아파트 중심의 주거문화를 형성해 왔기 때문입니다. 어쨌든 재건축은 가장 손쉬운 주택공급 수단입니다.

서울의 경우 최근 10년 동안 재건축을 통해 공급된 아파트 공급 물량은 전체 주택의 26%나 됩니다. 새로 아파트를 지을 땅이 서울에는 거의 바닥났기 때문에 앞으로는 거의 재건축이나 재개발을 통해 공급하는 수밖에 없을 것입니다.

그러나 우리는 재건축을 통해 주택의 공급물량을 확대하기가 곤란한 상황입니다. 재건축지역의 규제완화는 바로 재건축아파트 소유자에게 그 이익이 고스란히 넘어가기 때문입니다. 또한 그동안 우리는 재건축 추진에 따른 개발이익의 기대로 집값 불안을 겪어 왔습니다. 따라서 개발이익환수장치가 마련되지 않으면 재건축의 규제완화를 통해 공급확대전략을 선택하기가 어려울 것입니다.

바로 이 점 때문에 재건축 규제완화는 8·31대책에 포함되지 않았던 것입니다.

그러나 논리적으로 해결책이 없는 것은 아닙니다. 재건축을 허용하기에 앞서 도시 전체 또는 광역적인 지구 차원의 기성시가지 관리를 위한 적정 기준용적률과 상한용적률을 산정하는 것이 필요합니다.

이는 기준용적률을 통해 개발밀도를 관리한다는 것을 의미합니다. 이를 위해서는 도시별, 지구별 기반시설용량(urban capacity) 및 개발가능총량(land availability)에 대한 조사가 선행되어야 합니다. 법정기준이 되는 기준용적률을 도시별로 조사하여 제시하고, 기준을 초과하는 개발에 대해서는 부담금을 부과하면 됩니다. 이 때, 적정기준밀도 산정이 객관성과 투명성 확보가 제도성패의 관건입니다.

국토계획법에서 제시하고 있는 개발밀도관리구역제와 연동하여 운용하는 방안을 검토할 필요가 있습니다. 현행 개발밀도관리구역제는 도로·학교·상하수도 등 기반시설용량이 부족할 경우 개발밀도관리구역으로 지정하여 용적률을 강화할 수 있도록 하고 있습니다.

또한 대규모 개발사업계획에 따라 광역의 지구로 개발된 아파트의 경우, 전체 지구 차원의 지구단위계획을 의무적으로 수립하도록 합니다. 토지구획정리사업지구, 아파트지구, 일정규모 이상의 대지조성사업 시행지역(예: 구반포지구)도 지구단위계획 수립대상에 포함시킬 필요가 있습니다.

재건축사업은 현행대로 아파트 단지별로 허용하되, 현재와 같이 용도지역에 따라 용적률을 부여하지 않고, 전체 지구 차원의 지구단위계획에 의하여 재건축 아파트단지의 용적률·세대수·기반시설 부담 등을 결정하면 됩니다. 마지막으로 재건축에 따른 개발이익환수시에는 개발이익 발생규모를 고려한 이익환수방안을 강구해야 할 것입니다. 이를 위해서는 재건축에 의해 증가된 용적률에 해당하는 대지지분만큼을 화폐가치로 환산하거나, 증가된 용적률로 분양되는 주택의 가치를 평가하여 환수하는 방안을 검토할 필요가 있습니다.

제 3 편

토지개발, 어떻게 할 것인가?

변 창 흠

1. 개발을 추동하는 구조에 대한 이해
2. 대규모 개발의 성과와 문제점
3. 얼마나 개발할 것인가?
4. 어떻게 개발할 것인가?

1. 개발을 추동하는 구조에 대한 이해

개발에 대한 부정적 이미지와 탈피 노력

부동산 정책의 방향을 둘러싼 수 개월 동안의 진통 끝에 마침내 2005년 8월 31일 '부동산제도 개혁방안'이 발표되었습니다. 그 결과 강남지역과 신도시의 아파트 가격 상승세가 꺾이고 일부 아파트는 가격이 하락하고 있습니다.

그런데 이러한 가시적인 성과에도 불구하고 이번 대책에 대한 평가는 심하게 엇갈리고 있습니다. 많은 전문가들과 시민단체들은 투기적 수요를 억제하기 위한 조세정책에 대해서는 찬성하는 반면, 송파 거여지구의 신도시 건설을 포함한 주택공급 확대정책에 대해서는 반대의견을 나타내고 있습니다.

정부도 일찍부터 지난 연말 이후의 부동산 가격 폭등은 주택공급 부족보다는 투기적 수요에 주된 원인이 있다는 점을 인식하고 있었으며, 이번 대책에서도 투기적 수요를 억제하기 위한 세제 강화와 금융대책 등에 치중해 왔습니다.

그럼에도 불구하고 이번 대책에서 새롭게 신도시를 건설하고 기존 택지개발사업에서 주택공급 규모를 확대하는 정책을 함께 발표했을까요? 이 정책을 발표하면 개발을 반대하는 시민단체가 반발할 것이 분명한데도 또다시 강남지역에 신도시를 개발하는 이유는 무엇일까요?

정부 관계자나 많은 전문가들 중에는 주택공급 확대가 주택문제 해결을 위해 가장 확실한 수단이라는 확신을 가진 사람들이 많았고 이러한 인식이 이번 대책에서도 예외없이 반영되었던 것 같습니다. 특히 강남지역에서는 주택에 대한 초과수요가 분명히 존재하고 있기 때문에 주택공급 확대 정책 없이는 주택가격을 안정시킬 수 없다는 판단을 하였던 것 같습니다.

이러한 인식에는 많은 의미를 내포하고 있습니다. 정말 주택에 대한 수요가 공급보다 많은가? 그것은 어느 시점을 기준으로 또 어떤 기준으로 판단한 것인가? 이번 부동산 대책을 통해 주택에 대한 투기적 수요를 억제하더라도 여전히 주택에 대한 수요가 계속 확대될 것인가? 지방에서는 주택보급률이 100%가 넘는 상태에서도 여전히 주택보급률이 낮은 수도권에 계속 주택공급을 확대하는 방식으로 문제를 해결해야 하는가? 주택이 부족한 지역에 주택을 신규로 공급하는 것만이 유일한 대안인가?

소득수준이 높아지고 인구나 가구가 증가하면 적정한 양의 주택은 계속 공급되어야 합니다. 그러나 현재 정부가 추진하고 있는 주택공급·택지개발사업 확대 방식에 대해서는 부정적인 시각이 많습니다. 얼마나 건설해야 하는지, 어디에 건설해야 하는지, 건설된 주택이 실제 수요자에게 돌아가는지보다는 총량적인 공급 자체에 치중해 있기 때문입니다. 개발수요와 개발사업에 대한 정부와 시민단체, 전문가들의 인식차이가 이번 대책에 대한 엇갈린 평가를 낳고 있는 것입니다.

우리 사회에서 개발(development)은 부정적인 개념으로 자리잡은 지 오래입니다. 사실 'development'라는 말에는 새로운 물리적 시설을 건설하는 '개발' 외에도 사회를 작동시키는 시스템을 변경하고 새로운 혁신을 창출하는 '발전'이라는 의미도 포함되어 있습니다. 그러나 1960년대 이후 급격한 경제성장 과정에서 국토공간 개발은 경제성장을 지원하는 기능을 담당하게 되면서 '개발'은 기존 공간을 파괴하고 새로운 구조물을 건설하는 것으로 받아들여지게 되었습니다.

이런 의미로 사용되는 개발은 곧 토지의 형질변경과 건축행위를 주된 내용으로 하는 토목적 건축적인 행위에 불과하게 됩니다. 이 과정에서 기존의 공간에 거주하고 있던 주민들이 강제로 이주해야 하고 지역사회의 관계가 해체되고 때로는 문화적, 역사적, 생태적 자산이 파괴됩니다. 이 때문에 개발은 보전과 본질적으로 공존하기가 어려운 측면이 있습니다.

그동안 개발을 둘러싸고 정부나 사업시행자는 지역주민이나 시민단체들과 힘겨운 싸움을 벌여 왔습니다. 일찍이 수도권에서 제 1기 신도시인 분당, 일산, 산본, 평촌, 중동 신도시를 건설할 때도, 2기 신도시인 판교나 김포신도시에서도 신도시 개발에 대해서는 많은 반대가 있었습니다. 대규모 개발사업인 기업도시나 도로 건설, 방사능폐기물처리장의 건설, 댐건설 등 대부분의 개발사업에서는 반대가 따르고 있습니다.

이 과정에서 개발은 보전(conservation)과 상충하고 양립할 수 없는 개념으로 고착되어 버렸습니다. 1990년대까지 경제개발 시기에 모든 가치에 우선하던 '개발'이 이제 회피의 대상이 되어버린 것입니다.

개발이 지닌 부정적인 인식 때문에 각 기관들은 이름에서

'개발'을 떼는 것이 유행이 되고 있습니다. 한국토지개발공사는 한국토지공사로, 한국수자원개발공사는 한국수자원공사로 변경하였으며, 국토개발연구원은 국토연구원으로, 교통개발연구원도 한국교통연구원으로, 서울시도시개발공사는 SH공사로 기관명에서 '개발'을 떼버렸습니다. 기관의 이름에서 '개발'자를 떼어 버렸다고 해서 기관이 수행하던 업무의 성격이 근본적으로 변화한 것은 아닙니다. 여전히 개발업무를 담당하고 있고 개발을 정당화하는 논리를 지속적으로 고안하고 있습니다.

개발은 그 자체가 나쁘거나 불필요한 것은 아닙니다. 지난 수십 년간 경제개발과 국토개발을 통해 국민소득이 증가하고 삶의 질이 제고된 것을 통해 알 수 있듯이 개발은 곧 발전이며 발전을 위해 필수적인 과정이기도 합니다. 그러나 어디를 개발할 것인가? 얼마나 개발할 것인가? 누구를 위해 개발할 것인가? 어떻게 개발할 것인가? 등에 대해 냉정히 살펴 보아야 합니다. 그렇지 않는 경우, 기관의 명칭에서 개발을 떼어 버리는 데서 볼 수 있듯이 개발은 우리에게 혜택을 가져다 주기보다는 더 큰 비용을 초래하는 것으로 받아들일 수 있기 때문입니다.

무엇이 개발을 부추기는가?

우리나라는 세계의 어느 나라보다 빠른 성장을 해 왔고 그 동안 우리의 국토공간도 엄청나게 변화해 왔습니다. 개발은 곧 성장이라고 믿어 왔고 개발로 대규모 건축물과 구조물이 들어서면 발전하는 것으로 생각해 왔습니다.

우리나라에서 물리적인 개발이 이렇게 급속하게 확대되는 데는 여러 가지 요소가 작용해 왔습니다.

우선, 물리적 시설의 확충은 건설산업의 구조와 연계되어 있습니다. 경제발전 과정에서 건설산업은 경제성장을 위한 물리적 기반을 조성하는 역할을 담당해 왔습니다. 산업단지 건설, 사회간접자본의 확충, 주택 건설 등을 통해 급성장한 건설산업은 지원기능 외에 그 자체로서 고용을 창출하고 경제성장을 주도하는 산업으로 자리를 잡았습니다.

우리나라의 건설산업은 일본을 제외하고는 OECD 국가들 중에서 국민경제에서 차지하는 비중이 가장 높은 수준입니다. 2000년 기준으로 건설산업이 국민경제에서 차지하는 비중은 9.7%에 이르며 국민총생산에서 차지하는 건설투자의 비중도 23.4%로 선진 8개국의 평균인 13%에 비해 거의 2배에 이릅니다. 특히 IMF 경제위기 이후 건설부문이 경기활성화와 고용창출의 수단으로 간주되어 각종 개발에 대한 규제가 완화되면서 건설 및 부동산 산업이 더욱 비대해지게 되었습니다.

일부 학자들은 건설산업이 국민경제에서 과도하게 발전한 국가를 '토건국가'로까지 부르고 있습니다. 과도한 건설산업은 끊임없이 새로운 개발처를 찾게 되고, 건설산업이 제공하는 일자리와 투자효과 때문에 단기적인 경기변동에 민감한 정부로서는 건설경기 활성화를 통한 경기진작이라는 유혹에 쉽게 빠지게 됩니다.

건설산업과 개발사업 간의 연계를 논리적으로 지원해 주는 것이 공급확대론입니다. 공공재이든 상품이든 특정한 용도에 대한 수요에 비해 공급이 부족하면 가격이 올라갈 수밖에 없기 때문에 가격을 하락시키기 위해서는 공급을 확대해야 하고 토지나 주택도 마찬가지라는 것입니다.

둘째, 우리나라의 공간계획제도는 개발을 촉진하는 기능을 담당해 왔습니다. 우리나라에서 국토에 대한 최상위계획은 국토종합계획입니다. 이 계획은 독자적으로 공간계획이념에 따라 국토나 도시를 발전시키기 위한 장기계획입니다. 그동안 급속한 경제성장을 지원하기 위해 산업단지를 조성하고 기반시설을 설치하며 주택건설을 촉진하는 것이 최우선 과제였습니다. 이 때문에 국토와 도시의 장기적인 발전을 구상하는 국토계획이 경제개발계획이나 주택계획을 아우르고 선도하기보다는 이들 계획을 정당화하기도 하고 때로는 정치적인 목적으로 제시된 대규모 개발사업을 사후적으로 수용하여 합리화해 주는 역할을 하기도 하였습니다.

지방자치단체의 계획에서도 마찬가지입니다. 지방자치단체는 개발을 성장이나 발전과 동일시하기 때문에 가능하면 많은 개발계획을 도시기본계획안에 반영하기 위해 노력해 왔습니다. 그 결과 도시기본계획은 지역의 개발구상을 수용해 주는 역할을 담당해 왔습니다.

경기도 기초자치단체가 작성하고 있는 도시기본계획은 지방자치단체의 성장지향성을 극단적으로 표현해 주고 있습니다. 2005년 6월 현재 경기도 31개 시군이 도시기본계획을 수립하면서 설정한 목표인구와 비수립지역의 인구추세를 종합해 보면 2020년의 수도권 인구는 2005년 현재인구보다 무려 391만에서 608만 명이 늘어난 2,724~2,941만에 이릅니다.

도시기본계획의 목표인구는 구속력을 지니지는 않지만 이

를 기초로 도로, 상하수도, 주택, 시가화용지 등을 결정하게 되기 때문에 목표인구를 높게 설정하게 되면 이후 도시의 기본구상이 개발지향성을 띨 수밖에 없게 됩니다.

〈표 3-1〉 수도권 시군 도시기본계획에 나타난 계획인구의 변화

지역별 인구	2005년	2020년
전국인구	4,829만 명(100.0%)	4,996만 명(100.0%)
수도권 인구	2,333만 명(48.3%)	2,724만 명(54.5%)[1] 2,941만 명(58.9%)[2]
경기도 인구	1,071만 명(22.2%)	1,458만 명(29.2%)[1] 1,675만 명(33.5%)[2]

주: 1) 경기도가 발표한 1,458만 명 기준.
  2) 광명의제가 추계한 1,675만 명 기준.

출처: 조명래(2005), "2020년 도시기본계획상 수도권 인구계획 현황과 문제점," 미간행.

지방자치단체가 목표인구를 높게 잡고 개발 규모를 크게 산정하는 이유는 분명합니다. 지방자치단체 입장에서는 인구가 증가하게 되면 그 지역의 세력이 확대되는 것을 의미하고 단체장의 능력이 많다는 것을 보여주는 지표가 되기도 합니다. 또한 자치단체의 인구수가 늘어나면 공무원수와 선거인수, 지방교부금도 많아지게 됩니다.

지방자치단체가 인구 증대를 통해 세력을 확대하고자 하는 노력은 비단 기본계획 수립에 한정되지 않습니다. 각종 개발계획을 수립할 때 가능하면 해당지역에서 대규모 개발사업이 진행되도록 유치경쟁을 벌이고 해당사업의 규모가 크게 되도록 압력을 넣게 됩니다. 국가균형발전과 관련된 각종 도시개

발사업을 유치하기 위해 지방자치단체가 경쟁하는 것도 모두 이 때문입니다.

셋째, 우리나라의 개발관련 규제는 다른 외국에 비해 지나치게 개발을 쉽게 허용하고 있습니다. 토지이용 규제는 토지시장의 실패를 방지하고 바람직한 사회질서를 확립하기 위해 정부가 시장에 개입하여 시장참여자의 행위를 제약하는 정부규제의 일종입니다.

일반적으로 토지이용규제는 개발허가제와 지역지구제(혹은 용도지역제)로 구분됩니다. 그 중 개발허가제도는 원칙적으로 모든 토지개발을 금지하되 개발이 필요한 경우 사업별로 심사하여 허가하는 제도로 유럽의 여러 국가에서 활용되고 있습니다. 반면, 지역지구제는 미국에서 발전된 토지이용규제제도로 개발이 허용되는 지역, 건축물의 규모와 용도 등을 미리 정하는 제도입니다.

우리나라는 1934년 조선시가지계획령에서 처음으로 용도지역·지구제를 도입한 이래 현재의 국토의계획및이용에관한법률(2000)에 이르기까지 전국의 토지이용체계를 지역지구제에 따라 관리해 왔습니다. 우리나라에서는 투기지역을 제외하고는 지역지구제를 채택하고 있기 때문에 개발허가제를 채택하고 있는 국가에 비해서는 상대적으로 개발이 용이한 국가라 할 수 있습니다.

우리나라는 자본주의 국가 중에서도 특히 토지에 대해 절대적 소유권을 중시하며, 토지이용과의 관계에서도 토지이용보다는 토지소유를 우선시하는 국가입니다. 우리나라의 토지소유제도와 토지이용제도가 외국에 비해 개발사업을 쉽게 허용하기 때문에 그만큼 개발이 활발하게 진행되고 있는 것입니다.

〈표 3-2〉 각국의 토지소유권 관념

<table>
<tr><th>구 분</th><th>영 국</th><th>독 일</th><th>프랑스</th><th>미 국</th><th>일 본</th><th>한 국</th></tr>
<tr><td>토지소유권</td><td>상대적
소유권</td><td colspan="2">절대적 소유권</td><td>상대적
소유권</td><td colspan="2">절대적 소유권</td></tr>
<tr><td>토지소유와
이용관계</td><td colspan="4">이용 우선</td><td colspan="2">소유 우선</td></tr>
<tr><td>건축자유
여부</td><td colspan="3">건축부자유의 원칙</td><td colspan="3">건축자유의 원칙</td></tr>
</table>

출처: 김상종 · 임상원 편(2000), 「새천년의 환경과 국토」.

넷째, 우리나라의 개발사업과 관련된 법률도 개발사업을 진행하기에 매우 용이하도록 만들어져 있습니다. 우리나라의 대규모 개발사업은 주로 특별법을 통해 추진되어 왔습니다. 1972년에 제정된 주택건설촉진법이나 1980년에 제정된 택지개발촉진법 등은 기존의 국토종합계획이나 도시기본계획과 무관하게 개발사업을 추진할 수 있도록 규정해 놓은 법률입니다.

이렇게 특별법을 통해 개발사업을 추진하게 되면 사업은 신속하고 효율적으로 추진될 수 있는 반면, 국토종합계획이나 도시기본계획 등의 기존 계획과 일관성을 유지하거나 종합적으로 지역의 발전을 고려하기가 어렵게 됩니다.

그러나 1990년대 후반부터는 특별법에 의한 개발사업이 더욱 확대되고 있습니다. 정부는 동북아 지역내 경쟁이 심화되면서 이에 대응하기 위한 전략지역을 특별법을 통해 개발하기로 하였기 때문입니다. 해외 자본 유치를 위해 제정된 경제자유구역의지정및운영에관한법률과 제주도국제자유도시건설특별법이 그것입니다.

참여정부 들어서도 각종 지역균형발전사업을 추진하기 위해 많은 특별법을 제정하였습니다. 충청권에 새로운 행정수도를 건설하기 위해 제정된 신행정수도건설특별법(후에 헌법불합치 판결로 행정중심복합도시건설을위한특별법이 새로 제정됨), 기업도시 건설 및 지원을 위한 '기업도시개발특별법', 지역의 특화산업의 육성을 위한 '지역발전특화특구법', 미군기지 이전에 따른 평택지역의 지원을 위한 '평택지원특별법' 등이 그것입니다.

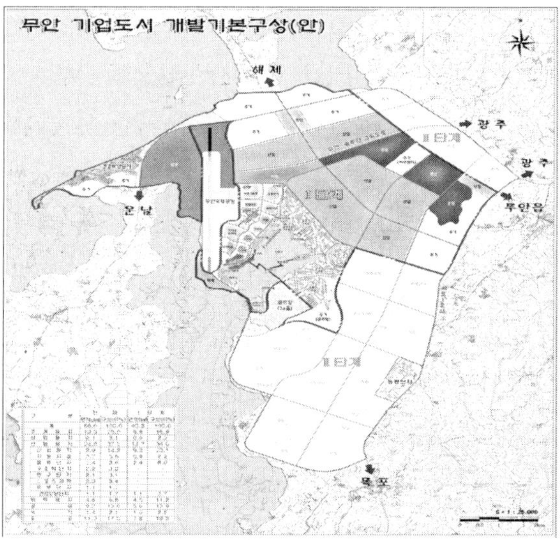

특별법은 특수한 목적을 달성하기 위해 예외적으로 규제를 완화하고 각종 지원사항을 규정하고 있기 때문에 해당사업은 원활하게 추진될 수 있습니다. 그러나 그 과정에서 주변지역

의 여건이나 산업을 충분히 고려하지 못하기 때문에 기존 지역과 신개발 지역 간에 연계가 부족하고 새로운 불균형발전을 낳을 수 있습니다.

다섯째, 도시개발과정에서는 많은 개발이익이 발생하게 되지만, 우리나라에서는 이것을 환수하는 제도가 잘 마련되어 있지 않습니다. 도시를 개발하는 과정에서는 토지의 용도가 변경되고 대규모 공공시설이 투자되기 때문에 지가가 급등하게 됩니다. 또한 개발된 토지를 공급하거나 건설된 주택을 분양하는 과정에서도 많은 개발이익이 발생하게 됩니다.

1980년대 말에 토지공개념제도를 도입할 때 개발이익환수에관한법률을 제정하였는데 이 법률에서는 개발이익은 "개발사업의 시행 또는 토지이용계획의 변경 기타 사회·경제적 요인에 의하여 정상지가상승분을 초과하여 개발사업을 시행하는 자 또는 토지소유자에게 귀속되는 토지가액의 증가분을 말한다"라고 규정하고 있습니다. 사회·경제적인 요인으로 인해 발생한 지가상승분도 개발이익으로 간주하고 있기 때문에 개발이익의 범위를 아주 넓게 잡고 있는 것이 특징입니다.

그런데 이 개발이익은 누가 가지는 것이 정당할까요? 이 법에서는 개발부담금을 통해 개발이익을 환수하도록 규정하고 있기 때문에 개발이익은 사회가 공유하는 것이 바람직하다고 보고 있습니다. 다만, 발생한 개발이익을 얼마나 환수할 것인가만 문제인 셈이죠.

당초 이 법률을 도입할 때는 개발이익의 50%를 환수하여 그 중 50%는 해당 지방자치단체에 배분하고 나머지 50%는 토지관리 및 지역균형개발에 관한 특별회계에 편입하도록 규정하고 있었습니다. 전체 개발이익 중 절반은 개발사업자가 가지고 나머지 절반은 사회적으로 환수하여 공익적인 목적과 낙후지역 발전을 위해 사용해야 한다는 원칙인 셈입니다.

그러나 이 개발부담금에 대해 비판적인 주장이 많습니다. 개발부담금을 부과하면 개발이 억제된다고 주장합니다. 개발이 줄어들면 주택과 산업단지의 공급이 축소되고 주택가격과 산업용지의 가격이 올라간다는 주장입니다. IMF 경제위기 때 이러한 주장 때문에 개발부담금제도를 대폭 축소하거나 폐지하였습니다. 결국 정부는 부담금관리기본법에 따라 수도권에서는 개발이익의 25%만 부과하고 그 외 지역에서는 아무런 부담금도 매기지 않기로 하였습니다. 그러나 그나마 수도권에서 부과하던 개발부담금조차 2004년 이후부터는 징수하지 않게 되었습니다.

개발이익을 환수하지 않으면 개발이익을 얻기 위해 꼭 필요한 것보다 더 많이 개발하게 됩니다. 사업시행자도 개발이익을 목적으로 대규모 개발사업을 벌이게 되고 분양을 받는 사람들도 직접 사용하기보다는 부동산 가치가 더 올라갈 것을 기대하고 토지나 주택을 구입하게 됩니다. 또한 개발이익이 더 많이 발생하는 지역에서만 지속적으로 개발이 일어나서 지역간 격차가 더욱 확대됩니다.

예를 들어 어떤 기업이 수도권과 지방 중에서 어디에서 공장을 설립할 것인가를 고민하고 있다고 칩시다. 이 기업이 수도권에서 농지나 산지를 매입해서 공장을 설립하게 되면 비록 사업이 잘 안되어서 공장이 망하게 되더라도 공장용지는 비싼 가격으로 팔 수가 있습니다.

반면 수도권에서 정부가 만들어 준 산업단지에 입주하거나 지방에서 공장을 설립하면 토지가격이 별로 오르지 않습니다. 공업입지이론에 따르면 어떤 기업이 어디에 공장을 설립할 것인가는 공장설립 비용이 얼마나 적게 들 것인가, 인력은 어디에서 쉽게 얻을 수 있는가, 판로는 적당한가, 유통비용은 어디에서 적게 들 것인가에 따라 결정된다고 합니다.

그러나 어떤 지역에 공장을 설립해서 부동산 가치가 급격하게 올라간다면 다른 입지요인에도 불구하고 다른 지역보다 그 지역을 선호할 수밖에 없습니다. 오늘날 수도권에서 개별입지 공장이 늘어나는 것도 수도권이 시장도 풍부하고 접근성도 좋은 점도 작용하지만, 수도권에서 가장 개발이익이 많이 생기기 때문입니다.

따라서 국가가 개발이익을 철저하게 환수하기만 해도 지나치게 많은 개발이나 수도권 집중을 상당히 막을 수 있습니다. 국가균형발전을 위해 많은 돈을 쏟을 것도 없이 수도권에서는 개발이익을 더 많이 환수하고 지방에서는 개발이익을 더 많이 보장해 주기만 해도 지방은 지금보다 더 많이 발전하게 될 것입니다.

현재 우리나라의 개발이익환수제도는 조세수단으로는 소득세법상의 양도소득세와 지방세법상의 간주취득세가 있고, 부담금 형태로는 개발부담금과 일부 수익자부담금제도가 명맥을 유지하고 있습니다.

조세를 통한 개발이익환수제도는 과표현실화율이 낮고 각종 감면조항 때문에 실효성이 낮으며, 부담금 등을 통한 개발이익환수제도는 IMF 경제위기 이후 기업규제완화 차원에서 대부분 폐지되거나 완화되어 실효성을 상실하게 되었습니다. 그 외에도 공공시설 기부채납과 물납에 의한 개발이익환수제도가 운영되고 있으나 부과기준이 애매하고 합리적인 기준이 설정되지 않아 개발이익환수제도로서의 역할에 한계가 있습니다.

다행히 2005년 8월 31일 발표된 [8 · 31 부동산제도 개혁방안]에서는 그동안 부과중지되었던 개발부담금을 부활시키고 기반시설부담제도를 신설하였습니다. 그러나 개발부담금은 부과요율이 IMF 이전의 50%에서 25%로 낮게 설정되어 있고 재개발이나 재건축사업은 부과대상에서 제외되어 있습니다. 또한 부관 등에 의해 관행적으로 이루어지고 있는 택지개발사업에서의 공공시설 부담, 기부채납과 물납 등에 의한 개발이익환수제도는 아직 정비하지 않았기 때문에 앞으로 보완이 필요합니다.

2. 대규모 개발의 성과와 문제점

공영개발방식의 성과와 한계

어떤 지역에 도시를 개발한다는 것은 해당지역뿐만 아니라 국토전체의 공간구조에 막대한 영향을 미치기 때문에 국가에서는 미리 개발될 지역을 지정하여 계획적으로 개발하도록 유도하고 있습니다. 또한 토지를 개발한다는 것은 이미 이용하고 있는 토지를 다른 용도로 변경하고 토지의 형질을 변경하기 때문에 개발과정에서 막대한 개발이익이 발생하게 됩니다.

이런 문제 때문에 대부분의 국가에서는 토지를 누가 개발할 것인가, 어떠한 절차로 개발할 것인가, 개발이익은 어떻게 처리할 것인가에 대해 미리 법률이나 규정을 정해두고 있습니다.

일반적으로 도시를 개발하는 방식은 정부가 어느 정도 참여하는가에 따라 공공개발과 공영개발, 민관합동개발, 민간개발로 구분할 수 있습니다.

최근 판교신도시를 공영개발로 한다고 해서 많은 논란이 있었습니다만, 공영개발은 정부가 개발권을 가지고 토지를 개발하지만 개발된 토지는 일정한 절차를 거쳐 민간에게 분양하는 방식입니다.

반면, 공공개발은 정부가 토지에 대한 개발권과 소유권, 처분권을 가지고 토지를 개발하는 방식으로 토지를 개발한 이후 토지와 건축물을 분양하고 이용하는 것까지도 정부가 직접 규제하는 방식입니다.

민간합동개발은 공공기관과 민간부문이 함께 개발사업을 진행하여 개발된 토지나 건축물을 분양하는 방식이며, 민간개발은 민간기업이나 토지소유주가 토지를 개발하고 시설을 건축하고 소유하거나 분양하는 방식입니다. 도시개발사업에서 민간개발은 2000년 도시개발법을 제정하면서 도입된 이래 기업도시개발특별법을 통해 본격적으로 시행되기 시작하였습니다.

사실 우리나라에서 공공부문이 처음으로 시작한 개발방식은 민관합동개발방식이라 할 수 있는 토지구획정리사업이었습니다. 이 방식은 일제시대인 1934년 [조선시가지계획령]이 제정되면서 나진 토지구획정리사업에서 최초로 시행되었습니다. 해방 이후에도 도시계획법이나 토지구획정리사업법에 반영되어 1960년대 중반 이후 택지개발사업의 대부분은 이 방식을 취하게 되었습니다.

토지구획정리사업방식에서는 개발된 택지를 공공용지와 체비지, 환지 등 세 가지로 구분합니다. 공공부문은 토지구획정리사업지구 내의 공공용지에 도로, 학교, 공원, 공공청사 등을 우선 설치하고 원토지 소유자에게 환지를 배분해 주고 남는 체비지를 활용하여 비용을 충당하게 됩니다. 토지소유자는 환지를 통해 배분받은 토지를 자율적으로 개발하게 됩니다.

이 방식은 공공의 입장에서는 초기 공공시설 설치 비용을 제외하고는 거의 비용이 들지 않으며, 이 비용마저 체비지 매각을 통해 전액 환수할 수 있습니다. 또한 토지소유자는 개발을 통해 지가가 상승됨으로써 개발이익을 나누어 갖게 됩니다.

그러나 이 방식에서는 개발과정에서 발생하는 개발이익이 대부분 토지소유자에게 돌아가기 때문에 개발 전부터 토지투기가 발생하고 개발지 인근지역의 지가가 급상승하는 문제점이 발생하였습니다. 또한 개발된 토지가 작은 필지로 분할되어 원소유주에게 환지되기 때문에 체계적인 개발이 불가능합니다. 아파트 단지를 개발하여 대규모 주택단지를 개발하기 위해서는 분할된 토지를 소유자로부터 다시 사들여야 하는 데다 이미 토지가격이 상승해 버렸기 때문에 사업성도 없어지게 됩니다.

이래서 나온 제도가 공영개발방식입니다. 공영개발방식은 한국토지공사, 대한주택공사, 지방사지단체 등이 개발계획을 수립하여 토지를 전면 매수하고 택지를 개발한 후에 공공 혹은 민간 주택건설업자에게 분양하거나 직접 주택을 건설하여 공급하는 방식입니다. 공영개발방식은 택지확보가 편리하고 정부가 체계적으로 계획하여 개발할 수 있으며, 대규모 개발사업을 통해 신속하게 공단이나 주택단지를 공급할 수 있다는 장점 때문에 우리나라의 대표적인 개발방식이 되었으며, 오늘날까지 지속되고 있습니다.

다양한 도시개발방식이 있음에도 불구하고 우리나라에서 민관합동개발이나 민간개발에 의존하지 못하고 공영개발을 지속해 온 데는 몇 가지 이유가 있습니다. 우선, 대규모 개발사업은 막대한 개발이익을 발생하는 반면, 개발이익을 환수할 수 있는 수단이 잘 마련되어 있지 않았기 때문입니다.

앞서 살펴본 바와 같이 영국이나 독일과 같은 유럽국가에서는 국가가 미리 개발계획을 수립하고 공공이 개발하거나 개발과정에서 생기는 개발이익을 철저하게 환수하고 있습니다. 그러나 우리나라는 토지의 용도를 미리 지정해 두고 그 범위 내에서 개발을 허용하는 용도지역제를 실시하고 있기 때문에 개발과정에서 용도가 변경되면 막대한 개발이익이 발생하는 반면, 민간개발에 맡기는 경우 이를 환수할 수 있는 방법이 뚜렷하게 마련되어 있지 않았습니다. 때문에 공영개발을 통해 개발이익을 환수하거나 발생한 개발이익을 기반시설을 확충하는 데 활용하는 방식을 채택하였던 것입니다.

둘째, 공영개발은 정부가 산업단지나 주택정책에 직접 개입할 수 있는 방식이기 때문입니다. 정부는 급격한 경제성장을 지원하기 위해 공업단지를 조성하거나 도시로 유입되는 인구들을 위해 주택단지를 조성할 필요가 있었습니다. 특히 대규모 택지개발사업과 산업단지 조성은 정권의 정당성을 확보하거나 정치적 목적을 달성하는 데 유효한 수단이었기 때문에 공공부문이 적극적으로 개입하는 공영개발방식을 취할 수밖에 없었습니다.

셋째, 산업화를 통한 경제성장과 주택공급 확대를 통한 서민주거 안정은 정권의 정당성을 확보하는 데 가장 중요한 정책목표 중의 하나였지만, 정부가 새로 조성된 단지를 소유하면서 임대해서 운영하는 데 드는 비용을 조달할 능력이 없었습니다. 정부로서는 불가피하게 재정투자를 최소화하면서 민간자본을 활용하는 방식인 공영개발 방식을 취할 수밖에 없었습니다.

공영택지개발방식은 역대 정권에게 주택부문에 대한 공공지출을 최소화하면서도 대규모의 산업단지와 택지단지를 조성하는 데 최상의 수단이 되어 왔지만 정부가 재정지출을 거의 하지 않고 대규모 단지를 조성하는 이 사업방식은 불가피하게 여러가지 한계를 내재할 수밖에 없었습니다.

우선, 단기간에 대규모 단지를 개발하여 공급하기 위해서는 기존 지역을 재개발하기보다는 신개발에 치중하게 되었습니다. 기존 도심이나 거주지, 공업지역을 재개발하기 위해서는 토지와 건물의 소유자들간에 복잡하게 얽혀 있는 기존의 이해관계를 해소해야 하기 때문에 매력적인 개발방식이 되지 못하였습니다.

이에 비해 도시외곽지역에 새롭게 개발하는 대규모 단지는 지가가 상대적으로 저렴하고 토지소유관계도 복잡하지 않기 때문에 재개발에 비해 적은 비용으로 보다 많은 단지를 값싸게 공급할 수 있었습니다. 그러나 새로운 단지를 도시 외곽지역에 건설하면서 도시주변지역의 자연환경을 훼손하고 도시중심지역으로부터의 통근거리를 확대시키며 도로, 상하수도 등의 도시기반시설의 연장, 설치비용을 증대시키는 사회적 비용을 발생시키게 되었습니다.

둘째, 공영개발사업에 의한 주택단지의 개발사업에서는 개발사업지구별로 사업타당성이 있는 지역만 개발대상지로 선정되기 때문에 지방자치단체 입장에서는 꼭 필요한 사업일지라도 수익성이 부족한 경우에는 추진되기 어렵게 됩니다. 택지개발사업에서는 수용방식을 통해 매수한 토지가격과 조성후 분양가격의 차이가 해당 사업지구의 개발이익이 되고, 이 범위 내에서만 기반시설을 설치하게 됩니다.

사업지구별로 국가나 지방자치단체가 직접 기반시설을 건설하는 경우도 있지만 대부분의 경우 개발사업에서 나온 이익은 당해 사업지구나 주변지역에 재투자하는 형태를 취하게 됩니다. 이러한 공영택지개발의 사업방식 때문에 대부분의 택지개발사업이 수도권과 대도시권에 집중하게 되는 것입니다.

반면, 산업단지의 경우에는 지역의 개발을 위해 정치적으로 입지가 결정되는 경우가 많았습니다. 지역 내에 산업단지에 대한 수요를 충분히 파악하지 않은 채 무리하게 대규모 산업단지를 추진하여 텅빈 공단을 조성하는 경우가 많았습니다.

셋째, 공영개발사업은 사업초기에 막대한 용지매입비 부담이 생기기 때문에 시행주체는 가능한 한 사업을 신속하게 추진하고자 노력하게 됩니다. 이러한 사업방식 때문에 사업계획을 작성하거나, 용지를 매입하고 개발사업을 시행하는 과정에 지방자치단체나 지역주민, 지역 내 산업주체들이 다양한 의견을 제시할 수 있는 기회가 거의 없었습니다. 때문에 공영개발사업으로 조성된 대규모 단지는 지역사회와 무관한 거대한 '개발의 섬'이 되는 경우가 많았습니다.

넷째, 공영개발사업은 개발한 토지를 민간기업에게 매각해야 하기 때문에 토지정책의 일관성을 유지하기 어려웠습니다. 정부는 산업단지나 주택단지에 대한 투기를 억제하기 위한 조치를 취해야 하면서도 다른 한편으로는 조성된 토지를 신속하게 매각하기 위해 이 규제조치를 스스로 철회하거나 완화해야 하는 모순된 모습을 보여왔습니다.

어떤 경우에는 개발된 토지를 민간기업이나 주택건설업자에게 신속하게 매각하기 위해 정부가 부동산에 대한 투기를 어느 정도 조장하는 경우도 있었습니다. 수도권 5대 신도시를 건설하면서 분양권 전매를 허용하거나 양도소득세를 면제해 준 것이 대표적인 사례입니다.

정권의 정당성을 위한 주택단지 개발사업

서구 자본주의 국가에서는 주택, 교육, 복지와 같은 시민의 생활문제는 지방자치단체가 직접 담당하고 있습니다. 그러나 우리나라에서는 일찍부터 지방자치단체가 아니라 중앙정부가 주택정책에서 주도적인 역할을 담당하고 있습니다.

이러한 현상은 오늘날까지도 여전히 지속되고 있습니다. 대부분의 신도시 건설계획은 지방자치단체가 아니라 건설교통부가 발표하게 되고, 신도시의 건설도 주로 국가공사인 토지공사나 주택공사가 담당하고 있습니다.

최근 정부는 [8 · 31 부동산제도 개혁방안]을 발표하면서 서울시 송파구에 거여신도시를 조성하겠다고 발표하였습니다만, 서울시와 서울시의회는 이 계획에 반대한다고 발표하였습니다.

서울시로서는 자신의 행정구역 내에서 신도시를 개발하겠다면서 한번도 미리 상의조차 하지 않은 것에 대해 심사가 편안할 리가 없습니다. 더구나 사업의 시행자가 서울시나 서울시 산하의 공사가 아니라 한국토지공사나 대한주택공사가 되면 서울시는 아무런 역할도 할 수 없게 됩니다.

외국의 주택정책은 주로 주거복지와 관련하여 공공임대주택을 건설하여 공급하거나 임대료를 지원해 주는 역할을 하고 있습니다만, 우리나라는 정부가 직접 개발할 단지를 지정하여 계획하고 주택을 건설하여 공급하는 데까지 관여를 하고 있습니다.

왜 우리나라에서는 정부가 주택정책을 책임지게 되었을까요? 몇 차례 정권의 위기 때마다 대규모 주택건설계획이 발표된 역사를 보면 우리나라 주택정책은 주거복지보다는 정치적인 목적이 더 컸음을 알 수 있습니다.

1972년 10월 유신을 통해 새로 집권하게 된 박정희 정권은 도시노동자와 민주화 세력들을 무마하기 위한 방안의 하나로 주택정책에 관심을 기울이게 되었습니다. 유신정권은 비상국무회의를 통해 250만 호 주택건설 10개년 계획을 수립하였습니다. 1972년부터 1981년까지 10년 동안 총 250만 호의 주택을 건설하고 그 중 110만 호는 정부가 공공자금으로 건설하겠다는 것이 계획의 주된 내용입니다.

정부는 이 정책을 추진하기 위해 1972년 12월에 '주택건설촉진법'을 제정하였습니다. 중앙정부가 공공주택과 민간주택의 개발계획을 작성하고 개발과 분양을 총체적으로 관리할 수 있는 권한을 갖도록 하는 법입니다. 이 법은 2003년 주택법이 제정될 때까지 우리나라의 주택 건설과 분양, 관리를 총괄하는 법률로서 주택공급을 확대하는 데 핵심적인 역할을 담당해 왔습니다.

1980년 군사쿠데타로 집권한 전두환 정권은 국보위 입법회의를 통해 주택 500만 호 건설계획을 수립하였습니다. 군사정권의 정통성을 인정하지 않는 민주화 세력과 노동자와 저소득층의 동요를 방지하고 정권의 정당성을 확보하기 위해

취해진 조치였습니다.

이 계획에서는 1981년부터 1995년까지 15년간 공공부문에서 200만 호의 주택을 건설하고, 민간부문에서 300만 호를 건설하겠다는 내용을 담고 있습니다. 이 당시 우리나라의 전체 주택수가 500만 호 정도였다는 점을 고려하면 이 계획은 실로 단군 이래 최대의 주택건설계획이라 할 수 있습니다.

이 엄청난 규모의 택지개발과 주택건설을 위해서는 그 당시까지 주로 활용해 왔던 토지구획정리사업방식이 아니라 대안적인 토지개발방식이 필요하였습니다.

이에 따라 등장한 혁명적인 택지개발방식이 공영개발방식입니다. 공공개발자가 토지를 전면매수하여 개발한다는 의미에서 통칭 공영개발이라고 불리고 있는 이 제도는 1980년에 국가보위입법회의에 의해 제정되었습니다.

이 법이 제정된 이후, 택지를 쉽게 확보할 수 있고 대규모 개발이 용이하다는 점 때문에 공영택지개발 사업은 우리나라의 대표적인 택지공급 방식이 되었으며, 오늘날까지 지속되고 있습니다.

1987년 6 · 29선언 이후 대통령 직선제를 통해 당선된 노태우 대통령은 지속적인 정치적 민주화의 요구를 무마하고 주택시장 안정을 위해 200만 호 주택건설계획을 수립하였습니다. 1988년부터 5년간 200만 호의 주택을 건설하겠다는 구상입니다.

이 계획은 이 당시 20만 호에 불과하였던 연간 주택건설 호수를 40만 호로 확대하는 것으로 실로 엄청난 개발계획이었습니다. 이를 위해 수도권에서 분당, 일산, 평촌, 산본, 중동 등 5개 신도시 건설계획을 추진하였습니다. 민간부문의 주택공급을 확대하기 위해 주택분양가 상한제를 폐기하고 주거지역 내 주상복합과 다세대 주택, 다가구 주택을 장려하였습니다. 또한 택지와 주택의 매각을 촉진하기 위해 택지선분양제도, 주택상환사채 제도, 주택분양권 전매제도를 도입하였습니다. 이 당시 건설된 신도시와 택지와 주택공급 제도는 지금까지도 부동산 투기를 유발하는 원인이 되고 있습니다.

앞서 살펴본 바와 같이 정치적 격변기에 대규모 주택건설계획이 발표되는 것은 우연이 아닙니다. 정부는 대규모 주택건설계획을 통해 주택을 공급할 뿐만 아니라 건설부문의 투자를 활성화함으로써 일자리를 창출하고 경기를 상승시키는 효과를 얻게 됩니다.

그러나 이 과정에서 주택의 공급을 확대해야 한다는 강박관념에 입각하여 대규모 개발사업을 추진함에 따라 도시다운 도시를 조성하기보다는 거대한 침상도시(bedtown)를 조성하게 되었고, 부동산 투기를 유발하는 문제를 유발하였습니다.

누구를 위해 개발하는가?

2005년 7월 원주와 충주, 무주, 무안 등 4곳이 기업도시 시범사업 지역으로 결정되었습니다. 해당 지역에서는 경축 플래카드가 내걸리고 앞으로 이 도시들이 어떻게 개발될 것이라는 장미빛 청사진이 신문에 대문짝만하게 그려져 있습니다.

반면 기업도시에 탈락한 지역에서는 충격과 분노, 실망과 허탈감이라고 표현할 만큼 실의에 빠져 있다고 언론에서 현지 분위기를 전달하고 있습니다. 그리고 두어 달이 지난 후 결국 영암·해남과 태안이 재심사를 거쳐 다시 기업도시 시범사업 지역으로 선정되었습니다. 이제 이 지역의 지방자치단체나 지역주민들은 지역이 획기적으로 발전하게 될 것이라고 믿고 있을 것입니다.

참여정부는 역대 어느 정부보다도 지역균형발전을 위해 노력하고 있습니다. 국가균형발전을 핵심적인 국정과제로 채택하고 지역균형발전을 위해 국가균형발전위원회를 설치하고 국가균형발전특별법을 제정하였으며, 필요한 예산을 확보하기 위하여 균형발전특별회계도 만들어 운영하고 있습니다.

그동안 건설교통부, 행정자치부, 농림부, 해양수산부 등 각 부처별로 추진해 왔던 여러 가지 지역균형발전 정책들을 전체적으로 통합하고 사업추진을 위한 조직과 예산까지 갖추게 된 것은 우리나라 지역정책에서 획기적인 변화라 할 수 있습니다. 이제 지방에서도 지방자치단체와 지역주민들이 지역발전과 지역산업에 대한 관심이 높아지게 되었고 스스로를 지역발전의 주체로 인식하기 시작하기 시작하였습니다.

삽화: 한겨레신문에서 인용.

그런데 지역의 발전을 위하여 지방에서 추진되는 사업들은 대부분 대규모 물리적 개발사업의 성격을 띠고 있습니다. 우리나라는 대부분의 중추관리기능과 고급인력이 수도권에 집중되어 있기 때문에 지방에서는 지역발전을 위해 활용할 자원과 자본, 인력이 부족한 것이 사실입니다.

또한 지방에는 첨단산업과 고급인력이 입지할 여건이 마련되어 있지 않은 곳도 많습니다. 때문에 지방에는 외부의 공공기관이나 대규모 자본을 유치하고 이들을 수용하기 위해 대규모 도시를 건설해야 한다는 논리입니다.

이렇게 해서 만들어지는 도시가 행정중심복합도시, 기업도시, 혁신도시, 제주국제자유도시 등입니다. 그러나 도시란 이름을 갖지 않고도 개발이 이루어지는 경우도 많습니다. 경제자유구역, 지역발전특화특구, 혁신클러스터, S-프로젝트, J-프로젝트 등이 그것입니다.

그런데 이렇게 새로운 도시를 만들면 과연 그 지역의 주민들이 더욱더 잘 살게 될 것인가가 가장 중요한 문제입니다. 도심에서 주택재개발이 일어났을 때 현지에 살던 사람이 새로 만들어진 주택에 거주하는 비율은 10%가 채 되지 않는다는 보고가 있었습니다. 마찬가지로 지방에서 새로운 도시를 건설하여 그 지역이 발전하더라도 항상 그 지역의 주민이 잘 살게 된다고 볼 수는 없습니다.

새롭게 개발되는 도시가 지역주민이나 지역의 자원과 아무런 관계가 없이 만들어진다면 이 도시는 기존 지역과는 무관한 개발의 섬이 될 수 있기 때문입니다. 이렇게 되면 지방자치단체에서 애써 자기 지역에 새로운 도시를 개발하려고 노력을 했지만 지방주민들의 복지는 전혀 향상되지 않을 수도 있습니다.

과도한 개발이 만들어 낸 공간

정치적 목적으로 공기업이 주도하여 개발하는 택지개발사업과 신도시는 우리나라 국토의 모습을 크게 바꾸어 놓았지만, 많은 문제점도 양산하였습니다. 우선 국토공간 전체 측면에서 보면 공영택지개발사업은 국토의 불균형 발전을 더욱 심화시키게 됩니다.

앞서 살펴보았듯이 공영택지개발사업은 사업시행 주체인 공기업이 수지타산을 맞추어야 하기 때문에 수요가 충분한 지역에 대해서만 집중적으로 이루어지게 됩니다. 또한 개발과정에서 발생하는 개발이익은 현지에서 간선시설에 재투자되기 때문에 다른 지역에 비해 상대적으로 많은 개발이익이 발생하는 수도권 지역에서 더 많은 공공투자가 누적될 수밖에 없습니다.

그 결과 택지개발사업은 새로운 지역불균등 발전을 낳게 됩니다. 1981년부터 2002년까지의 기간 동안 수도권에서 개발된 택지는 전체의 절반에 가까운 48.7%인 266,045천㎡였습니다. 특히 2001년과 2002년에는 경기도에만 전체 택지개발사업의 42.0%와 45.2%가 집중되어 수도권에 택지개발사업이 더욱 집중되고 있음을 알 수 있습니다.

다음으로 공영택지개발방식을 통해 조성된 택지개발사업지구는 지역의 특성을 반영한 특성있는 도시가 되지 못했습니다. 원래 택지개발촉진법은 택지를 개발하고 공급하는 데 주된 목적을 두고 제정된 법률이기 때문에 주택 외의 기능에 대해서는 크게 관심을 가지지 못했습니다. 정부가 주택을 공급하기 위해 택지를 개발하는 동안 지방정부가 참여할 수 있는 여지가 거의 없었습니다.

또한 시민들이나 지역의 기업들도 도시를 형성하는 데 제 목소리를 내기 어려웠습니다. 국가공사는 택지를 조성하는 데까지만 관여하기 때문에 도시가 완성된 이후에 지방자치단체가 어떻게 관리하여 운영할 것인가에 대해 충분히 배려할 수가 없었습니다.

이런 점에서 영국의 신도시 건설과 운영을 담당하였던 신도시개발공사는 좋은 참조가 될 수 있습니다. 영국의 환경성(DoE) 산하의 국가공사인 신도시개발공사는 신도시 건설뿐만 아니라 도시가 완성된 이후에도 관리 운영업무까지 책임을 지고 있기 때문입니다.

셋째, 택지개발촉진법에 의해 조성되는 도시는 자족적인 도시를 형성하는 데는 애초부터 무리가 있었습니다. 도시는 주택만으로는 운영되는 것이 아니기 때문에 도시의 산업적 기반, 상업시설, 교육시설, 근린생활환경을 종합적으로 고려하여야만 도시가 제대로 된 기능을 할 수가 있습니다. 특히 신도시가 자족성을 띠기 위해서는 새로운 도시가 입지하게 될 주변지역의 산업적 특성, 지역의 다양한 주체들 간의 관계를 고려하여 전략적으로 육성해야 할 산업기능을 미리 설정하고 이를 체계적으로 유치하기 위한 노력이 필요합니다.

그러나 그동안 대규모 택지개발사입을 추진하는 과정에서는 어떤 산업을 어떻게 유치할 것인지, 지역산업과 어떻게 연계할 것인지에 대한 종합적인 계획은 부족하였습니다. 이에 따라 대규모 택지개발사업단지는 도시의 자족기능과는 무관하게 대규모 주택단지로만 건설되어 도시내 고용기반이나 고차서비스 기능이 부재한 채 인근 대도시에 의존하는 베드타운으로 전락하게 되었습니다.

3. 얼마나 개발할 것인가?

누가 개발수요를 추정하나?

만일 토지를 개발해서 주택이나 산업단지를 만들기 위해 얼마나 많은 토지가 필요할 것인지를 미리 파악해서 계획을 작성한다면 그 양은 누가 어떻게 계산하는 것이 바람직할까요? 만일 토지를 개발하는 것도 일반제품과 마찬가지로 민간기업이 수요에 맞추어 결정한다면 얼마나 개발할 것인가의 문제에 정부가 미리 개입할 이유가 없습니다.

그러나 어떤 토지를 개발하게 되면 엄청난 규모의 개발이익이 생기게 되고 주변지역에도 막대한 영향을 미치기 때문에 정부가 앞으로 개발할 지역과 규모를 미리 조정하는 것이 필요합니다.

정부가 앞으로 어디에 얼마나 개발할 것인가를 미리 계획하여 발표한다면, 이 계획은 앞으로 우리나라 국토의 모습을 결정하는 데 핵심적인 요소가 될 것입니다. 일반적으로 앞으로 얼마만큼 개발할 것인가를 계산하는 것을 '개발수요의 추정'이라고 합니다. 이 개발수요는 전국적으로 계산해서 지역별로 배분하기도 하고, 지역별로 필요한 개발량을 계산해서 전국의 개발총량을 거꾸로 합산하기도 합니다.

앞의 경우를 예를 들어 생각해 봅시다. 전국적으로 앞으로

20년 동안 얼마나 개발할 것인가를 계산해 냈다고 친다면 이젠 어디를 개발할 것인가를 결정해야 합니다.

이 때 이미 개발된 지역을 재활용해서 개발하는 경우와 새롭게 개발용지를 찾는 경우로 나눌 수 있습니다. 이미 개발된 지역에는 주민들이 살고 있고 토지와 주택소유권이 분할되어 있기 때문에 대규모 개발을 하기에는 시간이 많이 들고 체계적인 계획도 쉽지 않습니다.

때문에 가능하면 새로운 개발용지를 찾으려고 합니다. 농지나 산지와 같이 생산용도나 보전용도로 되어 있는 땅이 개발하기가 가장 용이할 것입니다. 이 때 생태적으로 보선가치가 있는 땅이 포함될 수도 있고 역사적인 유물이 있는 땅이 포함될 수도 있습니다.

개발할 지역이 결정되면 개발예정지역에서는 개발계획을 수립하여 개발사업을 진행하게 됩니다. 이렇게 개발계획이 수립되어 개발사업이 진행되면 개발사업을 억제하는 것은 사실상 불가능하게 됩니다.

그동안 수없이 개발사업에 대한 반대운동이 있었지만, 그 대부분은 개발이 확정되고 난 이후에 개발사업을 중단시키기 위한 것이었습니다. 그러나 막대한 반대와 희생에도 불구하고 개발사업이 반대운동을 통해 중단된 경우는 거의 없었습니다. 개발이 추진되는 과정에서 중단되면 막대한 비용을 치르게 되고, 이미 토지가 매입되고 보상이 이루어져 주민이 이주하고 건물이 파괴되었고, 개발사업 추진을 위해 막대한 비용을 투입한 이후이기 때문입니다.

실제 시화호나 새만금 매립사업 등은 반대 때문에 사업이 중단되어 엄청난 사회적 비용을 치르고 있는 중입니다.

그만큼 개발수요의 양과 입지를 결정하는 것은 중요한 의미를 지니고 있습니다. 개발수요를 누가 어떻게 추정할 것인가는 우리나라 미래의 국토모습을 결정하는 데 중요한 기초자료임에도 불구하고, 그동안 이 업무를 객관적으로 수행하는 데는 큰 관심이 없었습니다.

엄청난 양의 통계자료를 이용해야 하고 전문적인 기법이 요구되기 때문에 일반인들이 쉽게 할 수 없는 영역인 점도 한 원인이 될 수 있습니다. 그동안 개발수요의 추정은 주로 개발업무를 직접 담당하고 있는 부서가 주도해서 수행해 왔습니다.

건설교통부와 같은 부처나 토지공사, 주택공사와 같은 공공기관이 자기 돈을 들여서 전문기관이나 전문가에게 연구를 맡겨 온 것입니다. 다만, 그 기관이 직접 수행하기보다는 객관적인 연구였음을 확인하기 위하여 관련분야의 학회나 전문기관, 전문가에게 연구비를 주고 연구를 수행하게 하였습니다.

그러나 연구를 수행하는 기관이나 개인은 앞으로 개발업무를 담당할 기관으로부터 연구비를 받았기 때문에 객관적이고 중립적으로 연구를 수행하기가 쉽지 않습니다. 개발수요가 거의 없어서 앞으로 개발을 조금만 해도 된다는 결론이 나오면 연구비를 제공한 기관의 일거리가 그만큼 줄어들고 이 기관의 조직과 인력은 그만큼 축소되기 때문입니다. 따라서 많은 연구들은 개발수요가 충분히 많으며 앞으로 많은 개발사업을 진행해야 한다고 결론을 맺기 쉽습니다.

그렇다고 전문가들이 의도적으로 연구비를 지불한 기관의 입맛대로 개발수요를 추정한다고 단정할 수는 없습니다. 전문가들은 흔히 객관적이고 과학적인 연구방법을 사용하여 개발수요를 추정한다고 합니다.

그러나 일반적으로 객관적이고 과학적인 연구방법론은 과도한 수요를 합리화해 주는 도구가 될 수 있습니다. 그동안 개발수요를 추정하기 위해 가장 많이 쓰인 방법론은 과거부터 현재까지의 추세를 통해 미래의 개발수요를 추정하는 것입니다. 이른바 추세연장법입니다.

압축성장이라고 일컬을 만큼 우리나라는 세계적으로 유례가 없는 급속한 경제성장을 이루어왔습니다. 그에 따라 짧은 기간 동안 엄청나게 많은 양의 개발이 집중적으로 이루어져 왔습니다. 때문에 과거의 이러한 추세를 반영하여 앞으로도 이러한 추세만큼 개발이 이루어질 것이라 판단한다면, 개발수요량이 과도하게 추정되는 셈이 될 것입니다. 왜냐하면 1990년대 후반부터 우리나라도 성장이 정체되고 있기 때문에 개발수요가 과거와 같이 급속하게 증가하지 않을 것이기 때문입니다.

물론 경제성장이나 국민소득의 정체, 인구와 가구증가율의 안정화를 수요추정에서 반영할 수도 있습니다. 그러나 그동안 개발수요추정에서는 이러한 요소보다는 과거부터 현재까지의 개발추세가 더 크게 반영되어 왔습니다.

실제 주택수요의 추정에는 소득과 주거비용에 대한 시계열자료를 이용하여 주택수요량을 추정하는 맨큐-웨일(Mankiw-Weil)모형이나 개발지 면적에 대한 시계열자료, 인공위성사진자료를 활용하여 미래의 개발면적을 추정하는 방법, 외국의 1인당 GNP 대비 1인당 주거면적 간의 비율을 활용하여 미래의 주택수요면적을 추계하는 방법 등을 활용합니다.

그러나 이 모든 방법들은 본질적으로 과거의 개발추세가 미래에도 그대로 적용된다는 것을 전제로 하거나 우리와 여건이 다른 선진국의 지표를 따라갈 수밖에 없다는 전제에 입각해 있기 때문에 과도하게 추정될 여지가 많습니다.

개발수요를 추정하는 또 한 가지 방법은 주민이나 기업, 개발사업자 등의 수요자에게 설문조사를 통해 수요량을 추정하는 것입니다. 설문조사에서 현재 거주지와 주거상태를 물은 다음 앞으로 어디로 이주할 예정이고 그 때 몇 평의 주택에 거주할 예정인지를 묻게 됩니다. 이 방식을 이용해서 추정한 개발수요가 객관적이기 위해서는 몇 가지 조건이 필요합니다.

우선은 답변하는 사람이 거짓말을 해서는 안 됩니다. 자신이 현재 거주하고 있는 주택의 면적이나 가족 등에 대한 것뿐만 아니라 앞으로 이주할 지역과 아파트 평수를 과장해서 답변해서는 안 된다는 것입니다. 두 번째는 답변하는 사람이 자신이나 가족의 소득으로 감당할 만한 주택을 구입한다고 답변을 해야 합니다.

그러나 많은 사람들은 자기 가족의 소득의 크기와 무관하게 막연한 희망을 답하는 경우가 많습니다. 지금은 이렇게 작은 집에 살지라도 앞으로 몇 년 내에는 반드시 넓은 아파트, 강남지역과 같이 학군이 좋은 지역으로 이사할 것이라고 기대하게 되고 그렇게 답변합니다. 그러나 실제 구입능력을 갖지 않은 수요는 진정한 수요라고 볼 수가 없습니다.

그러나 응답자가 아무리 솔직하게 답변하고 앞으로 구입할 주택을 부담할 능력이 있다고 할지라도 주택가격이 급격하게 오르는 상황에서는 주택을 구입하고자 하는 수요가 많을 수밖에 없습니다. 특히나 현재와 같이 은행의 대출금리가 낮고 주택을 여러 채 구입해서 큰 돈을 번 사람이 주위에 많으면 집을 가진 사람도 집을 한 채 더 사고 싶은 욕심이 생기게 됩니다.

또한 작은 집보다는 큰 집을 사두면 더 큰 이익을 얻을 수 있다면 누구나 중대형 아파트를 선호하게 됩니다. 따라서 설문조사를 통해 주택수요를 추정하게 되면 현재와 같은 여건에서는 너무 많은 주택구입 수요가 나타날 수밖에 없게 됩니다. 그러니 이렇게 추정된 수요를 기초로 개발계획을 작성하게 되면 너무 많은 주택을 건설할 가능성이 높아지게 됩니다.

앞으로 얼마나 개발해야 하나?

지금까지 토지를 얼마나 개발해야 하는가에 대해서는 많은 연구가 수행되었습니다. 우선 국토연구원이 건설교통부의 용역을 받아 수행한 연구에서는 매년 여의도 면적(2.9㎢)의 60배인 186㎢의 토지가 소요될 것으로 추정하였습니다. 현재의 가용토지 공급추세로는 매년 58㎢의 토지가 부족하다는 것입니다(국토연구원, 2003). 우리나라 전국토의 면적 중에서 도시적 용도로 활용되고 있는 면적의 비율은 5.6%(5,570㎢)로 영국의 13.0%, 일본의 7.0%에 비해 매우 낮으며, 1인당 도시적 용도 토지의 면적도 36평에 불과하여 영국의 161평이나 일본의 65평에 비해 턱없이 적다는 것입니다. 또한 앞으로 사회간접자본을 확충하고 소득증가에 따라 주택에 대한 수요가 확대되며, 산업용지도 확충해야 하기 때문에 가용토지의 면적을 획기적으로 늘려야 한다는 것입니다.

〈표 3-3〉 도시적 용지의 소요전망

도시적 용지 현황과 전망			도시적 용지 공급 증가		
2000 (A)	2020 (B)	토지 수요 (B-A)	연 평균 ('96-'00)	적정 규모 ('01-'20)	공급부족 면적
5,498㎢ (5.6%)	9,220㎢ (9.3%)	3,722㎢ (3.7%)	128㎢/년	186㎢/년	58㎢/년 (여의도 면적의 20배)

자료: 국토연구원, ( )는 전국토 대비

이 연구외에도 제3차 [국토종합개발계획 수정계획(안)], [장기토지수급전망에 관한 연구], [토지공급확대를 위한 관련제도 개편방안], [토지수급변경계획] 등에서도 이와 비슷한 연구를 수행해 왔습니다. 기존의 연구에서 나타난 토지소요 추계량은 2011년까지는 3,600~6,015㎢ 수준이었으며, 2028년까지는 5,024~9,575㎢로 추계방법과 목적에 따라 거의 2배 정도의 차이가 나타났습니다.

〈표 3-4〉 기존 연구에서 도시적 용지의 추정 결과

연구명	수행기관	기 간	목표년도	소요량(㎢)
장기수급 전망(1995)	국토개발연구원	1996-2011	2011	3,726
토지이용개선(1997)	토지이용개선작업단	1996-2028	2011	6,015
			2028	6,653
토지수급계획(1998)	건설교통부	1997-2001	2001	1,641

제3차 국토계획 수정안(1995)	국토개발연구원	1996-2011	2011	3,600 -4,000
제4차 국토계획(2003)	건설교통부 (국토연구원)	2000-2020	2020	3,848
		2000-2028	2028	5,024
새천년의 환경과 국토(2000)	임강원 · 박헌주	2000-2028	2028	9,575

자료: 국토개발연구원, 1995, [장기토지수급 전망에 관한 연구]; 토지이용개선작업단, 1997, [토지공급 확대를 위한 관련제도 개편방안]; 건설교통부, 1998, [토지수급변경계획]; 국토개발연구원, 1995, [제3차 국토종합개발계획 수정계획(안)].

출처: 김상종 · 임강원 외(2000) 자료를 수정, 보완.

수도권은 다른 지역에 비해 가용토지가 가장 부족하다고 알려진 지역입니다. 수도권에는 2004년 현재 전국인구의 48.3%가 몰려 있고 생산기능이나 각종 중추관리기능이 집적되어 있습니다. 때문에 수도권에서는 앞으로 개발해야 할 토지면적이 얼마나 되며 어디를 개발해야 할 것인가에 대해 많은 연구가 수행되었습니다.

안건혁(1999)은 2000년에 2010년까지 6,318만 평(20,850ha)의 토지를 개발해야 한다고 주장하였습니다. 매년 분당 규모의 신도시를 하나씩 개발해야 하는 규모입니다. 그 근거로 우리나라의 1인당 주택소비면적은 17.3㎡에 불과하기 때문에 일본의 29.4㎡나 영국의 30.4㎡, 독일의 47.5㎡에 비해 지나치게 낮다는 점을 들고 있습니다. 때문에 우리나라에서도 1인당 주택소비 면적을 8평 정도로 계산한다면 그 정도의 토지는 추가적으로 개발해야 한다고 주장합니다.

고철(2003)도 2003년부터 향후 5년간 약 4,800만 평의 택지가 소요될 것으로 추정하였습니다. 이 규모는 안건혁(1999)이 추정한 것보다는 작지만 일산신도시를 매년 1개씩 건설해야 하는 규모입니다. 전국적으로는 연간 50만 호의 주택을 건설해야 하고, 수도권에서는 연간 30만 호의 주택을 건설해야 한다는 것입니다.

〈표 3-5〉 수도권의 택지개발 및 주택건설 수요 추계

연구기관	기 간	택지 소요량 (천평)	주택호수	비 고
고철(2003)	2003-2007	48,000	750만 호	
안건혁(1999)	2001-2010	63,180		1인당 주택면적 기준
건설교통부(2003)	2003-2012	70,600	242만 호	주택종합계획 공공택지기준
경기도(2004)	2004-2020	179,880		수도권성장관리 기본구상
재정경제부 등(2005)	2006-2010	45,000	150만	부동산제도 개혁방안

정부가 2003년에 발표한 주택종합계획(2003-2012)에서도 10년간 수도권에서 공공택지로 7,060만 평을 개발해야 한다는 추정계획을 발표하였습니다. 판교신도시를 25개를 만들어야 하는 규모입니다. 이를 통해 2012년까지 전국에서는 500만 호, 수도권에서는 272만 호의 주택을 신규로 공급할 계획입니다. 이 규모는 2003년 기준 수도권 주택재고량 1,273만 호의 약 40%에 이르는 엄청난 양입니다.

이 목표는 제3차 수도권정비계획에서는 더욱 높게 설정되고 있습니다. 이 계획에서는 주택종합계획의 주택보급률 목표 115%를 적용하여 2003-2010년까지 연간 30만 호의 주택을 공급하고 이를 위해 공공택지는 연간 900만 평씩 공급하는 것을 목표로 설정하고 있습니다. 수도권의 인구집중 억제와 기능의 적정배치를 목적으로 수립된 수도권정비계획이 오히려 부문별계획인 주택종합계획보다 더 높은 개발목표를 설정한 셈입니다.

2005년 8월 31일에 발표된 부동산제도 개혁방안에서도 이러한 총량적 공급확대주의, 개발지상주의는 그대로 재현되었습니다. 이 대책에서도 수도권에서 필요한 주택의 규모를 연간 30만 호로 추정하고 있습니다. 이 목표를 달성하기 위해서는 연간 900만 평의 택지를 마련해야 하는데 확보된 택지는 600만 평에 불과하기 때문에 신규로 공공택지 공급을 확대하기 위해 다양한 수단을 강구하고 있습니다.

이에 따라 송파거여지구에 200만 평 규모의 신도시를 건설하고 현재 개발이 진행 중인 택지개발사업지구의 주변지역을 개발하며 개발계획이 확정된 기존 택지개발지구의 밀도를 높이는 계획이 포함되었습니다. 결국 주택의 총량적인 공급목표가 확정되면 그동안 환경친화적인 개발, 교통영향과 주변지역의 여건을 고려한 개발계획들은 모두 무시되고 택지 공급 확대와 주택공급량 확대에만 치중하게 됩니다. 따라서 주택공급 지상주의가 정책의 주된 목표로 설정되는 순간 지속가능한 개발은 불가능해지고 개발지상주의가 판을 치게 됩니다.

삽화: 한겨레신문에서 인용.

이 계획들은 모두 앞서 살펴본 바와 같이 향후 주택에 대한 수요추정에 근거하고 있습니다. 그러나 분명 미래의 택지와 주택의 수요에 대한 추정은 어떠한 방식을 이용하든 과다하게 추정될 여지가 큽니다. 새로운 도로건설이 자동차 이용수요를 확대시키듯이 과도한 주택공급은 수요를 창출해 내기도 합니다. 도로가 넓을수록 일시적으로 교통소통이 잘 될 수 있으나 더 많은 사람들이 도로로 차를 끌고 나오게 합니다. 마찬가지로 주택도 많이 지을수록 주거수준이 향상될 수 있으나 건설한 주택을 팔기 위해 새로운 수요를 창출하게 됩니다. 그러나 우리의 좁은 국토와 높은 인구밀도를 고려할 때 과도하게 넓은 도로가 낭비이듯이 너무 넓은 주택과 너무 많은 주택을 건설하는 것은 바람직하지 않습니다.

각종 정책이나 계획을 수립할 때 목표 자체를 너무 높게 설정하기 때문에 과도하게 개발을 유도하는 경우도 있습니다.

주택정책 담당자들이 신주를 모시듯이 중요하게 생각하는 주택보급률을 예로 들어 봅시다. 그동안 주택건설과 공급 확대는 역대 어느 정권에서나 주택정책의 가장 중요한 정책목표 중의 하나였습니다. 주택보급률은 가구수 대비 주택수를 비율로 표시한 수치입니다.

그런데 이 수치는 주택자체를 제대로 헤아리지 않기 때문에 주택스톡을 너무 적게 추정하는 문제가 있습니다. 다가구주택은 형태나 구조상으로는 다세대 주택과 유사합니다. 3층에서 4층 정도의 단독주택입니다. 그런데 다세대 주택은 각 세대별로 따로 등기가 되기 때문에 전체 세대가 살고 있는 주택이 하나씩 주택으로 인정되지만 다가구 주택은 단독주택으로 분류되기 때문에 전체 10가구가 거주하고 있어도 하나로 계산될 뿐입니다. 일반 단독주택도 마찬가지로 몇 가구가 별도의 출입구를 가지고 살고 있더라도 하나의 주택일 뿐입니다.

오피스텔도 주거용으로 지어진 경우가 많지만 주택으로 계산되지 않습니다. 이렇게 현행 주택보급률 계산방식은 완벽하게 독립된 주택으로서의 기능을 갖추고 있더라도 하나의 주택으로 계산하지 않는 데서 문제점이 있습니다.

만일 이러한 주거시설까지 모두 주택으로 간주하고 주택보급률을 계산하면 주택문제가 가장 심각한 서울시의 경우에도 주택보급률은 100%에 근접하게 됩니다(변창흠, 2005). 전국 주택보급률은 이런 계산을 할 필요도 없이 이미 100%를 넘어섰습니다. 그러니 정밀한 주택보급률 기준으로 계산하면 120%를 상회할 수 있습니다.

더구나 그동안 공영개발사업을 통해 엄청난 규모의 주택을 공급해 왔지만, 자가주택보유율은 향상되지 못했다는 점은 단순히 주택공급 확대만으로 주택문제가 해결되지 않는다는 점을 단적으로 보여주고 있습니다. 통계청의 조사에 따르면 1975년의 자가주택보유율은 63.5%였으나 2000년에는 54.2%로 오히려 낮아지게 되었습니다. 집은 많이 지었지만 집없는 사람에게 제대로 공급되지 못했기 때문입니다. 이러한 현상은 그동안 주택정책이 주택의 건설과 공급에만 치중한 나머지 주택을 누구에게 어떻게 배분할 것인지에 대해 충분히 고민하지 못했다는 것을 보여줍니다.

〈표 3-6〉 주택보급률과 자가거주율 추이

구 분	'75	'80	'85	'90	'95	'00
주태보급률(%)	74.4	71.2	69.8	72.4	86.0	96.2
자가보유율(%)	63.5	58.6	53.6	49.9	53.3	54.2

자료: 통계청, 인구및주택총조사보고서 각년도.

사정이 이러한데도 정부는 오히려 주택보급률 목표를 100%보다 더 높게 잡고 있습니다. 1990년대까지는 주택보급률 목표를 100%로 설정하더니 2000년대 들어서는 120%까지 목표를 잡고 있습니다. 선진국의 사례를 보면 주택보급률은 120%가 넘는다는 근거를 들고 있습니다.

그러나 선진국과 우리나라는 주택의 형태와 구조가 다릅니다. 선진국의 주택은 대부분 단독주택으로 되어 있고 다른 가구들과 주택을 공유하는 것이 거의 불가능합니다. 내 집이 아니면 임대주택일 뿐입니다. 한 집에 여러 가구가 함께 사는 것이 불가능하다는 것이지요.

만일 정부가 설정한 주택보급률 목표대로 주택이 건설된다면 실질 주택보급률은 150%에 이르게 될 것입니다. 3집 중 1집은 빈집이라는 말이 됩니다. 그만큼 과도하게 주택을 공급하는 셈이 됩니다.

〈표 3-7〉 국토종합계획과 주택종합계획의 주택보급률 목표의 차이

단위: %

	1997	2000	2002	2010	2012	2020	2028
제4차 국토종합계획	92		100			106	110
주택종합계획 (2003-2012)		96.2	100.6		116.7		
제3차 수도권정비계획 (2006-2020)				112		115	

사회간접자본 확충을 위한 토지개발에서도 과도한 추정의 문제가 있습니다. 사회간접자본 확충을 위해 토지개발이 필요하다고 주장하면서 일본과 미국, 영국 등의 사례와 비교하여 자동차 1대당 도로의 길이나 인구당 도로길이 등을 비교의 준거로 들고 있습니다.

그러나 전국토의 약 70%가 산지로 구성된 우리나라의 경우 가용토지가 제한되어 있기 때문에 평지의 비중이 높은 외국에 비해 도로의 양은 적을 수밖에 없습니다. 산지에서는 도로 건설단가가 과도하게 많이 소요될 뿐만 아니라 실제 주민

이 거의 거주하고 있지 않기 때문에 별도의 도로 건설이 불필요한 경우도 많기 때문입니다.

실제 지방국도의 경우 과다한 도로 건설로 활용률이 매우 낮아 효율성이 떨어지는 것으로 평가되고 있으나 지속적으로 도로투자가 확대되고 있습니다.

지방공단의 경우에도 비슷한 사례가 나타나고 있습니다. 현실적으로 엄청난 지방공단이 미분양되고 있지만, 기업도시나 산업단지 등을 통해 지속적으로 새로운 유형의 공단을 조성하고 있습니다. 전라남도의 경우 대불공단은 미분양으로 어려움을 겪고 있지만 바로 인근 지역에 산업교역형 무안기업도시가 추진 중에 있는 것이 그 예입니다.

결국 대규모 개발사업은 중앙정부의 국가균형발전 정책의 추진, 기존 개발관련 부처나 조직의 업무영역 확대, 지방자치의 개발사업을 통한 재정 확충 및 정치적 지지 확보, 건설관련 기업의 개발이익 추구 등이 맞물리면서 과도하게 추진되고 있습니다. 또한 토지개발에 대한 수요추정은 객관적인 연구로 포장된 채, 대규모 개발사업을 정당화시켜 주는 역할을 담당하고 있는 것입니다.

4. 어떻게 개발할 것인가?

지속가능한 발전을 고려한 개발

우리나라에서는 그동안 개발이 곧 성장이고 발전이라고 인식해 왔기 때문에 지나치게 많은 개발이 이루어져 왔음을 살펴 보았습니다. 그 결과 지나치게 많은 개발이 이루어져 국토공간이 훼손되고 지역간 불균형발전이 심화되고 있음도 확인하였습니다.

개발은 곧 파괴라는 부정적인 인식에 대응하여 나온 개념이 지속가능한 발전(sustainable development)입니다. 현재세대의 자원과 환경에 대한 개발은 미래세대의 후생과 복지를 위협하지 않도록 배려해야 한다는 것입니다. 이 개념은 1987년 환경과 개발에 관한 세계위원회(WCED, world commission on environmental and development)가 『우리의 공동미래』(Our Common Future, 일명 Bruntland 보고서)를 통해 처음 발표하고 1992년 브라질 리우에서 개최된 유엔환경개발회의가 정식으로 채택하면서부터 확산되기 시작하였습니다.

『우리의 공동미래』에서는 지속가능한 발전은 "미래세대의 필요를 충족시킬 수 있는 능력과 여건을 저해하지 않으면서 현세대의 필요를 충족시킬 수 있도록 하는 발전"으로 정의하고 있습니다. 지속가능한 발전은 현 세대의 필요를 위해 불가피하게 개발 혹은 발전을 하되, 미래 세대가 활용할 환경용량을 초과하지 않는 범위 내에서 수행되어야 한다는 것을 의미합니다.

지속가능한 발전이 무엇인가에 대해서는 전문가에 따라 다르게 정의할 수 있지만, 발전의 당사자인 현세대의 과도한 개발을 억제하고 그동안 충분히 고려하지 못했던 환경, 보전, 미래세대, 공익 등을 고려하는 발전을 이루어야 한다는 것이 기본적인 취지라 할 수 있습니다. 이런 측면에서 보면, 지속가능한 발전은 '환경과 경제, 보전과 개발, 현세대와 미래세대, 사익과 공익 등이 상호균형을 이루면서 상생하는 방식으로 이루어지는 발전을 의미한다'고 볼 수 있습니다.

그러나 이러한 개념은 관념적이고 선언적이기 때문에 현실에서 개발을 할 때 어떻게 적용할 것인가에 대해서는 많은 논란과 어려움이 있습니다. 구체적으로는 개발과 환경보전 중에서 무엇을 우선적으로 고려할 것인가? 개발하기 전에 반드시 환경보전을 고려해야 한다는 것인가 아니면 개발과 환경보전이 조화를 이루도록 개발하면 된다는 것인가? 지속가능한 발전이 미래 세대가 수용할 수 있도록 개발하는 것이라면 현 세대가 어느 정도의 발전이나 개발을 해야 한다는 것이며 미래세대의 동의는 어떻게 구할 수 있는가? 등에 대해 구체적인 기준이나 원칙을 제시해 주기가 어렵기 때문입니다.

그러나 많은 국가에서 개발을 하면서 지속가능한 발전을 고려하기 위해 기준도 작성하고 어느 정도 지속가능한 발전을 이루었는가를 평가하기 위한 평가지표를 개발하기도 합니다. 이러한 경험이 쌓이면서 과도한 개발이 어느 정도 억제되고 점차 지속가능한 발전을 이룩하게 될 것입니다.

일반적으로 지속가능한 발전은 크게 세 가지 측면으로 나누어 볼 수 있습니다. 첫째는 환경적 건전성입니다. 환경적 건전성 내지 지속성 측면에서 지속가능한 개발이란 지역의 환경이 버틸 수 있는 범위라 할 수 있는 지역의 환경용량, 지역수용능력(regional capacity)의 범위 내에서 개발이 이루어짐을 의미합니다. 환경의 본래의 질과 상태가 유지되고 생태계가 파괴되지 않는 범위 내에서 발전을 이루어야 한다는 것을 말합니다.

둘째는 경제적 효율성입니다. 경제적 효율성에 입각한 개발이란 인간의 욕구를 지속적으로 충족할 수 있는 성장을 하되, 자원과 비용을 최소화하는 개발이 되어야 한다는 것입니다. 이를 위해서는 과도한 개발을 통한 자원의 낭비를 줄이고 최대한 재생불가능한 자원을 절약하고 재활용하는 자원절약형 개발이 이루어져야 합니다.

셋째는 사회적 형평성입니다. 사회적 형평성에 입각한 개발이란 현세대 내 사회구성원 간의 공생이 가능하도록 지역간 계층간 격차를 해소하고 갈등을 최소화하는 개발을 의미합니다. 이른바 사회적 지속성이 보장되는 개발이 되어야 한다는 것을 말합니다.

지속가능한 발전의 세 가지 측면을 고려할 때 토지개발은 현시기의 토지이용 효율성 증대, 경쟁력 제고와 생산성 향상, 일자리 창출과 같은 경제적 효율성뿐만 아니라 지역균형발전이나, 빈부격차 해소, 양극화 방지 등과 같은 사회적 통합성을 고려하여야 합니다. 아울러 개발로 인한 환경파괴를 최소화하고, 선계획-후개발 원칙에 입각하여 개발함으로써 환경적 건전성을 동시에 고려하여야 합니다.

토지의 공익성을 고려한 개발의 3대 원칙

그동안 우리나라의 토지정책은 지가안정과 투기억제라는 목표에 매달려 있었기 때문에 토지정책을 어떠한 방향으로 설정할 것인가에 대해 깊이 있는 고민이 부족하였습니다. 토지도 일반 상품과 마찬가지로 수요·공급의 원리에 따라 해결하면 된다는 단선적인 주장도 이런 배경에서 나온 것입니다. 지가안정을 위해서는 토지공급을 늘려야 하고 토지공급을 늘리기 위해서는 토지에 대한 규제를 완화해야 한다는 것입니다.

정부는 한편으로는 규제를 완화하면서 다른 한편으로는 투기 억제를 목표로 설정하고 있기 때문에 토지정책이 혼란을 거듭하게 된 것은 당연합니다. 그 결과 토지소유가 편중되고 개발이익이 사유화되는 불균형 문제가 발생하게 되었습니다. 또한 투기적 개발과 투기적 매매에 따른 자본이익이 사유재산화됨으로써 부가 더욱 편중되고, 이는 근로의욕을 저하시키고 계층간 갈등을 격화시키는 요인으로 작용하게 되었습니다.

토지의 소유와 개발 과정에서 발생하는 자본이익(capital gain)을 사유화하기 때문에 투기적 목적의 매매와 과도한 개발이 발생하게 됩니다. 개발이 예정된 지역의 지가가 급등하여 경제적 비효율이 심화되고, 무계획적 개발을 야기하여 기반시설비용을 증가시키고 환경을 파괴하게 되었습니다.

또 다른 한편으로는 토지정책을 경기활성화를 위한 수단으로 활용하면서 토지이용에 대한 각종 규제를 완화하고 과도하게 각종 개발사업을 추진해 왔습니다. 이 때문에 국토공간을 계획적으로 관리함으로써 국토의 효율적이고 균형있는 발전을 도모하는 데는 한계가 있었습니다.

우리나라 토지 문제의 대부분은 수도권 지역과 신규 개발 예정지역을 중심으로 발생하고 있습니다. 결국 토지가 지닌 공익적 기능을 과소하게 평가하고 사익을 과도하게 보장하는 토지제도가 근본적인 원인이라 할 수 있습니다.

향후 토지가 지닌 공익성을 고려할 때 토지개발의 개선 방향은 다음의 3가지 원칙에 입각하여 설정되어야 합니다.

우선, 사유재산권 개념을 보완하여 토지의 공익적 기능을 강화하여야 합니다. 우리나라의 토지문제는 외국에 비해 과도하게 보장되는 토지소유권의 절대성에 기인하고 있습니다. 따라서 토지문제 해결을 위해서는 우선 토지의 공익적 기능을 강화할 수 있도록 사유재산권 개념을 보완할 필요가 있습니다.

토지소유권에 대해 규제하거나 조세를 부과하는 것은 자본주의적 경제질서에 위배된다는 인식이 있지만 실제 자본주의가 가장 잘 발달된 유럽이나 미국에서도 도시내 토지의 상당부분이 공유지입니다. 공유지는 녹지나 습지를 보전하거나 난개발을 방지하고 도시내 농지를 보전하는 기능을 담당하고 있습니다.

따라서 향후 토지정책의 방향은 토지의 공익적 기능을 강화할 수 있도록 사유재산권 개념을 보완하여 이용 중심의 투지이용이 이루어지도록 전환할 필요가 있습니다. 이를 위해서는 단기적으로는 소유권 보장을 전제로 하여 보유세 강화를 추진하되, 장기적으로는 계획적인 개발을 위해 용도지역제 강화와 소유권과 개발권의 분리를 전제로 한 개발권의 양도제와 선매제와 공유제의 도입을 검토할 필요가 있습니다.

또한 토지의 소유를 촉진하는 분양제도, 매입제도 등을 유도하기보다는 국공유지의 매입을 확대하고, 토지임대 제도의 확대를 통해 산업용지나 주택용지의 비용을 절감하고 토지의 자본이득을 둘러싼 갈등을 최소화할 수 있습니다.

이를 실행하기 위한 대안은 여러 가지가 있습니다. 토지에 대해 조세를 강화하는 것도 한 방법입니다. 토지보유에 대해 과표를 현실화하고 보유세율을 증가함으로써 불필요한 토지 소유에 대한 수요를 억제할 필요가 있습니다.

또한 토지취득이나 거래시에 발생하는 자본이익도 철저히 환수할 필요가 있습니다. 양도소득세는 그 중 가장 실효성 있는 수단입니다. 국공유지를 확대하여 공공이 토지를 많이 비축하는 것도 한 방법입니다. 비축된 토지를 활용하여 개발사업용지를 위해 민간부문에 임대함으로써 국가나 지역사회를 위해 필요한 시설을 유치할 수도 있습니다.

정부가 직접 토지를 보유하는 것이 과도하게 비용이 들기 때문에 토지소유권 중 개발권만 분리하는 것도 고려해 볼 만한 제도입니다.

여기에는 개발권 양도제도와 개발권 국공유화 제도, 개발권 선매제도 등이 있습니다. 개발권 양도제도는 특정지역에 있는 토지의 소유주에게 개발권을 행사하지 못하게 하는 대신 다른 지역에서 그 개발권을 행사하게 허용하는 제도입니다. 정부가 꼭 보전하고 싶은 토지가 있는 경우 그 지역에서 개발을 억제하는 대신 다른 지역에서 그만큼 개발을 허용하는 것입니다.

영국에서는 개발권 공유화 제도를 도입하고 있습니다. 국가가 토지소유권 중 개발권을 공유화하여 현재의 용도 외에 다른 용도로의 개발에 대해서는 정부의 허가를 받도록 하는 제도입니다. 이 경우 개발권을 공유화하기 위해서는 막대한 비용이 소요되고 소유권자의 반발이 우려됩니다.

반면 개발권 선매제도는 정부가 개발권을 토지소유자로부터 미리 매입하는 제도입니다. 미국에서 우량농지 보전을 위한 목적으로 실시되고 있는 제도인데 기존의 지역지구제나 농지보전에 대한 조세감면혜택보다 훨씬 효과적이었음이 증명되고 있습니다.

정부가 토지소유권이나 개발권을 소유하지 않으면서도 토지를 공익적으로 활용하게 하는 제도는 많이 있습니다. 토지의 이용권을 제약하는 것입니다. 용도지역제를 강화하거나 용도별로 밀도를 제한하는 것입니다. 용도지역제에서 허용하는 밀도를 제한하고 그 이상의 개발을 위해서는 별도의 허가를 받거나 부담금을 내게 하는 제도입니다. 한때 프랑스에서 시행하였던 법정밀도 상한제가 그 예입니다.

둘째, 선계획 후개발 시스템을 구축하여 투기적 개발을 방지해야 합니다. 우리나라의 토지이용규제 제도는 용도지역제를 근간으로 하는 건축자유주의에 입각해 있기 때문에 무질서한 개발이 발생하기 쉽습니다. 이러한 여건 속에서 개인재산권의 보호와 기업여건 개선을 명분으로 토지이용 규제완화가 이루어지고 있어서 토지의 난개발이 확대되고 있습니다.

따라서 향후 토지이용에 대한 규제는 용도지역제를 근간으로 하되, 입지나 개발의 성격에 따라 개발허가제를 광범위하게 도입하는 방향으로 전개될 필요가 있습니다. 이를 위해서는 정밀한 검토를 거쳐 개발될 토지와 보전될 토지를 분리하고, 보전될 토지는 철저하게 보전하는 반면, 개발될 토지는 계획에 따라 개발하는 선계획-후개발 시스템을 정착시킬 필요가 있습니다.

우리나라는 용도지역제를 채택하면서 부분적으로 개발행위허가제와 지구단위계획제도 등을 통해 보완하고 있습니다. 개발행위허가제의 경우 현재 토지거래허가지역에 한정되어 실시되고 있습니다.

이 제도는 미리 허가의 기준이 되는 계획이 상세히 수립되어 있거나 심의기구가 자율성과 객관성, 투명성을 갖추고 있어야 합니다. 지구단위계획제도는 독일의 상세계획과 유사한 제도입니다. 지구단위계획이 실효성을 지니기 위해서는 각 용도별 기준 용적률이 낮게 설정되어야 합니다. 계획이 규제의 성격 외에 인센티브의 성격도 아울러 가져야 하기 때문입니다. 그러나 현재의 지구단위계획은 오히려 용적률을 향상시켜 개발을 촉진하는 도구로 활용되는 경우가 많습니다.

또한 지구단위계획이나 상세계획은 지역별로 미리 정해진 개발총량의 범위 내에서 개발이 이루어질 수 있도록 유도하는 계획이 되어야 합니다. 일정 거리 이내에 미분양 토지개발 사례가 있는 경우, 비록 개발 목적이 다르다고 하더라도 주변의 추가 개발을 억제할 수 있어야 합니다. 전국적으로 엄청난 공단지구가 지정 개발되어 분양율이 20-30%수준에 머물고 있는 경우도 많지만, 인근 지역에서 대규모 기업도시가 추진되는 경우도 있기 때문입니다.

계획과정에 지방자치단체, 주민, 시민단체 등 다양한 주체가 참여할 수 있는 제도를 마련하는 것도 매우 중요합니다. 지금까지 특별법은 상위계획과 무관하게 대규모 개발을 허용해 왔고 개발이익 환수제도가 충분하지 않았기 때문에 개발계획은 비밀리에 수립되어 주민의 참여가 제한되어 있었습니다.

아울러 성장과 확대를 추구하는 기초자치단체의 과도한 규제완화와 개발을 억제할 수 있도록 성장관리체제를 구축하고, 상위계획과 상위정부의 개입을 통해 개발과 성장을 조절하는 제도가 도입될 필요가 있습니다.

셋째, 개발이익을 철저히 환수하여 투기적 거래와 개발이익을 위한 과도한 개발을 억제해야 합니다. 토지의 보유 및 개발과정에서 발생하는 개발이익의 사유화는 경제적인 측면에서 효율성과 형평성에 부정적인 영향을 미칠 뿐만 아니라, 개발이익의 배분을 둘러싸고 정치적인 문제, 부의 편중으로 인한 상대적 박탈감과 계층간 갈등 문제, 근로의식 및 기업의식의 황폐화 등을 유발하고 있습니다.

그러나 그동안 개발이익환수제도는 1980년대 말 토지공개념 제도 도입 이후 점차 유명무실해져 왔으며, 공공개발사업에서도 개발이익을 활용하는 방식이 선호되어 왔습니다. 따라서 불로소득의 사회적 공유라는 원칙에 입각하여 사회경제적 변화로 인한 지가상승분과 같은 광의의 개발이익을 환수하는 장치를 재도입할 필요가 있습니다.

공영개발제도의 개선 방안

앞서 살펴 본 개발의 원칙을 고려하면 공영택지개발제도도 다양한 방식으로 추진될 필요가 있습니다. 공영택지개발사업은 공권력을 통해 원주민으로부터 토지를 강제로 취득하여 공공주택을 건설할 수 있도록 저렴하고 효율적으로 택지를 공급하는 것이 주된 목적입니다.

그러나 최근에는 공영택지개발로 공급하는 택지가 공급가격을 지나치게 높게 책정하는 바람에 오히려 주변의 주택가격을 높이고 있다는 비판이 제기되고 있습니다. 이 때문에 택지개발방식을 새롭게 바꾸자는 주장이 나오고 있습니다.

현재 새로운 공영택지개발방식으로 제기된 방법은 크게 다음의 다섯 가지로 정리될 수 있습니다.

첫째, 공공부문이 택지를 개발하고 주택까지 건설한 후에 직접 분양하는 방식입니다. 기존의 공영개발방식에서는 공공부문이 일부 택지에서만 주택을 건설했었지만, 이 방식에서는 전체 택지에서 공공부문이 직접 주택을 건설하여 분양하자는 것입니다.

민간건설업체는 주택만 건축하는 시공사의 역할만 담당하게 됩니다. 이렇게 되면 민간건설업체가 택지를 저렴하게 분양받아 비싼 값으로 주택을 분양하면서 막대한 차익을 얻던 것을 방지할 수 있게 됩니다. 그만큼 주택공급가격은 낮아지게 됩니다.

그렇지만 공공부문이 주택까지 건설하기 위해서는 엄청난 재원이 소요되고 그에 따라 공공부문의 역할이 지나치게 비대해지게 됩니다. 반면, 민간건설업체가 창의적으로 주택을 설계하고 건설할 여지는 그만큼 줄어들게 됩니다.

8 · 31 부동산제도 개혁방안에서는 턴키 방식으로 발주하는 방안을 제시하고 있습니다. 그렇게 되면 민간기업이 설계와 시공을 하기 때문에 민간기업이 창의력을 발휘할 여지도 그만큼 커지게 됩니다.

둘째, 공공부문이 토지소유권은 보유하고 주택만 분양하는 방식입니다. 토지는 인간이 창소하는 것이 아니라 천부적인 것이기 때문에 분양하지 않고 공공이 보유하는 반면, 주택은 사회적 부가가치의 산물로 인식하기 때문에 민간부문에게 분양해야 한다는 주장입니다.

이 방식은 헨리 조지의 주장을 계승하고 있는 토지정의시민연대 등에서 주장하는 개발방식입니다. 토지를 공공부문이 영구적으로 소유하기 때문에 토지에서 발생하는 개발이익을 원천적으로 환수할 수 있습니다. 또한 택지비용으로 토지의 임대가격만 지불하면 되기 때문에 주택건설비용이 줄어들고 그만큼 집값 안정에 기여할 수 있게 됩니다.

그러나 공공부문이 토지를 직접 개발하는 데다 이 토지를 매각하지 않고 보유하기 위해서는 개발사업 초기에 막대한 자금이 소요됩니다. 또한 주택을 분양하더라도 토지는 국가가 소유하기 때문에 분양가격이 그만큼 낮아지게 되어 사업성이 부족하여 정부의 재정부담이 그만큼 커지게 됩니다.

셋째, 공공부문이 토지를 개발하고 주택을 건축하여 직접 보유하고 민간에게는 임대만 하는 방식입니다. 공공부문은 개발업무뿐만 아니라 임대주택을 관리하는 역할까지 담당하게 됩니다.

이 방식은 경실련이 판교신도시에서 시범적으로 적용하자고 주장하는 것으로 토지개발이나 주택공급에서 공공부문의 역할이 가장 확대된 방식이라 할 수 있습니다.

이 방식은 공공부문이 직접 개발을 담당하고 소유권을 보유하기 때문에 토지개발과 주택의 건설과 보유에 따른 개발이익을 공공부문이 전부 환수할 수 있는 장점이 있습니다. 무주택자에게 그만큼 저렴한 비용으로 안정적인 주거서비스를 제공할 수 있는 것도 큰 장점입니다.

그러나 이 방식은 앞서 살펴본 두 가지 방식보다 공공부문에게 더 많은 재정부담을 안겨줍니다. 또한 우리나라의 임대주택시장은 월세가 아닌 전세방식으로 운영되고 있기 때문에 매매가의 절반에도 못미치는 전세금으로는 공공부문이 적정한 수익성을 확보하기도 어렵습니다.

넷째, 공공부문이 택지를 개발하고 주택을 건설하여 분양하되, 선매권(환매권)을 보유하는 방식입니다. 이 방식은 공공기관이 토지를 개발하고 주택을 건설한 후 민간에게 분양하는 점에서는 공영개발방식과 동일합니다만, 공공기관이 환매권을 갖는다는 점에서는 차이점이 있습니다.

최초 분양할 때 분양가격을 조성원가 수준으로 낮게 책정하는 대신 주택을 분양받은 사람은 반드시 공공부문에게만 매각해야 합니다. 공공부문이 매입하는 가격은 분양할 때 미리 정한 가격이나 최초분양가에 정상이자율만을 가산한 가격으로 결정함으로써 주택보유 과정에서 자본이익을 가지지 못하게 합니다.

싱가포르 주택청(HDB)에서도 이와 유사한 분양방식을 사용하고 있습니다. 싱가포르의 각 가구는 주택청이 분양한 주택을 평생 2회만 구입할 수 있는데 최초 분양받은 주택은 5년 의무거주기간이 끝나면 시장에 자유롭게 매각할 수 있지만, 의무거주기간 이내에 매각하는 경우에는 주택청에서 미리 정한 가격으로 주택청에 환매하도록 의무화하고 있습니다. 그러나 두 번째 분양받은 주택인 경우에는 5년 이상 거주한 이후에 매각하더라도 주택청이 미리 정한 가격으로 주택청에 환매하도록 의무화하고 있습니다.

이 방식은 무주택자가 전세금액 수준의 저렴한 비용으로 내 집을 마련할 수 있는 기회를 제공할 수 있으며, 주택구입자는 전세에 비해 주거의 안정권이 보장됩니다. 이 제도가 정착되면 주택을 자본이득을 위한 투자수단이 아니라 주거서비스를 위한 재화로 인식하는 계기가 될 수 있습니다.

그러나 이 제도는 아직 한번도 시행하지 않았기 때문에 해결해야 할 과제가 많습니다. 주택분양 가격 수준을 어떻게 결정할 것인지, 공공사업시행자가 지나치게 재정적인 부담을 지지 않을 것인지, 환매권의 법적인 성격이 무엇인지가 아직 분명하지 않기 때문입니다.

다만, 정부가 [8 · 31 부동산제도 개혁방안]에서 분양권에 대해서는 의무보유기간 이전에 매각하는 경우에는 공공기관에 환매하도록 의무화하는 내용을 담고 있습니다. 이러한 방식을 분양주택에도 적용할 수가 있는 것입니다.

다섯째, 재무적 투자자들이 임대주택사업에 투자하는 공영개발 방식입니다. 이 방식은 공공부문이 토지를 개발한 후에 재무적 투자자들이 투자한 **임대주택회사**(SPC, Special Purpose Company)에 조성원가 수준으로 분양하고, 이 회사가 임대주택을 건설하여 10년 이상 임대주택으로 운영한 후에 분양할 수 있도록 하는 방식입니다.

임대주택회사에 투자할 수 있는 재무적 투자자로는 국민연금관리공단, 교직원공제회, 군인공제회, 공무원 및 사립학교연금관리공단과 같은 각종 연기금과 보험회사, 증권회사, 금융기관 등이 있습니다.

시중의 풍부한 유동자금을 부동산시장으로 끌어들이는 경우 연기금에게 적정 수익을 보장해 줄 수 있을 뿐만 아니라 공공부문의 자금부담을 경감시킬 수 있는 장점이 있습니다. 결국 임대주택을 분양했을 때 생기는 자본이익을 최초 분양자나 민간건설업체에게 돌아가게 하는 것이 아니라 국민대다수가 가입하고 있는 연기금에게 돌아갈 수 있게 하는 것입니다.

정부도 [8·31 부동산제도 개혁방안]에서 연기금이 임대주택사업에 참여할 수 있도록 길을 터놓아 이 제도가 시행될 가능성이 높아지게 되었습니다.

앞서 살펴본 새로운 택지개발과 주택공급 방식은 지금까지 방식과는 달리 택지의 개발과 보유로 인해 과도하게 발생하는 자본이익을 공공부문이나 서민에게 돌아가도록 하는 제도입니다. 그러나 이러한 장점에도 불구하고 이 제도가 시행되기 위해서는 공공부문이 과도한 재정부담을 지게 되거나 과도하게 역할이 확장되지 않는 방식을 선택하여야 합니다.

또한 민간건설부문이 지나치게 위축되는 개발방식도 피해야 합니다. 그러나 새로운 택지개발과 주택공급 방식은 분명히 주택을 보유해서 지나치게 많은 자본이익을 남기지 않고 안정적으로 주거서비스를 향유할 수 있는 방식이 되어야 합니다.

제 4 편

농지문제, 어떻게 이해할 것인가?

김 홍 상

1. 농지의 소유자격 제한에 대한 이해
2. 농지의 가격과 시장 안정에 대한 이해
3. 농지의 보전에 대한 이해
4. 농지의 계획적 관리와 개발에 대한 이해

1. 농지의 소유자격 제한에 대한 이해

경자유전원칙에 대한 이해

우리는 최근 고위공직자의 자격 검증 과정에서 "비농민의 신분으로 농지를 불법적으로 취득한 사람이 고위공직자로 임용되어서는 곤란하다"는 논란을 자주 경험하고 있습니다. 왜 일반 토지와 달리 농지에 대해서만 영농 목적의 농지소유, '농민만이 농지를 소유할 수 있다'는 경자유전원칙(耕者有田原則)을 준수하고 있을까요?

우리나라에서는 농지에 대한 경자유전원칙이 헌법에까지 명문화되어 있을 정도로 강조되고 있습니다. 우리나라 헌법 제121조 제1항에 "국가는 농지에 관하여 경자유전의 원칙이 달성될 수 있도록 노력하여야 하며, 농지의 소작제도는 금지된다"고 규정하고 있습니다. 그리고 헌법 제122조에서는 "국가는 국민 모두의 생산 및 생활의 기반이 되는 국토의 효율적이고 균형있는 이용·개발과 보전을 위하여 법률이 정하는 바에 의하여 그에 관한 필요한 제한과 의무를 과할 수 있다"고 규정하고 있습니다.

여하튼 헌법에서는 농지의 소유, 이용, 보전 형태의 바람직한 방향과 이를 위해 필요한 제한과 의무를 제시하고 있으며, 이러한 헌법 정신은 농지 관련 다른 법률에도 반영되어 있습니다. 농지의 소유와 이용 등에 대한 기본적인 내용을 담고 있는 농지법에서는 "농지는 자기의 농업경영에 이용하거나 이용할 자가 아니면 이를 소유하지 못한다"(제6조)고 농지소유자격 제한을 구체화하고 있습니다.

농민만이 농지를 소유할 수 있다는 경자유전원칙이 헌법에 명시적으로 규정된 것은 1987년 개정헌법에서 처음입니다. 하지만 1948년 제헌헙법과 1949년 농지개혁법에서 경자유전원칙이 명시적으로 규정되어 있지는 않으나, 그 정신은 반영되어 있었습니다. 제헌헌법에서는 "농지는 농민에게 분배해야 한다"는 내용으로 경자유전원칙을 우회적으로 표현하고 있으며, 이것이 농지개혁법의 제정근거가 되었던 것입니다. 농지개혁법에서는 '농가 아닌 자의 농지'와 '자경(自耕)하지 않는 자의 농지'를 국가에서 매수하여 농가에게 분배하도록 하였습니다. 요컨대 우리나라에서는 정부 수립 이후 줄곧 농지의 소유자격을 농민으로 제한하여 왔습니다.

다른 한편 시장주의자들은 농지거래자유화를 주장하고 있습니다. 자본주의 사회에서는 농지도 거래가 자유화되어 누구나 소유할 수 있도록 하고, 농민들의 자산가치도 유지되어야 한다는 것입니다. 일면 이러한 주장이 합리적인 것처럼 들릴 수도 있습니다.

시장주의자들은 농지개혁 당시의 우리나라 농지소유관계가 지금의 상황과 크게 달랐으며, 경자유전원칙이 농민을 위해서라기보다 농업의 유지수단으로 이용되고 있으며, 농업이 있어야 생업이 유지되는 농업 관련 화이트칼라 종사자 10만명의 이익을 대변하기 위해 지켜지고 있다는 주장도 합니다.

사실 대부분의 농업인들은 자신의 농지가 농업진흥지역에서 제외되기를 원하고 있으며, 농지거래가 자유화되어 농지가격이 상승하기를 원하고 있는 것이 현실입니다. 최근 한국농촌경제연구원의 농업인에 대한 조사에 의하면, 70% 이상의 농업인이 비농민도 농지를 소유할 수 있도록 해야 한다는 의견을 보였습니다.

이처럼 현실적인 여건이 크게 달라졌는데도 불구하고 왜 농업인만이 농지를 소유해야 한다는 경자유전원칙이 여전히 헌법에 명시되어 있으며, 많은 농업 및 농지 관련 전문가나 정책당국자들이 이러한 헌법정신을 지켜나가야 한다고 주장하고 있는 것일까요? 시장주의자들의 주장처럼 이들은 정말 자신의 직업을 유지하기 위하여 현실을 무시한 억지주장을 하는 것일까요?

영국, 프랑스 등 대부분의 선진국에서는 근대자본주의사회의 형성과정에서 농지의 농민 분할(분배)을 통해 분할지 소유 농민(자작농)이 창출되고, 이들이 근대 자본주의사회의 주요 구성원(국민)이 되었습니다. 따라서 자작농 체제를 창출한 농지개혁에 대해서 중세 봉건사회의 구체제(봉건 권력)를 무너뜨리기 위한 수단으로 이해하는 경우가 많습니다. 하지만, 농지개혁이 보다 근본적인 목적은 안정적 사회경제 발전과 식량문제의 해결을 위한 제도적 기반 마련에 있습니다

즉 당시의 자작농주의, 경자유전원칙은 단순한 정치적 구호를 넘어서서 건전한 사회발전을 위한 제도적 기본원칙에 해당됩니다. 또한 농지는 국민의 먹거리와 공업생산의 원료

를 생산하는 중요한 생산수단으로서 그 양이 제한되어 있으므로 인구증가에 따라 끊임없이 그 생산성이 높아져야 합니다. 하지만 농지의 생산성을 제고시키기 위한 노력 없이 농지를 약탈적으로 이용하면 지력이 쇠잔되어 식량 등의 공급이 제한되는 한편 인구는 기하급수적으로 늘어나 식량 부족 문제와 같은 심각한 사회문제를 야기시킵니다.

이처럼 심각한 사회문제를 야기시키는 농지의 약탈적 이용은 농업인이 자기 소유 땅이 아닌 빌린 농지(임차농지)에서 농사를 짓는 경우 발생될 가능성이 높습니다. 왜 이런 현상이 나타날까요?

이론적으로 보면, 사유재산제가 정착된 자본주의사회에서 농업경영인(자본가)이 지주(토지소유자)로부터 농지를 빌려 임차경영을 하는 경우 농업경영인이 자기 스스로 노력하여 지력을 증진시켜(농지의 비옥도를 높여) 농지생산성을 높인 결과는 임차계약기간이 끝나면 지주의 몫으로 가게 됩니다. 농업경영인은 자신이 지력 증진을 위해 노력했음에도 불구하고 오히려 임차료를 높여주어야 계속 임차 경영이 가능해지게 됩니다. 이로써 농업경영인은 지력을 증진시키는 농지 개량 투자 및 지속가능한 영농을 하지 않고 약탈적 농업을 하게 되며, 결국 농업 생산력이 저하되고 농지 및 농업의 다원적 기능이 제대로 발휘되지 못하는 문제가 발생합니다.

대부분의 독자들이 도시생활을 하고 있는 경우를 고려하여 이러한 현상을 전셋집과 자기소유집 간의 유지관리의 차이를 예로 들어 설명해 보겠습니다.

현재 전세금이 1억 원인 전셋집에 사는 사람이 스스로 많은 돈을 들여 전셋집을 과거보다 살기 좋게 고쳤다고 합시다. 멋있게 수리된 집을 보고, 다른 전세 수요자들이 그런 정도의 양호한 상태의 집이라면 전세금으로 1억 4천만 원을 주고서라도 살고 싶다고 하게 됩니다.

따라서 전세 계약기간이 지날 무렵 다른 전세 수요자가 전셋집 소유자에게 1억 4천만 원의 전세금 제공 의사를 밝히게 될 것입니다. 이 경우 자기 스스로 많은 돈을 들여 집을 잘 수리하여 살고 있는 기존의 전세입주자는 전세금을 높여 주거나 전세금을 올려 주는 것이 불가능하면 다른 집으로 이사를 해야 합니다.

물론 기본 상식으로 보아 전셋집 소유자가 자기 소유의 전세집을 훌륭히 수리하여 자산가치를 높여 준 기존의 전세입주자를 아무런 보상 없이 내쫓을 수는 없을 것이지만, 법적으로 계약기간 만료 이후 전세 입주자의 변경은 자유롭게 결정할 수 있습니다.

여하튼 전셋집을 훌륭하게 개·보수하여 잘 관리한 기존의 전세 입주자는 계약기간 동안 스스로 시행한 전셋집의 수리를 후회하게 될 것입니다. 게다가 집 소유주도 자신이 살지 않기 때문에 집을 적극적으로 보수·관리하지 않을 것입니다. 이런 상황이 반복되면 전셋집은 자기소유집의 경우와 달리 제대로 관리되지 않게 됩니다. 실제 임대주택이 집 소유주가 직접 살고 있는 집에 비해 일찍 노후화되는 게 일반적인 현상입니다.

농지는 주택과는 달리 재생산이 힘든, 공급이 제한된 자연

자원입니다. 농지의 효율적 관리는 인류의 생존 문제와 직결됩니다.

따라서 독일, 프랑스, 일본 등 대부분의 나라에서 농지의 효율적 이용과 사회의 건전한 발전이라는 장기적 비전하에 오래 전부터 농지의 소유자격을 생산자 농업인으로 한정하게 되었으며, 이를 제도화하였던 것입니다. 즉 경자유전원칙은 단순히 토지소유구조의 형평성을 확보하기 위한 정치적인 구호를 넘어서서 인류 사회가 안정적으로 발전하기 위한 합리적인 제도로 마련된 것입니다.

한편 최근 전 지구적 차원에서 제기되고 있는 환경오염 문제, 특히 농업생산에서의 화학비료, 농약 등의 과다사용에 따른 토양오염, 수질오염 등의 문제를 해결하고, 지속가능한 농업을 영위하기 위해서 친환경농업이 강조·확대되고 있습니다.

사실 임차농이나 자작농 모두에게서 화학 비료, 농약 등의 과다 사용 문제가 제기되고 있는 실정이지만, 친환경농업과 같은 지속가능한 농업생산기반이 구축되기 위해서는 기본적으로 자작농 체제의 유지가 중요합니다. 투기 목적으로 농지를 소유하여 직접 영농하지 않고 소유 농지를 임대하는 비농민의 경우 농지의 친환경적 이용과 보전 등에 대한 관심이 적을 수밖에 없습니다.

따라서 비농민 소유 농지가 많은 농촌지역에서는 친환경농업체계 구축이 힘들 것입니다. 왜냐하면 친환경농업체계는 생산자간 합의를 바탕으로 지역단위에서 공동으로 노력해야 구축 가능하기 때문입니다. 요컨대 최근 전 지구촌 차원에서 강조되는 지속가능한 농업, 자연순환형 농업의 안정적 발전을 위해서도 경자유전원칙의 준수가 중요한 의미를 지니게 됩니다.

독일, 프랑스 등 일부 선진국에서는 우리나라나 일본의 경우처럼 별도의 '농지법'이 제정되어 있지도 않고, 농지 관련법에 농민만이 농지를 소유한다는 경자유전원칙을 명시적으로 규정하고 있지는 않습니다. 그러나 이러한 사실에 대하여 이들 선진국이 경자유전원칙을 포기한 것으로 이해해서는 곤란합니다. 농지거래가 매우 자유로운 것으로 알려진 독일의 경우도 농지 소재지에 가까이 살면서 직접 영농에 참여하는 농업인이 우선적으로 농지를 소유하여 이용하도록 하는 것이 가장 합리적인 농지의 소유 및 이용 방식이라는 정신, 즉 '경향적 경자유전원칙의 관철'이라는 기본 이념을 준수하고 있습니다. 그리고 성문법에서의 명시적 규정보다 기초자치단체(게마인데)나 지역사회에서 아무나 농지를 구입하지 못하도록 하고 농지의 이용에 대해서는 지역주민의 동의를 구하게 하는 등 우리나라보다 훨씬 강한 소유 및 이용 규제 수단을 가지고 있습니다.

농지의 국가관리와 자본주의 체제의 부합성

위의 논의에서처럼 경자유전원칙이 단순한 정치적 구호를 넘어서서 안정적 사회 발전을 위한 기본적 제도로 이해되어야 하는데도, 다른 한편 자작농체제에 대한 비판, 경자유전에 대한 비판적 논의가 발생하는 이유는 무엇일까요?

이와 관련하여 농업인이 농지를 매입하여 농사를 짓는 자작농체제가 과연 자본주의 사회에 적합한 것인가 하는 의문이 생깁니다.

이론적으로 보면, 농지매입에 따른 비용 부담이 생산자인 농민에게는 생산비용으로 이해되는 데 반해 농산물가격 형성에는 반영되지 않기 때문에, 농지를 매입하여 농사를 지을 경우 농업인의 입장에서는 생산자로서 경영상의 어려움을 겪게 되는 문제가 발생합니다.

예컨대 농지가격이 평당 3만 원인 서남해안 간척지에서 생산되는 쌀의 가격이나 평당 30만 원인 수도권의 농지에서 생산되는 쌀의 가격은 농산물의 질적 차이가 없는 한 다르지 않습니다. 오히려 미질인 좋은 간척지 쌀값이 도시근교에서 생산되는 쌀값보다 높은 경우가 많습니다.

이는 생산자(농산물 공급자)가 다수인 경쟁적인 쌀 시장에서 농지 매입 비용이 생산물인 쌀의 가격에 반영되지 않기 때문입니다. 따라서 도시근교의 농지를 매입하여 농사를 짓고 있는 농가는 매입농지의 이자도 갚지 못하는 상황에 처해집니다. 농지매입자금은 현실적으로 농업생산자의 경영자금을 잠식하여 농업의 건전한 발전을 어렵게 할 수 있습니다.

즉 농업인만이 농지를 소유할 수 있다는 경자유전원칙은 사회의 안정적 발전, 지력 증진을 통한 농업생산력의 발전이라는 사회경제적 관점에서의 필요한 제도적 기본 방침에 해당되는 것입니다만, 농업인이 이를 원하지 않으면 지켜질 수 없을 것입니다.

이와 같은 관점에서 보면, 경자유전원칙이 자본주의 사회에서 가장 적합한 것이 아닐 수도 있습니다. 앞서 지적하였듯이 이론적으로 보면, 농지매입자금으로 투입된 비용은 농업인의 입장에서는 비용으로 인식되지만, 농지이용을 통해 생산한 농산물 가격의 구성요소에는 포함되지 않아 생산자 농업인의 입장에서 농지의 사적 소유는 불합리한 측면이 있기 때문입니다.

농지를 매입하여 영농을 할 경우 농지가격이 싼 서남해안 간척지의 농업인은 이익을 남길 수 있지만, 농지가격 수준이 높은 서울 인근의 농업인은 농지매입가격 이자 부담으로 영농을 계속할 수 없게 됩니다. 도시근교에서 농업인도 자산투자 차원의 농지매입을 할 수는 있지만, 순수 농업경영을 위해서는 농지매입을 통한 자작지 경영을 하지 않을 것입니다.

농지가격이 농업수익성에 비해 높을 경우 순수 농업 경영의 관점에서 보면, 자작경영보다 임차경영이 더 유리할 것입니다. 농지 임차자는 ① 임차농지에서의 토지순수익이 임차료의 2-3배에 달하여 임차경작의 경제성이 충분하고, ② 지가 대비 임차료 비율이 이자율보다 낮기 때문에 농지를 구입하여 농사짓는 것보다 임차하여 경작하는 것이 훨씬 유리할 것입니다(<표 4-1> 참조). 물론 농지가격 수준이 높은 도시근교에서만이 아니라 농지가격 수준이 상대적으로 낮은 순수 농촌지역의 경우에도 농지매입으로 인한 부담은 경영상의 어려움을 가중시키게 됩니다.

〈표 4-1〉 논의 가격과 임차료 및 금리 추이(1980-2000)

단위: 원/평, %

	논 가격(A)	논 임차료(B)	B/A(%)	예금금리	대출금리
2000	36,458	810	2.2	7.08	9.88
1999	36,103	762	2.1	7.05	10.85
1998	33,564	715	2.1	13.39	15.21
1997	21,978	660	3.0	10.59	12.30
1996	19,998	633	3.2	9.00	12.26
1995	19,028	568	3.0	10.00	12.50
1990	18,312	640	3.5	10.00	12.50
1985	7,822	382	4.9	10.00	11.50
1980	3,987	175	4.4	19.50	20.00

주: 1) 농지가격은 농협조사부 조사 중급 논 가격.
2) 임차료는 쌀 생산비 중 토지용역비.
3) 예금금리는 정기예금 금리, 대출금리는 1996-2000년 가계대출금리, 1995년 이전은 가계대출금리보다 싼 기업대출금리임.

자료: 농림부 농업정책국, 업무자료, 2000. 10, 295쪽과 통계청 금리자료.

마르크스(K. Marx)는 이러한 농지가격이 지니는 불합리성을 토지가격의 불합리성, 토지의 사적 소유의 불합리성으로 이해하고, 사회의 건전한 발전을 위해서 사적 소유의 철폐, 국가적 소유 및 인민적 소유를 주장하였습니다.

존 스튜어트 밀(J. S. Mill)은 사회주의적 체제 전환보다 자본주의적 체제의 우위를 강조하면서도, 자본주의의 건전한 발전을 위해서는 이러한 마르크스적 관점을 수용하여 토지의 공적 소유, 국가 소유의 필요성이 있다는 주장을 하였습니다. 철저한 자본주의 신봉자인 존 스튜어트 밀은 토지국유화 주장으로 인해 간혹 사회주의자로 오해받는 경우가 있는데, 이는 이러한 농지소유 및 이용 제도의 특수성을 이해하지 못한 오해에서 비롯된 것입니다.

최근 우리나라에서 토지 공개념의 도입, 토지의 국가 소유 확대 필요성 논의 등이 제기되고 있는데, 이는 이러한 토지의 사적 소유, 토지가격의 불합리성 논의와 관련이 있습니다. 자본주의가 가장 먼저 발달한 영국에서는 부동산 임차기간을 99년으로 하는 관행이 생겼다고 합니다. 영국이 중국으로부터 홍콩을 99년간 빌려 사용하다가 최근 중국으로 돌려준 것은 좋은 예입니다.

여하튼 실질적 사적 소유의 제한이라 할 수 있는 99년 계약 관행은 농지의 임차기간을 장기간으로 하여 농업경영자가 실질적으로 농지를 소유한 것처럼 이용할 수 있고, 지력 증진을 위해 토지개량투자도 적극적으로 할 수 있는 여건을 제도적으로 만든 결과물이라 할 수 있습니다. 즉 자본주의사회에서 사적 토지소유(농지소유)를 기본 전제로 하면서도 사적 소유의 불합리성을 극복하는 대안으로서 장기임대차 관행을 만들어낸 것입니다.

자본주의사회에서 국가의 토지(농지) 보유는 가능하고 필요합니다. 자본주의가 제대로 발전한 곳에서는 토지의 공개념이 바로 자본주의의 발전을 위한, 자본가의 안정적 토지이용을 가능하게 하는 대안으로 이해됩니다. 이론적으로 보아 자본주의 사회에서 토지공개념을 "자본(생산자 또는 기업)으로 하여금 토지를 공짜로 이용하게 하는 개념"이라고 희화화하여 이해하는 주장은 완전히 틀린 것은 아닙니다.

또한 토지의 국가 소유 확대 필요성에 대한 주장은 사회주의적, 공산주의적 발상이 아닙니다. 자본주의가 잘 발달되었으며, 결코 사회주의 국가라고 할 수 없는 호주, 독일 등에서는 도시토지의 대부분이 국·공유지라고 합니다. 이와 관련하여 존 스튜어트 밀의 "인간이 스스로 만들어 낸 것에 대한 사유재산권은 최대한 보장되어야 하나, 토지란 인간이 만들어 낸 것이 아니므로 그에 대한 제한이 자유시장경제와 배치되는 것은 아니다"라는 주장은 시사하는 바가 매우 많습니다.

최근 우리나라에서 기업도시 건설, 공공기관 이전과 관련된 혁신도시 건설 등의 사례에서 제기되는 지방자치단체의 공유지 확보 필요성에 대한 논의가 왜 생겼는가를 곰곰이 생각하면, 토지의 국가 소유는 자본주의의 건전한 발전에 필요한 것이라고 할 수 있습니다. 그리고 농업의 획기적 구조개선과 농가경제 안정을 위해 국가의 농지관리 기능을 강화해야 한다는 차원에서 제기되는 농지은행제도 도입 논의도 이러한 관점에서 이해할 수 있습니다. 농지은행제도에 대해서는 뒤에서 다시 다루도록 하겠습니다. 여하튼 국가의 농지소유 및 관리는 자본주의와 부합될 수 있는 것입니다.

농민의 경작권 보호를 위한 대안의 모색

최근 대부분의 선진국에서는 농지의 생산성 증대를 위한 토지개량투자를 정부가 주도적으로 하게 되고, 농지의 소유도 자유롭게 하고 있는 경향이 확산되고 있는 현실입니다. 국민의 기초식량을 안정적으로 생산하기 위한 최소한의 농업생산기반정비, 예컨대 경지정리나 용수개발(관개개선) 등에 대해서는 정부의 책임으로 이해하는 경향이 강해지고 있습니다.

우리나라에서도 우루과이라운드 농산물 협상 결과 농산물시장 개방이 크게 확대됨에 따라 이에 대한 대책 수립과정에서 농업생산기반정비 투자에 대한 국가부담비율을 크게 높여 최근에는 거의 100% 국가부담으로 농업생산기반정비가 이루어지고 있습니다.

이러한 여건 변화와 비농민 소유 농지 비중의 증대에 따라 농지의 소유를 농업인으로 제한해야 한다는 전통적인 경자유전원칙 준수 필요성이 약화되고 있습니다.

최근 우리 사회에서도 경자유전원칙의 준수 및 자작농체제의 한계를 비판적으로 바라보는 주상이 강해지고 있는 것이 현실입니다. 농산물시장개방의 확대에 따라 우리의 농업구조를 획기적으로 개선하여 경쟁력 있는 농업인을 육성해야 하는데, 현실적으로 경자유전원칙을 기초로 한 자작농 체제로서는 한계가 있다는 주장이 강합니다.

현재 농지가격 수준으로 보아 농지이용에 따른 수익이 농지매입가격의 이자를 충당하지도 못할 수준이기 때문에, 아무리 우수한 전문 농업경영인이라 해도 농지가격이 싼 순수농촌 평야지역이 아니고서는 농지의 매입을 통해 경영규모를 확대하는 것이 현실적으로 불가능합니다.

이러한 여건 하에서 농지의 소유와 이용을 분리하여 농지 소유는 누구나 할 수 있게 하고, 농지의 이용은 우수한 농업인에게로 집중하게 하는 정책적 노력이 필요하다는 주장이 설득력을 지니게 됩니다.

임차경영을 기본으로 할 경우는 농지가격이 높고 낮은 것이 문제가 되지 않고 농지임차료가 문제됩니다. 농지임차료는 농지이용에 따른 수익에 의해 결정되므로 농지가격 수준이 높은 도시근교가 순수 농촌지역보다 낮을 수가 있으므로 농업인의 신규 진입이 쉬워지는 등의 장점이 있습니다.

또한 농지거래자유화로 비농민 소유 농지가 많아지면 임대농지 공급이 늘어 농지임차료가 낮아질 수도 있습니다. 이러한 관점에서 임차경영의 활성화를 위한 농지거래자유화 주장이 생길 수 있습니다. 그런데 농지거래의 자유화(농지소유 자유화)와 임차경영의 안정을 위해서는 우선 농지임대차기간이 장기화되고 안정적인 임차권 보호가 이루어져야 합니다.

이와 관련하여 투기목적으로 농지를 소유하는 대부분의 비농민들은 <u>단기 지가 차익</u>(capital gains)을 원하기 때문에 임차기간의 장기화에 반대하고, 임차권 보호에 대해 거부감을 갖고 있다는 현실적인 문제에 부딪히게 됩니다. 즉 비농민 농지소유가 많아질 경우 농지임대차기간의 장기화와 임차권의 안정적 보호는 실현되기가 힘듭니다. 이런 측면에서 농지의 국가보유 확대와 국가보유 농지의 전문 농업인에 대한 장기임대 정책 도입의 필요성이 제기됩니다.

현행 농지법에서도 경자유전원칙의 실천을 강조하지만, 동시에 경자유전의 원칙의 실현을 곤란하게 하는 광범위한 예외 규정들이 있습니다. 농지의 소유자격을 원칙적으로 농업인과 농업법인으로 제한하지만, 상속·이농에 의한 농지소유와 주말농장·체험영농 목적의 농지소유에 대해서는 일정한 소유상한을 두고 예외적으로 비농민에게도 허용하고 있습니다(동법 제6조 1항 및 제7조).

1996년 농지법 시행 당시 소유하고 있는 농지에 대해서는 농지법의 적용을 받지 않아 농업인뿐만 아니라 비농업인이 소유하고 있는 농지도 계속 보유 및 임대가 가능합니다. 또한 1994년 '농지구입시 농지소재지 사전 6개월 거주요건'이 철폐되어 비농업인도 누구나 영농계획서만 작성하면 농지를 취득할 수 있게 되어 농지관리상의 많은 어려움이 발생하고 있습니다. 농지소유자격의 범위도 1990년 영농조합법인의 농지소유 허용, 2003년 주식회사 형태의 농업회사법인의 농지소유 허용, 주말농장 · 체험영농 목적의 비농민 농지소유 300평 범위내 허용 등 점차 확대되어 왔습니다.

그리고 이제까지는 질병, 사망 등 예외적인 것을 제외하고는 농지의 임대차를 허용하지 않았는데, 2005년 7월 21일 농지법 개정으로 농업경영목적으로 취득한 농지 또는 상속 · 이농으로 소유상한을 초과한 농지를 경작할 수 없게 된 경우, 농지은행(농업기반공사)에 위탁하여 임대 또는 사용대할 수 있게 되었습니다.

즉 새롭게 취득한 농지를 비록 농업기반공사에 장기 임대하는 조건이 부여되었지만, 직접 영농하지 않아도 계속 농지를 보유할 수 있는 길이 열렸습니다. 이는 경작자 농업인이 안정적으로 영농에 참여하고 임차경영을 통해 영농규모를 적극적으로 확대할 수 있는 기반을 조성한다는 측면에서 경작자 우대의 정신을 반영하고 경작자 농민의 이해를 대변하기 위한 제도적 개선이지만, 경자유전원칙을 실질적으로 폐기하는 수준으로 이해될 수도 있습니다.

이러한 법 개정은 기본적으로 농업구조개선 차원에서 농지은행을 통한 장기임대차를 허용하는 등 실질적인 농지소유자격 제한을 대폭 완화하는 것이지만, 다른 한편 비농민들의 농지소유 수요를 증대시켜 농지가격의 하락을 방지하려는, 농가의 자산가치를 유지시키려는 측면이 강하게 작용한 것입니다.

그만큼 농업생산자 측면 못지 않게 자산으로서 농지의 소유자인 농업인의 이해를 반영하고 있는 것입니다.

이와 같은 현실적인 변화를 고려하여 농업인의 안정적인 경영권 보장과 지속적인 토지개량투자를 통한 농지 관리 및 환경 관리가 이루어질 수 있는 대안의 모색이 필요합니다. 이러한 대안 모색과정에서는 비농민의 투기적 농지소유와 난개발을 막을 개발이익 환수 제도의 정착 및 이를 통한 우량농지의 보전과 농지가격의 안정, 국공유지 확대 및 장기 임대를 통한 자작농체제의 한계 보완 등을 포함하여 다양한 대안 검토가 필요합니다.

"아무리 농민의 임차권 보호 차원이라지만 농지소유자의 사유재산에 대한 권리를 무시해서는 안 된다," "사적 소유에 대한 제한은 자본주의질서에 벗어난다," "농지에 대한 국가관리, 토지공개념 등은 위헌적 발상이다" 등의 편협한 인식을 벗어나서 미래 지향적이고 합리적인 대안 모색이 절실히 요구됩니다.

농지거래자유화에 대한 이해

일반적인 국민의식조사 결과를 보면, 70% 이상의 농업인이 농지거래 자유화를 원하고, 대부분의 일반 국민도 농지거래자유화를 희망하고 있는 것으로 나타납니다.

농지거래 자유화는 시장주의자들에 의해 강하게 주장되는데, 첫째, 농민들의 가장 중요한 자산인 농지의 자산가치를 높여 농촌의 부(富)를 키워야 한다는 점, 둘째, 거래비용(transaction cost)을 최소화하여 농업구조개선을 달성하는 것이 임대차를 활성화시키는 것이라는 관점에서 비농민의 농지소유를 허용하여 임대농지의 공급을 늘려 차지농의 성립조건을 개선시키자는 것으로 나누어 이해할 수 있습니다.

농민들의 가장 중요한 자산인 농지의 자산가치를 높여 농촌, 농가의 부(富)를 키워야 한다는 측면은 소토지소유자로서 농민들의 현실적인 요구를 반영한 것입니다. 생산자로서 농민은 생산수단인 농지의 가격을 낮추어 농지소유 확대를 통한 경영규모 확대를 원하지만, 소토지소유자로서 농민은 농지가격 상승을 통해 자산을 증대시키고자 합니다.

즉 농민은 이중적 모습을 지니고 있습니다. 현실적으로 다수의 농민들이 노령화되어 은퇴예정인데, 이들은 농업경영개선보다 농지의 자산가치를 높여 은퇴후의 안정적인 생활을 모색하고 있습니다. 하지만 젊은 농업 인력이 영농에 새롭게 참여하고자 할 경우 농지가격의 상승은 매우 높은 진입장벽으로 작용할 것입니다.

물론 젊은 농업 인력이 농지를 안정적으로 임차할 수 있으면 별 문제가 없을 것입니다. 그러나 현실적으로 대부분의 농지를 비농민이 소유한 상태에서 농지의 안정적 임차와 농업적 이용이 보장되기는 곤란합니다.

대부분의 선진국에서는 젊은 신규 영농인력이 농지를 장기로 임차할 수 있도록 제도화할 뿐만 아니라 장기저리의 농지구입자금을 지원받아 대규모 농지를 구입할 수 있도록 하고 있습니다. 이러한 것이 현실적으로 가능한 것은 농지가격을 수익지가 수준으로 안정적으로 관리하고 있기 때문입니다.

농지거래자유화를 통한 농지가격 상승은 당장 농지소유자들에게 이익이 될 수 있지만, 중장기적으로 우리 사회의 안정적이고 건전한 발전에 장애가 될 것입니다. 시장주의자들이 주장하는 농지거래자유화는 소토지소유자로서 농민들의 한 측면을 활용하여 토지의 자유로운 취득과 개발과정에서 막대한 개발이익을 남기려는 토지개발기업들의 이익을 대변할 뿐입니다.

사실상 산업 생산을 통해 기업을 하는 경우 이미 확보되어 있는 다양한 미분양 산업단지를 활용하면 됩니다. 기업인들이 미분양 산업단지의 활용을 꺼리고 새로운 농지전용을 추구하는 것은 산업활동보다 농지개발을 통한 개발이익을 추구하는 것에 불과하다고 할 수 있습니다.

또한 시장주의자들의 주장처럼 농지거래 자유화를 통해 전체 토지공급이 늘어 일반 국민 대다수가 낮은 토지가격, 주택가격으로 혜택을 보게 될 것이라는 견해도 맞지 않습니다. 이 점은 제2편에서도 이미 다룬 바 있으며, 뒤에서도 새로운 관점에서 일부를 보완적으로 다루겠습니다.

2. 농지의 가격과 시장 안정에 대한 이해

우리나라 농지가격 수준에 대한 이해

농지는 일반적으로 다양한 용도의 토지 중 시장 가격 수준이 가장 낮은 것으로 이해됩니다. 토지소유자들은 자기 소유 농지를 다른 용도로 전용하여 많은 개발이익(지가차익)을 얻고자 합니다. 그런데 농업정책당국(정부)이나 농업문제 전문가들은 현실적으로 농지가격 수준이 너무 높아 농업경쟁력 강화를 위한 농업구조개선정책을 수행하기 힘들다고 주장하는 아이러니가 발생하고 있습니다. 누구의 말이 옳을까요?

농지가격의 수준에 대해 언급할 경우 보는 관점에 따라 전혀 달라집니다. 자산으로서 농지를 소유하고 있는 사람은 도시토지에 비해 가격이 너무 낮아서 불이익이 발생하고 있다고 주장하고, 앞으로 농업경영을 주된 직업으로 선택하거나 농지매입을 통해 영농규모를 확대하고자 하는 젊은 농업인은 우리나라 농지가격이 너무 높아서 영농 정착과 영농규모 확대가 힘들다고 불만입니다.

진보적인 대부분의 농업인단체는 단순히 농업의 보호 차원이 아니라 미래 우리 농업을 담당할 젊은 농업인의 입장에서, 농지가격 상승을 부추기는 농지거래자유화 등의 정책에 반대합니다.

이러한 농지소유 규제 완화 및 농지거래자유화에 대한 반대의견에 대해서 시장주의자들은 "농지규제가 있어야 살 수 있는 기득권층, 예컨대 농촌을 지역구로 하는 국회의원들, 농촌지역의 시도지사, 지방의회 의원들, 농업예산이 커야 일자리를 유지할 수 있는 농업 관련 공무원들, 농업 관련 학자들이 있고 그들의 정치적 영향력이 크기 때문에 농지규제를 풀기는 어려울 것이다"라는 식으로 특정 이해집단들의 집단이기주의적 발상으로 매도하여 비판하고 있습니다. 이는 너무나 편협한 인식이라 할 수 있습니다.

앞서 누누이 강조했듯이 원래 농지라는 것은 농업생산자의 입장에서는 가장 중요한 생산수단이지만, 농지라는 부동산의 관점에서 보면 농가의 가장 중요한 자산의 하나로서 농지가격 상승이 주요 관심사가 됩니다.

농업인이라는 존재도 한편으로는 농업생산자로서 노동자적 지위, 소경영자의 지위를 지니지만 자산으로서 농지를 소유한 소자산가로서 이중적 성격을 지닙니다. 따라서 같은 농민이라도 처한 위치에 따라 농지가격이 높다고 주장하기도 하고, 농지가격이 지나치게 낮다고 주장하기도 합니다.

대개 우리 농업의 지속가능한 발전과 미래의 경쟁력 있는 젊은 농업인을 정책의 중심에 두고 얘기할 경우에는 정책당국자나 전문가들은 낮은 농지가격이 아니라 높은 농지가격의 문제를 주로 언급합니다. 그리고 곧 은퇴하거나 이농·탈농할 영세 고령 농가의 입장에서는 농지가격이 상승하여 높은 가격에 농지를 처분하여 도시정착자금을 마련하고 은퇴 이후의 안정적 생활자금을 마련하고자 할 것입니다.

후자와 같은 주장을 하는 사람은 또 있습니다. 보다 현실적으로 얘기하면, 당장 다수의 구성원이 이들로 구성되어 있기 때문에 정치적 표를 의식하는 사람이나 농지의 매입을 통해 지가차익을 노리는 사람들의 주장이 이에 해당됩니다.

시장주의자들은 "농지가 흔하면 농지가격이 떨어지고 택지가 흔하면 택지가격이 떨어진다. 농지전용에 대한 정부의 규제가 심할수록 농지를 택지로 전용함으로써 생기는 차익은 커지게 된다," "토지용도의 전환으로 인한 차액이 평당 5만원(필자 주: 농지의 공익적 가치) 정도가 되도록 만들어 주는 것이 가장 바람직한 상태이다" 등의 주장에서 나타내듯이 시장실패에 해당되는 농지(농업)의 공익적 가치를 보전하는 수준으로 농지가격이 유지되도록 보조금을 주어 농지이용규제를 철폐하자고 주장합니다. 그러면 농지가격에 대한 혼란은 사라진다고 보고 있습니다. 이러한 주장은 농업이라는 산업측면에서 핵심적 생산수단으로서 농지가 지니는 특성을 전혀 고려하지 않고, 단순히 건축지 등 도시용 예비지로서 농지를 바라보는 편협한 인식입니다.

이를 통하여 결코 농지가격의 혼란이 사라지는 것이 아닙니다. 시장주의자들의 인식 속에는 부동산으로서의 농지만 있지, 산업으로서의 농업이 존재는 없으며, 앞으로 우리의 먹거리 생산 및 농업과 농지의 다원적 기능을 지켜나갈 젊은 농업인의 미래에 대한 고민은 존재하지 않습니다.

농지가격과 관련된 정부의 정책수립과정에서 주요 쟁점은 실제 농지가격 수준이 농업수익성을 반영한 농지가격인 수익지가 수준을 넘어선다는 점입니다. 따라서 젊은 농업인이 농지를 매입하여 영농을 계속하는 것은 거의 불가능한 상태에 있다는 것입니다.

현실적으로 대규모 영농을 위해서는 각각 수천만 원이나 하는 다양한 농기계를 구입하는 등 많은 초기 자본이 투입되는데, 일정 규모 이상의 농지를 안정적으로 확보하지 않은 상태에서 막대한 초기 자본을 투입하기 힘들어 우수한 젊은 농업인의 신규 참여가 힘든 상태입니다. 따라서 우리 농업의 미래를 위해서 농지가격의 안정이 매우 중요합니다.

물론 안정적으로 대규모의 농지를 장기 임차할 수 있으면 문제가 쉬워질 수 있습니다. 앞서 지적했듯이 최근 정부의 농지은행제도 도입 논의는 이러한 차원에서 제기된 것입니다. 장기적이고 안정적인 농지임대차계약이 가능하다면, 도시근교나 순수 농촌지역 평야지역이나 생산비 차이는 거의 없어 문제되지 않습니다.

그러나 지가차익을 노리는 비농민들은 장기적이고 안정적인 임대차 계약을 원하지 않습니다. 모든 농지를 국유화할 수도, 모든 농지를 비농민 소유 형태로 할 수도 없는 현실 속에서 농민들은 일정 규모의 농지를 매입하여 안정적 영농기반을 구축해야 하는데, 농업수익성에 비해 상대적으로 높은 수준의 농지가격이 만들어낸 진입장벽의 문제를 안고 있습니다.

즉 은퇴 예정인 노령농업인의 안정적 노후 생활을 위한 자산가치 유지라는 현실적인 요구도 있지만, 미래 농업을 담당할 새로운 인력의 유입이라는 측면에서 높은 농지가격 수준이 문제로 되고 있습니다.

개발이익 환수제도와 토지가격 간의 관계

농지는 국민의 먹거리를 생산하는 중요한 생산자원일 뿐만 아니라 수원함양, 환경보전, 경관보전 등 다양한 기능을 수행하는 중요한 환경자원이며, 미래 후손들도 농업 목적만이 아니라 건축지 등 다양한 목적으로 사용하여야 하는 중요한 자산입니다. 따라서 농지는 투기의 대상이 되어서도 난개발되어서도 안 됩니다.

우리나라 농업·농촌 발전의 기본 원칙과 방향을 제시하고 있는 농업·농촌기본법에서는 헌법에서 제시된 농지에 관한 기본이념뿐만 아니라 농지의 관리 및 개발과 밀접한 관련이 있는 농지법, 농어촌정비법 등에 담겨진 기본 내용이 선언적으로 제시되어 있습니다.

특히 제19조에는 "농지는 국민 식량의 안정적인 공급 및 환경보전을 위한 기반이며, 농업과 국가경제의 조화로운 발전에 영향을 미치는 귀중한 자원으로서 소중히 이용·보전되어야 한다"고 규정하고 있어 헌법에서보다 더 구체적으로 농지의 보전이념이 담겨져 있습니다.

농지법에서는 헌법과 농업·농촌기본법의 기본 정신과 원칙을 수용하여 "농지는 국민의 식량공급과 국토환경보전의 기반이고 농업과 국민경제의 균형있는 발전에 영향을 미치는 한정된 귀중한 자원이므로 소중히 보전되어야 함은 물론 공공복리에 적합하게 관리되어야 하며 그에 관한 권리의 행사에는 필요한 제한과 의무가 따른다"(제3조 1항), "농지는 농업의 생산성을 높이는 방향으로 소유·이용되어야 하며 투기의 대상이 되어서는 아니된다"(제3조 2항)는 농지에 관한 기본이념을 제시하고 있습니다.

우리나라의 농지 관련 법에서는 대부분 농지는 투기의 대상이 되어서는 아니 된다고 하여 다양한 법적 규제를 담고 있습니다. 예컨대 경자유전원칙을 지키기 위해 농지법에서는 구체적으로 <u>농지취득자격증명제도</u>를 두어 농지매수인의 농지소유자격과 소유상한을 확인·심사하여 적격자에게만 농지의 취득을 허용하고 있으며(제8조), 취득한 농지를 자기의 농업경영 등 취득 목적대로 이용하지 않을 경우에는 이를 처분하게 하는 <u>처분명령 및 이행강제금제도</u> 등 사후관리제도를 두고 있습니다(제10조 및 제65조).

우리나라에서 토지투기와 관련하여 농지가 문제시되는 것은 농지가 매력적인 투기의 대상이 될 수 있는 조건을 갖추고 있음을 의미합니다. 우선 우리나라는 개발이익의 환수가 미흡합니다. 둘째 토지의 개발(전용)과정에서 큰 개발이익(지가차익)이 발생하며, 특히 농지전용행위과정에서 개발이익이 많이 발생합니다. 셋째, 농촌지역 농지는 계획적으로 개발되지 않고 개별 분산되어 전용이 이루어지기 때문에 법의 허용 범위내에서 쉽게 전용을 도모할 수 있습니다. 특히 농지전용허가권을 지닌 정부의 업무 담당자와 협력할 경우 더욱 쉽습니다. 이러한 점 때문에 공직자 윤리 검증과정에서 불법적 농지보유가 자주 문제시됩니다.

여하튼 농지가 개별·분산전용되기 쉽고, 전용수익이 매우 크다는 점은 농지가 매력적인 투기의 대상이 될 수 있는 조건이라고 할 수 있습니다. 그런데 보다 본질적인 문제는 설사 농지가 매력적인 투기의 대상이 된다고 하더라도, 개발이익이 개인의 주머니로 들어가는 개발이익의 사유화가 원천적으로 금지되어 있다면, 농지는 절대 매력적인 투기의 대상이 될 수 없다는 것입니다.

그런데 시장주의자들은 농지가 투기의 대상이 되는 것은 농지전용 규제 때문이라고 주장합니다. "지금은 농지나 임야를 택지나 공장용지, 상가용지 등으로 개발하려면 정부의 허가를 받아야 한다. 그리고 일단 허가만 받으면 엄청난 이익을 보게 된다. 동네마다 차이가 있기는 하지만 농지나 임야의 값은 평당 10-50만 원 정도일 것이다. 하지만 그것이 택지로 바뀌고 나면 아무리 소도시라 할지라도 평당 500만 원은 쉽게 나간다. 이 같은 차익이 발생하는 것은 정부가 농지의 전용을 규제하기 때문이다. 농지나 임야에 대한 규제를 풀어 도시용지의 공급이 늘면 땅값은 떨어지게 되고, 전용에 따른 차익도 줄어든다. 그 차액이 평당 5만 원(필자주: 공익적 가치) 정도 될 때까지 도시용지의 공급을 늘리라는 것이다"라고 주장하면서 농지전용규제의 철폐를 요구합니다.

분명 토지의 개발 등에 대한 정보가 모두에게 공개되지 않은 상태에서 관련 정보 및 돈을 독점적으로 지닌 사람들이 농지소유를 통해 막대한 지가 차익을 누리고 있는 현실을 보면, 농지이용 계획과 규제를 정부에 맡기지 말고 시장의 원리에 맡겨두는 것이 나을 것이라고 생각하게 될 것입니다.

그러나 이는 너무나 편협한 인식이라 할 수 있습니다. 시장주의자들의 주장은 주택지 등 다른 용도로 전용되면 다시 농업용으로 환원되기 어려운 농지의 비가역성(irreversibility)

등 농지의 특성을 무시하며, 거의 무정부상태의 도시국가적 발상이라 할 수 있습니다.

만약 개발이익만 철저히 환수할 수 있으면, 불필요하게 과다한 개발도 이루어지지 않고, 보전되어야 할 농지는 잘 보전될 것입니다. 그리고 값싼 농지의 보전은 결국 미래의 값싼 토지의 공급원이 되어 전체 토지가격의 안정을 가져올 것입니다. 농지가 매력적인 투기의 대상이 되는 핵심적인 이유는 농지법의 엄격한 농지보전과 전용 규제 때문이 아니라 개발이익의 사유화 구조 때문입니다.

시장주의자들의 주장이 옳지 않다는 것은 선진국들의 경험을 보면 잘 알 수 있습니다. 앞서 설명한 바 있듯이 영국, 독일, 프랑스 등 대부분의 선진국에서 개발허가제를 철저히 적용하고 있습니다. 이들 선진국에서는 시장주의자가 없는 것일까요? 선진국들의 경험은 토지이용에 관한 한 철저한 계획적 개념을 도입하는 것이 시장기능을 가장 중요시하는 자본주의를 잘 발전시킬 수 있다는 합리적 판단에 의해서 이루어진 것임을 보여주는 것 아닐까요? 영국, 독일, 프랑스 등의 농촌이 살기 좋고 아름답게 건설되어 있는 것이 과연 농지의 거래 자유화를 통해 농민의 부(富)를 증대시켰기 때문일까요?

물론 개발이익 환수는 개발이익의 객관적 평가 곤란 등 환수과정에서의 문제만이 아니라 기본적으로 지가상승을 전제로 한 사후적 접근이라는 한계를 지닙니다. 그러나 개발이익의 환수 그 자체는 사전적으로 지가차익을 노리는 불필요한 개발행위를 억제함으로써 전체적으로 가수요를 없애고 전체 토지가격의 안정에 기여한다는 점을 명확히 인식할 필요가 있습니다.

농지전용규제와 토지가격 상승 간의 관계

시장주의자들은 지나친 농지이용규제, 엄격한 농지보전이 비농업적 토지 공급을 억제하여 지가상승을 부추긴다고 주장하고 있습니다. 이들은 "농지규제를 풀면 그 토지의 가격은 오른다. 그러나 규제를 안받던 토지의 값도 내린다. 그리고 도시 전체의 집값과 사무실 값도 내린다" 등의 주장으로 농지규제완화를 강변하고 있습니다. 앞의 개발이익 관련 논의에서 이러한 주장의 문제점을 이미 진단한 바 있습니다.

도시내 일정 지역의 높은 토지가격과 집값은 단순히 도시토지의 공급확대로 해결될 문제가 아닙니다. 도심내의 토지가 도시 확장 과정에서 끊임없이 가격이 상승해 왔다는 사실은 이를 잘 보여줍니다. 이들의 논리에 의하면, 서울이 확대팽창할 때 서울 도심의 토지가격과 집값은 물가상승률 이상으로 높아져서는 안됩니다. 그러나 수도권이 확대 팽창할수록 도심(강남 신도심 포함)의 토지가격과 집값은 더욱 상승하였던 것이 현실입니다.

개발이익의 사유화 구조가 존재하는 한 도심의 토지가격과 집값은 해당 도심 공간의 집적이익이 다른 지역에 비해 클수록 더 높아집니다. 즉 도심의 토지가격과 집값은 서울 외곽에 더 많은 농지를 전용하여 개발할수록 더욱 높아지게 됩니다.

한편 과거 역사로 보아 도시 확대에 필요한 토지공급 과정에서 농지의 전용이 어려워 토지공급이 되지 않은 경우는 거의 없습니다. 쾌적한 도시공간을 유지하기 위한 고도제한, 기반시설비용부담, 개별부사입지 제한 등등의 규제에 의한 것이지 농지전용 그 자체를 절대적으로 막아 농지전용이 억제된 것은 아닙니다. 합법적인 절차를 통해 필요한 개발을 할 경우 농지전용 그 자체를 막을 어떤 명분도 법적 규제도 없다고 할 수 있습니다.

엄밀한 의미에서 한국은 농지이용에 관한 한 '규제 공화국'이 아니라 '규제 없는 무대책 공화국'이라 할 수 있습니다. 앞서 지적했듯이 독일, 프랑스 등 선진국의 경우 철저한 개발허가제를 실시하여 자유로운 농지전용 및 개발이란 있을 수도 없습니다.

독일 바이마르 헌법에서는 "토지의 경작 및 충분한 이용은 토지소유자의 공공에 대한 의무이다. 토지에 대한 노동 또는 자본 투하 없이 발생하는 땅값의 상승으로 생기는 이익은 전체를 위하여 이용하지 않으면 안 된다"고 명시하고 있는데, 이는 우리에게 시사하는 바가 많습니다.

1993년 국토이용관리법의 개정을 통해 준농림지역제도를 도입함으로써 대규모 개발 가능지를 확대하여 농지가격과 주택가격 안정을 도모했지만 토지투기 및 농지의 난개발만 부추겼던 과거의 경험은 공급확대 위주의 토지정책의 한계를 잘 보여줍니다.

준농림지역 지정 제도와 같이 전용이 쉬운 농지를 대규모로 공급한 정책이 과연 지가 안정을 가져 왔는가 하는 반성이 필요합니다. 일산, 분당의 신도시 건설과정에서 개발대상지가 농지로 보전·이용되었기 때문에 값싸게 공급될 수 있었을 것입니다. 만약 신도시 건설 전에 농지가 아니라 개발예정지로 지정되어 있었다면, 개발토지의 가격은 2-5배 이상의 높은 가격으로 공급되었을 것입니다. 지가 상승은 엄격한 농지 보전보다 개발과정에서의 토지가격 보상방식의 문제와 개발이익의 환수 미흡 등으로 발생한 것입니다.

우리나라에서의 토지가격이 다른 나라에 비해 급격히 상승하는 이유는 공급의 부족문제 이전에 개발이익의 사유화 구조에 있다고 보는 것이 옳을 것입니다. 개발이익 사유화 구조가 사라지고도 형성되는 높은 지가수준은 현실적 시장 수요를 반영하는 것으로 이해해야 할 것입니다. 물론 이 경우도 새로운 신규 참여 기업(자본)이 지대(토지이용료)부담능력이 부족하여 성장하는 데 어려움을 겪게 되는 문제가 있는데, 이를 위한 대안 모색은 단순한 토지공급 확대방안만으로는 곤란할 것입니다. 철저한 개발이익 환수, 국공유지 확대 등 다양한 부동산대책이 강구되어야 할 것입니다.

3. 농지의 보전에 대한 이해

농지전용에 대한 이해

산업화, 도시화의 과정에서 농지전용은 불가피한 현상입니다. 그러나 좁은 국토면적, 낮은 식량자급률 등으로 적정 규모의 농지를 안정적으로 확보하여 보전·관리해야 하는데도 불구하고, 국민의 안정적 식량공급과 국토환경보전의 기반인 농지의 절대면적이 빠른 속도로 줄어들고 있으며, 휴경농지가 대량 발생하고 있다는 점이 문제입니다.

우리나라의 농지면적은 미국, 독일, 프랑스, 영국 등 선진국들에 비해 절대면적이 매우 작고, 국민 1인당 농지면적의 경우 미국의 1/16, 캐나다의 1/36, 프랑스의 1/12, 중국의 1/10, 영국의 1/7, 독일의 1/5에 불과합니다. 우리나라에서는 절대적으로나 상대적으로나 농지가 충분하지 않기 때문에 정부가 앞장서서 쌀과 같은 주요한 식량을 자급할 수 있는 기반을 마련하기 위해 노력했습니다.

구체적으로 가뭄기에도 물을 안정적으로 공급하고 기계이용이 가능하도록 관개개선(용수개발)사업과 경지정리사업 등을 시행하는 한편, 개간과 간척 등을 통해 농지면적을 확대시켜 왔습니다. 이러한 노력으로 현재 주곡인 쌀은 거의 100% 자급하게 되었습니다.

한국경제의 고도성장과정에서 인구의 증가, 산업화·도시화의 진전에 따라 증대되는 주택용지, 상·공업용지, 공공시설용지 등의 수요를 충족시키기 위해 농지전용의 비중이 매우 커졌습니다.

그 결과 농지(경지면적)는 <표 4-2>에서 보듯이 1968년 231만 9천ha을 고비로 하여 1970년 229만 8천ha, 1980년 219만 6천ha, 1990년 210만 9천ha, 1995년 198만 5천ha, 2000년 188만 9천ha, 2003년 184만 6천ha로 35년 동안 약 47만ha가 감소하여 왔습니다.

무엇보다 농업진흥지역 농지까지 대규모로 전용되고 있어 문제입니다. 또한 급속한 휴경지 증가도 문제입니다. 최근 농지휴경면적이 농지전용면적보다 많으며, 1990년대 초중반에는 휴경면적이 전용면적의 2-3배가 되는 경우도 있었습니다. 휴경농지는 생산기반의 미정비, 노동력 부족 등으로 발생하는 것으로 조사되었는데, 휴경농지는 농산물시장 개방 확대와 쌀소비 감소 등으로 앞으로도 크게 늘어날 전망입니다.

〈표 4-2〉 농지의 휴경 및 전용 면적

구 분	'85	'90	'95	'96	'97	'98	'99	'00	'01	'02	'03
경지면적(천ha)	2,144	2,109	1,985	1,946	1,924	1,910	1,899	1,889	1,876	1,863	1,846
휴경면적(천ha)	20.2	40.4	64.6	34.3	29.5	22.3	17.0	16.8	16.6	20.0	46.4
전용면적(천ha)	2.1	10.6	16.3	16.6	15.4	15.1	12.0	9.9	10.2	13.2	13.0

자료: 농림부 농지과.

몇 년 전만 해도 기상 조건이 좋지 않아 국내 쌀 생산량이 크게 줄어 쌀값이 오르는 상황이 발생하기도 하였지만, 최근 쌀 수입 개방이 확대되고 쌀 소비량 감소가 본격화되면서 전반적으로 쌀 시장은 공급과잉기조를 보이고 있습니다. 정부는 쌀 생산을 줄이기 위해 쌀 생산면적을 줄여야 하는 상황이 발생하였습니다.

이를 두고 인구밀도가 세계에서 가장 높은 나라의 하나인 우리나라에서 최근 국민의 기초식량인 쌀이 과잉 공급되고 농지가 남는다고 야단입니다(2000년 기준 ㎢당 한국 473명, 일본 336명, 네덜란드 382명).

농지가 남아 다른 용도로 과감하게 전용하여 농촌을 활성화해야 한다는 주장이 공공연히 제기되어 "우리나라의 농지가 남는 것은 아닌가," "현실의 변화를 무시한 채 지나치게 농지전용을 엄격하게 규제하고 있는 것 아닌가" 등의 의문이 생깁니다.

30년 전까지만 해도 경사가 심하여 걸어 올라가기도 힘든 비탈진 산을 밭으로 개간하거나 하천부지를 농지로 개발하여 농사를 지었습니다. 그리고 최근까지도 부족한 농지를 확보하기 위하여 개펄을 농지로 개발하는 간척개발사업을 추진하여 왔습니다.

그런데 최근 태안 서산현대간척지의 기업도시 개발 부지 활용계획, 영암지역의 간척지에 대한 J 프로젝트(기업도시 건설) 계획 등 대규모 농지전용을 전제로 하는 지역 개발계획이 동시다발적으로 이루어지고 있습니다.

여하튼 경지정리와 관개개선과 같은 농업생산기반정비

에 의한 쌀 생산기반의 안정, 1인당 쌀 소비량의 감소 등으로 국내 쌀 자급률이 제고되었을 뿐만 아니라 다른 한편 WTO/DDA농업협상에 따라 쌀시장 개방 확대가 불가피한 상황에서 농지정책에 대한 발상의 전환이 요구되고 있습니다.

1970년대에 130kg을 상회하던 연간 1인당 쌀소비량은 현재 80kg대로 감소하였으며, 곧 70kg대로 떨어질 것으로 예상됩니다. 이렇게 되면 현재 100만ha 수준을 유지하고 있는 쌀 재배면적이 80만ha 미만이 되어도 쌀 자급을 달성할 수 있을 것으로 전망됩니다.

2004년 현재 우리나라 농지면적은 약 185만ha인데, 농산물 시장 개방 확대와 쌀 소비량 감소로 농산물 생산에 사용되는 농지면적 수요는 10여 년이 지나면 160여 만ha 정도로 감소할 전망입니다. 국토연구원 및 농림부의 분석자료에 의하면, 2020년까지 농지가 약 19만ha 정도 유휴화될 것으로 전망되고 있습니다.

그리고 최근 농가소득은 도시근로자가계소득의 70%대로 낮아져 도시와 농촌 간의 불균형발전의 문제가 심각한 상태입니다. 이와 같은 농지의 유휴화, 도·농 간의 소득 격차 확대 등의 문제를 해결하기 위해서는 농지를 도시용, 레저·관광타운개발용 등으로 과감하게 전용하여 농촌 활성화와 농가 소득 증대를 도모하는 것이 바람직하다는 주장이 제기됩니다.

이와 관련하여 시장주의자들은 정부의 재정자금 외에 민간의 돈이 농촌으로 흘러갈 수 있도록 해야 하며, 이를 위해서는 농지의 소유자격 제한(경자유전원칙)을 철폐하고, 엄격한 농지보전정책을 완화해야 한다고 주장합니다. 그리고 지방화 시대에 맞게 지역특성과 경제원칙에 맞는 자유로운 토지 개발을 통해 농촌의 산업화와 지역균형발전 및 수도권 인구 분산을 유도하고, 농촌토지가격 상승을 통해 농민의 자산가치를 증대시켜 농가부채경감효과로 재정부담압력을 완화해야 한다고 주장합니다. 나아가 농지이용규제를 대폭 완화함으로써 우리나라 전체 토지가격 하락을 유도하여 부동산투기 억제를 가져올 수 있다고 주장합니다.

이러한 시장주의자의 주장은 농촌활성화, 지역균형개발 등의 문제와 연계하여 국가경영전략 차원에서 농지문제를 제기하고, 최근 참여정부에서 강조하고 있는 국가균형발전과 기업도시 육성, 신활력사업 등의 경우처럼 매우 설득력 있는 논리를 전개하고 있습니다.

그런데 이들 시장주의자들의 주장은 1993년 준농림지역 지정 제도 도입의 경험에서처럼 토지의 난개발이라는 부작용을 가져오지, 국가균형발전이나 농촌의 산업화, 농가의 소득 안정을 가져오지 못할 것입니다. 시장주의자들의 토지정책의 한계는 이미 검증된 것으로 더 자세히 설명할 필요가 없을 것입니다.

〈그림 4-1〉 김포시 고층아파트사업지구

물론 이들 시장주의자들은 규제완화가 철저히 이루어지지 않아 제도 개선의 효과가 잘 나타나지 않았다고 강변할 것입니다. 이들의 주장은 국가균형발전이나 농촌의 산업화는 근본적인 경제정책상의 문제인데, 마치 농지이용규제 때문에 불가능해진 것처럼 호도하고 있는 것입니다.

그러면 우리나라에 비해 철저한 토지계획허가제를 운영하고 있는 유럽의 경우 상대적으로 국가 균형발전이 잘 이루어지는 것은 왜일까요?

게다가 우리나라의 농지가 정말 남아도는 것인가, 유휴화되는 농지가 있다고 해서 우량농지를 마구잡이로 개발해도 되는가, 최근 기업도시 육성이라는 명분으로 서남해안의 우량농지인 간척시 등을 대량 개발해도 되는 것인가 등에 대한 충분한 검토가 필요합니다. 쌀시장 개방 확대, 쌀 소비량 감소 등의 현상이 계속될 전망 속에서 대량의 농지가 유휴화될 것은 분명합니다.

그러나 유휴화되는 대부분의 농지는 생산기반이 정비되지

않고, 농사도 짓기 힘든 한계농지일 것입니다. 여전히 우량농지는 부족합니다. 우리나라의 도시의 발달은 대규모 하천 하류부의 평야지역에 발달되어 있습니다. 도시의 팽창 과정에서 신도시의 건설 등은 대부분 우량농지의 전용을 통해 이루어졌습니다. 일산신도시, 분당신도시 등이 전형적인 예이며, 최근 국가균형발전 차원에서 추진되는 기업도시 지정도 대부분 우량농지를 포함하고 있습니다. 2020년까지 약 19만ha가 유휴화될 것이지만, 대부분 한계농지에서 발생할 것이며, 이들의 농지는 다른 용도로도 이용되지 않을 가능성이 높습니다. 대부분 임야로 전환되든지 황폐화될 것입니다.

그렇다면 다양한 용도의 농지전용수요가 발생하는 것은 우량농지일 수밖에 없고, 미래의 후손들이 사용할 국토공간은 매우 제한적일 것입니다. 따라서 미래의 후손들이 사용해야 할 우량농지를 마구잡이로 개발하는 잘못을 범해서는 곤란합니다.

특히 갯펄의 파괴 등 사회적으로 많은 기회비용을 지불하고 만들어 낸 간척우량농지를 농지로 보전하지 않고 첨단공업단지, 휴양단지, 기업도시 등으로 활용하려는 것은 매우 위험한 발상이며, 신중한 재검토가 필요합니다. 대규모 간척지가 우수한 개발대상지로 선호되는 것은 소유권이 소규모로 분산되지 않아 개발대상지로 편입하는 것이 쉽기 때문입니다.

단순히 개발과정에서 값싸고 쉽게 토지를 확보할 수 있다는 점을 전제로 대표적인 우량농지인 간척농지를 개발대상지로 편입시키는 잘못을 범해서는 안 됩니다.

시장주의자들이 우리의 농업도 선진국처럼 기업농 경영이

도입되어야 한다고 주장하면서 정작 기업농 경영 발전의 기반을 무너뜨리는 주장을 동시에 하고 있는 것입니다. 현실적으로 기업농의 성장은 대규모 간척지처럼 우량농지이면서 농지소유가 세분화되어 있지 않은 곳에서 가능합니다.

대규모 간척지 지역은 쌀 재배 집중 지역으로 이와 같은 우량농지의 감소는 식량자급기반을 급격히 약화시킬 것입니다. 쌀 시장 개방 확대 이후 농업인의 의식조사 결과, 많은 쌀 재배지가 고소득 타 작물 재배로 전환될 전망인 점을 고려하면, 간척농지 등 우량농지의 안정적 보전 관리는 매우 중요합니다.

지나치게 낮은 수준의 식량자급률

식량자급률에 대해서는 여러 측면에서 평가할 수 있습니다. 우리 국민의 주곡인 쌀만을 대상을 할 것인지, 주요 나라에서 위기적 상황하에서 식량농산물로 강조하는 곡물을 대상으로 할 것인지, 채소를 포함한 모든 먹거리를 대상으로 할 것인지에 따라 다르게 나타납니다.

또한 자급률을 공급량 기준으로 볼 것인지, 영양(칼로리) 기준으로 평가할 것인가에 따라 다릅니다. 여하튼 모든 먹거리(공급량 기준)를 기준으로 할 경우 자급률은 약 60% 수준을 유지하고 있지만, 주요 곡물의 자급률의 경우 약 25% 정도입니다. 따라서 식량(곡물)자급률을 100% 달성하기 위해서는 현재의 농지이용량의 4배 정도가 필요합니다.

국민의 가장 중요한 기초식품인 쌀의 경우 생산기반 구축을 위한 정부의 노력과 1인당 소비량의 감소로 어느 정도 자급기반을 갖추고 있습니다만, 여전히 농산물은 자연·기후조건에 따라 생산량의 변화가 심합니다. 쌀의 국내자급기반을 갖춘 것도 최근 몇 년의 일입니다.

쌀이 남게 된 것은 외국산 쌀의 수입량 증가 때문입니다. 우리 국민의 주곡인 쌀의 경우 약간만 부족해도 즉시 수입해야 하므로 풍흉에 따라 수시로 수입해왔으며, 최근에는 국내 쌀 자급능력을 갖추었는데도 우루과이라운드 농산물협상, 세계무역기구(WTO) 쌀협상 결과에 따라 의무수입량을 매년 수입하고 있습니다.

그리고 대부분의 식량작물, 예컨대 보리쌀, 밀, 옥수수, 두류 등의 자급률은 매우 낮습니다. 보리쌀은 소비 감소(연간 1인당 소비량은 1970년 37.3kg에서 2003년 1.5kg으로 감소)에 따라 자급률이 그나마 약 50%대를 유지하고 있으나, 밀과 옥수수는 1%도 안되고, 두류도 7%대로 대부분 수입되고 있습니다.

물론 옥수수, 두류 등은 사료용으로 수입되는 것이 대부분입니다. 사료곡물의 수입을 줄이고 국내 축산생산을 줄이면 축산물 자급률은 낮아지지만 곡물 자급률은 크게 높아질 수 있습니다.

현실적으로 국민의 영양수준과 생활수준을 유지하기 위해서는 현재의 육류 소비를 크게 줄이기 힘들다는 점을 고려하고 또한 광우병 등 축산 관련 식품안전의 문제를 고려한다면, 사료 곡물의 수입 감소가 힘들 것입니다. 따라서 사료용 곡물도 엄밀한 의미에서 식량작물로 이해해야 합니다.

사료용 곡물을 포함한 우리의 양곡 자급률은 약 25% 수준으로 매우 낮습니다. 주요 곡물 자급률이 100%를 훨씬 상회하는 미국, 유럽(EU) 등 선진국에 비하여 너무나 낮은 수준인 우리나라에서 최근 쌀 자급기반이 이루어지고 앞으로 쌀 수입이 늘어난다는 점을 전제로 농지가 남아도니 과감하게 다른 용도로 전용하자는 주장은 곤란합니다.

물론 세계화와 개방화의 물결 속에서 시장주의자들의 주장처럼 "싱가포르는 농업기반이 거의 없는 도시국가 형태를 취하고 있으면서 세계에서 가장 좋은 식품을 가장 싼 값에 국민들에게 공급하고 있으며, 세계식량기구(FAO) 권장량보다 많은 식량 재고를 보유하고 있다. 돈만 있으면 식량은 얼마든지 사 먹을 수 있다"고 생각할 수도 있습니다.

그리고 이들의 주장처럼 식량 안보의 논리가 항상 옳은 것은 아닙니다. 이들의 주장처럼 지금과 같이 세계화가 진행되고 있는 상항에서 외국으로부터 쌀을 수입해서 먹을 경우 해외의 쌀 공급자들이 담합을 해서 쌀값을 지나치게 높일 것이라는 걱정과 쌀 공급 국가와 전쟁을 하게 된다면 식량의 공급이 끊어질 수도 있다는 두 가지의 걱정은 모두 기우에 불과할 수도 있습니다.

그러나 지구환경문제의 심각성을 강조하고 있는 월드워치 연구소(World-watch Institute)의 레스터 브라운(Lester R. Brown) 소장은 "세계는 여전히 8억 이상의 인구가 영양부족 또는 굶주림의 고통을 겪고 있는 상황이므로 식량의 공급능력 확대는 21세기의 중요한 과제이다," "식량이 부족한 세계에서는 토지이용이 중심과제의 하나로 부각된다," "농지는 더 이상 잉여품목이 아니니다"고 설파하고 있습니다.

미래 사회에 대한 예측은 불확실성이 많아 누구도 장담할 수 없습니다. 따라서 레스트 브라운 등 세계적인 석학이나 활동가들의 경고에 귀 기울일 필요가 있습니다. 게다가 최근 남북 통일 분위기가 고조되고, 대북 식량 지원의 필요성이 커지는 상황하에서 식량자급기반의 안정적 구축은 향후 통일 국가의 안정적 발전과도 밀접한 관련을 지니게 되었습니다.

현실적으로 국제사회의 불안정, 자포니카 쌀의 대체성 부족, 통일대비 농지의 보전 등을 고려할 경우 우리가 싱가포르와 같은 도시국가의 틀을 전제로 접근하는 것은 곤란합니다. 어느 누구도 세계적으로 식량이 남아돌 것이라는 확신을 지닐 수 없습니다. 다만 현재 선진국들의 일시적 과잉생산이 문제가 될 뿐입니다. 아울러 미국, 영국, 프랑스 등 선진국들이 만약 기초식량의 안정적 확보 기반이 없었다면, 현재와 같은 국제사회에서의 강력한 주권 행사가 가능했을까 하는 의문이 생깁니다.

농업과 농촌이 지닌 다원적 기능

오늘날 식량안보 논리만으로 농지보전의 필요성을 주장하는 사람은 거의 없습니다. 농지의 이용과 농업의 유지가 지니는 환경 및 생태계 보전 기능(지하수 함양, 수질 정화, 토양유실 경감, 야생동물 보호 등), 농촌어메니티 보전 기능(농촌경관, 정서 함양, 전통문화, 휴양 및 여가 등), 재해관리 기능, 식량안보 등 다원적 기능(multifunctionality)에 대한 이해가 필요합니다. 시장주의자들도 농지의 공익적 가치를 인정하고 있습니다. 산림의 휴양자원기능, 수원함양기능, 국토보존기능, 탄소고정기능 등 시장에서 거래되지 않는 기능의 가치가 있으며, 농지의 경우도 수원함양기능과 경관제공기능이라는 공익적 가치를 지니고 있습니다.

2004년 한국농촌경제연구원의 한 연구에 의하면, 우리나라 농업의 다원적 가치는 연간 약 28조 3,700억 원으로 추정되어 농업 GDP의 1.4배로 이는 농업의 경제외적 효과가 경제적 효과보다 훨씬 큼을 의미합니다. 물론 이러한 평가액은 평가방법의 문제, 평가자에 따른 차이, 일부 평가항목의 중복계산 문제 등으로 과대평가란 비판도 있지만, 농지의 이용, 농업의 유지로 인한 추가적인 가치가 매우 크다는 점을 잘 보여줍니다.

일반적으로 국민소득이 증가하면서 농촌어메니티 수요도 증가하기 때문에 농촌경관, 정서함양, 휴양・레크레이션 등 농촌어메니티와 관련된 가치는 더욱 증가할 것으로 예상됩니다. 이렇게 되면 농업의 다원적 기능이 지니는 가치는 현재의 추정치보다 더 커질 수도 있습니다. 최근 우리 사회에서 여름 휴가철에 농촌체험이나 경관 좋은 농촌계곡을 방문하는 피서객들이 급증하는 것은 좋은 예입니다.

이러한 농업과 농지의 다원적 기능이 잘 발휘될 수 있도록 유럽 등 선진국에서는 농업・농촌의 유지, 농지의 보전에 막대한 지원을 하고 있습니다. 농업 유지와 농지보전의 다원적 기능은 국가별로 종류와 중요도가 다릅니다.

다원적 기능에 대한 논의를 주도하고 있는 OECD는 농촌의 활력 증진 및 고용 효과, 농촌경관 및 전통문화, 환경보전, 식량안보, 동물 복지 등을 중요시하고 있습니다. 우리나라에서는 농촌의 활력증진과 지역균형발전, 환경 및 생태계 보전,

농촌의 어메니티 보전, 재해 경감, 식량 안보 등이 중요한 기능으로 이해되고 있습니다.

농업와 농지의 보전은 농촌에 일자리를 제공함으로써 소득을 창출할 뿐만 아니라 농촌에 사람이 살게 함으로써 지역 경제의 활성화, 지역 사회기반의 유지와 보전 등 국토의 균형적 발전과 관리에 기여하고 있습니다.

농업, 농지의 보전을 통한 이러한 기능이 없다면, 도시의 과밀화로 인한 교통혼잡, 범죄, 주택문제, 교육문제, 산사태, 도로 유실, 지역사회 공동화 문제 등으로 많은 사회적 비용이 발생할 것입니다. 한 연구에 의하면, 도시과밀화에 따른 실업 · 오염 · 교통혼잡비용은 연간 2,224억 원에 달합니다.

우리나라는 강우량의 대부분이 여름철 짧은 시기에 집중되며, 여름철 집중호우가 많아 홍수 위험이 큽니다. 집중호우시 논이 없는 지역에서는 빗물이 그냥 하천으로 흘러들어가지만, 논이 많은 지역에서는 15-25㎝ 정도의 논둑으로 빗물을 저장하여 거대한 댐, 저수지 역할을 합니다.

일반적인 집중호우시 논이 저장할 수 있는 빗물의 양은 연간 약 34억 톤으로 추정되는데, 이는 팔당댐 저수량의 14배에 달합니다. 최근 파주시와 문산시 지역의 잦은 홍수 피해의 발생은 인근 농경지와 야산을 개발하여 논 · 밭의 저수능력이 떨어진 것이 주된 원인으로 밝혀지고 있습니다.

실제 도시화가 진전되어 도로가 아스팔트 등으로 포장된 경우 빗물은 빠른 속도로 하천에 몰려 기존 하천 주변의 홍수 피해를 더 가중시키고 있습니다. 기존 연구들은 약 15,820-22,814억 원에 가까운 농업(특히 논 농업)의 홍수예

방 및 조절효과가 있는 것으로 밝히고 있습니다.

또한 농업과 농지의 보전은 대기정화기능을 가지고 있습니다. 최근 논란이 되는 지구온난화의 주범인 탄산가스가 식물 광합성을 통해 흡수되고 산소가 방출될 경우, 연간 탄산가스 2,160만 톤이 흡수되고, 산소 1,560만 톤이 방출되는 것으로 추정됩니다. 기존 연구에서는 약 27,980-55,889억 원의 대기정화효과가 있는 것으로 주장하기도 합니다. 그 외에도 농업 및 농지의 보전은 다양한 경제적 가치를 지니고 있습니다.

현실적으로 토지시장을 살펴보면, 일반적으로 농지는 다른 용도의 토지에 비해 가격이 낮으며, 이는 농지가 다른 용도의 토지에 비해 가치가 적은 것을 의미한다고 볼 수도 있습니다. 따라서 가치가 적은 농지를 보다 가치가 높은 토지로 전용하는 것이 사회적으로 합리적이라고 생각할 수 있습니다. 그러나 농지는 일반 상품처럼 소비되고 이용되는 것이 아닙니다. 미래의 후손들이 계속 이용해야 할 자산입니다.

그리고 앞서 지적한 바 있듯이 농지는 주택지, 공장용지 등 다른 용도로 전용되면 다시 농업용으로 환원되기 어려운 <u>비가역성</u>(irreversibility)이 있으므로 충분한 시간을 두고 정보를 수집하여 어느 정도 불확실성이 해소된 다음 결정을 내리는 것이 유리합니다.

토지(농지)의 이용을 결정하는 과정에서 현 세대의 편익만이 아니라 미래 세대의 이익을 고려하여 공정한 결정을 내릴 수 있도록 신중한 정책적 접근이 필요합니다. 현 세대가 농지를 건축지 등으로 사용하였는데, 미래 세대들이 다시 농지로 이용해야 하는 상황이 발생할 경우 너무나 큰 기회비용을 지불해야 합니다.

농업과 농지보전의 다원적 기능에 대한 평가도 향후 달라질 수 있습니다. 앞서 지적했듯이 국민소득이 증가하면서 농촌어메니티수요도 증가하여 다원적 가치 그 자체가 증대되는 등의 변화가 생길 것이기 때문에 농지의 전용에 대해서는 매우 신중한 판단이 요구됩니다.

그런데 시장주의자들은 농업과 농지보전의 다원적 기능을 인정함으로써 농지보전에 대한 공익적 가치를 보전해 주는 보조금을 주어야 한다고 주장하는 한편, 농지이용규제를 없앰으로써 농지의 자유로운 이용과 농민의 자산가치를 보장해 주어야 한다고 주장합니다. 이러한 주장은 농업과 농지보전의 다원적 기능에 대한 충분한 이해 부족만이 아니라 농지의 비가역성 등 다양한 특성을 충분히 이해하지 못한 결과이기도 합니다.

4. 농지의 계획적 관리와 개발에 대한 이해

농지 이용 및 관리에 관한 절차의 의미

우리나라를 토지 관련 규제 공화국이라 규정하는 언론보도가 많은데, 과연 우리나라가 유럽 선진국에 비해 농지의 소유 및 이용 관련 규제가 강한 것일까요? 앞서 지적했듯이 독일, 프랑스, 영국 등은 철저한 개발허가제를 적용하고 있습니다. 또한 "계획 없는 개발 없다"는 원칙, 농지의 개발과 이용에 대한 철저한 주민동의, 엄격한 환경 관련 규제 등 다양한 규제 속에서 농지이용이 이루어지는 등 토지이용규제가 많습니다.

우리의 농지이용규제의 수준을 좀더 객관적으로 이해시키기 위한 차원에서 몇 년 전 농지소유자격증명 발급시 현장 확인 활동을 하는 한국의 농지관리위원들과 함께 독일의 한 축산 농가를 방문한 사례를 소개하고자 합니다.

농지관리위원은 우리의 농촌 현장에 직접 영농을 하는 현지 농민들로서 자기 소유 농지를 마음대로 이용하지 못한다고 농지이용 관련 정부의 다양한 규제에 대해 불만이 많았습니다. 독일의 축산 농가는 초지재배과정에서 품종선택만이 아니라 비료 투입량 등이 농협 등의 거래 장부에 정확히 기록되어 엄격히 관리될 뿐만 아니라 소 1마리를 더 사육하고자 할 경우 새롭게 발생하는 축산분뇨를 처리할 수 있는 농지

2ha를 추가로 확보해야만 추가 사육이 허가된다고 설명하였습니다. 독일에서는 축사를 신축할 경우에는 지방관청의 건축 허가 이전에 지역 주민의 100% 동의를 얻어야 합니다.

이러한 사실을 알게 된 한국의 농지관리위원이 "대한민국은 규제 없는 천국이구나," "독일 농촌과 도시가 멋있게 건설되고 쾌적한 환경이 유지·관리되는 것은 이러한 철저한 관리와 규제 때문이구나," "우리나라 농촌에 계획 없이 농지가 전용되어 농촌환경이 악화되는 이유는 철저한 토지이용규제가 없기 때문이구나"하고 얘기하는 것을 들은 바 있습니다.

그 농지관리위원은 벼농사와 소 사육을 함께 하는 농민인데, 자신의 불평 불만이 부끄럽다는 소견을 저에게 피력한 바 있습니다. 독일이나 영국 등 선진 유럽국가에서 건축자유주의는 존재하지도 않습니다.

우리나라의 경우 농지매입과정에서 2명의 농지관리위원의 확인 절차도 규제라고 난리입니다. 그러나 독일은 농지이용계획에 대한 인근 주민 모두의 동의가 필요합니다. 이와 관련하여 규제와 절차의 차이를 살펴볼 필요가 있습니다.

농지법에서 농지취득자격증명제도를 두어 농지매수인의 농지소유자격과 소유상한을 확인·심사하여 적격자에게만 농지의 취득을 허용하고 있습니다. 이러한 2명의 농지관리위원의 확인절차를 거치게 하는 것이 과연 규제인가 하는 점에 대한 검토를 해보고자 합니다.

만약 투기 목적이 아니라 영농 목적으로 농지를 사고자 한다면, 농업인으로서 현지 사정에 밝은 주민인 농지관리위원에게 그 농지가 농사짓기에 적당한지, 그 농지를 이용하여 어떤 작물을 심는 것이 좋은지, 농지이용시 유의사항은 무엇인지 등을 묻고 싶을 것입니다.

이러한 것이 궁금할 경우는 현지 사정에 가장 밝은 농지관리위원을 찾아가는 것이 당연하며, 이러한 행동은 법 규정이 없다고 하더라도 당연히 거치는 생활상의 절차일 것입니다. 설사 농지관리위원이 낮 시간에 자기 농지가 있는 들에서 일을 하고 있다고 하더라도 찾아가는 것이 실례가 아닐 것입니다.

최근 농촌에 신규 영농 참여 인력이 부족한 상태에서 농지관리위원은 이 이방인 방문자를 매우 반갑게 맞이할 것입니다. 그리고 저녁 밤 늦은 시간이라 해도 농지관리위원 집을 방문하여 상의를 하면 정말 반갑게 맞이하고, 밤 늦도록 적극 도와 줄 것입니다. 그리고 확인 도장은 기꺼이 찍어 줄 것입니다. 즉 농지관리위원의 확인 과정은 규제가 아니라 하나의 생활상의 절차에 불과한 것입니다.

그러나 영농 목적이 아닌 투기목적으로 농지를 사고자 할 경우 많은 어려움이 생길 것입니다. 우선 농업인인 농지관리위원이 항상 관공서 공무원처럼 사무실을 지키는 것도 아니며 들에 나가 일을 하기도 하고, 자신의 위치를 알리려는 노력도 별로 하지 않을 것이기 때문에, 만나기도 힘들 것입니다.

또한 영농목적이 아닌 것이 분명하기 때문에 농지관리위원을 만나서 궁색한 변명과 거짓말을 해야 하니 쑥스럽고 만나는 것 자체가 큰 걸림돌이 될 것입니다. 즉 이들에게는 농지매입 확인 도장을 받는 것이 너무나 부담스러운 규제로 인식될 것입니다.

"대한민국은 규제 공화국이다"라고 주장하면서 규제를 해제하자고 할 경우 과연 누구를 위한 규제 완화이며, 누구를 위한 제도 보완인지가 의문스럽습니다. 농지관리위원의 확인 '절차'가 규제로 인식되는 현실 속에서 과연 농지를 포함한 국토의 합리적 이용과 관리가 가능한가 하는 의문이 생깁니다.

독일에서 농지를 사려는 사람은 우선 해당 농지 주변 농지의 소유 및 경작자를 찾아가 농지의 특성을 확인할 뿐만 아니라 자신이 하려고 하는 농지이용계획이 인근 농지의 이용자에게 나쁜 영향을 미칠 것인지 아닌지를 확인하는 것이 당연한 것으로 인식됩니다. 지방행정당국은 이러한 절차를 매우 중요시하며 철저히 확인합니다.

프랑스의 경우 농지거래시 사전에 거래 사실을 SAFER(토지정비농사창설회사) 등에 알려 인근 농업인이 우선적으로 그 농지를 구입할 수 있도록 하는 선매권제도를 운영하여 전업농업인으로 하여금 영농규모 확대를 도모하게 하고 있습니다. 그리고 그 거래가격이 시세보다 낮을 경우 인근 농업인에게 우선 매입할 수 있도록 권리를 부여하기도 합니다. 이러한 과정을 통해 프랑스 농업은 빠른 속도로 구조개선을 이루어 경쟁력 있는 농업구조가 창출되었습니다. 그리고 이러한 거래신고 과정을 통해 토지가격의 실거래가격이 정착되었습니다. 또한 부동산 관련 세제도 잘 정비되어 농지의 투기가 심하지 않습니다. 이는 2006년 우리 나라에 도입하기로 계획되어 있는 부동산 실거래가격 신고 의무화 조치와 유사합니다.

농지의 이용 및 관리에 대한 계획적 접근은 기본적으로 건전하고 안정적인 사회 기반을 마련하기 위한 것이라는 점을 명확히 인식할 필요가 있습니다. 계획적인 접근이 마치 사회주의적, 전체주의적 발상인 것으로 오해해서는 곤란합니다.

도시내 농업 · 농지 보전의 필요성

최근 도시내의 쾌적성이 강조되면서 공원부지가 많거나 녹지공간이 많은 지역의 아파트 가격이 그렇지 않은 아파트에 비해 약 30% 이상 높게 형성되는 경향이 있습니다. 이는 대부분 국민들은 빽빽한 아파트단지가 건설되기보나 도시내에 적절한 규모의 공원과 녹지가 보전되기를 원하고 있음을 잘 나타냅니다. 그런데 현실적으로 도시내에 녹지, 농업의 유지, 농지보전이 잘 이루어지지 않고 있습니다.

독일 등 선진국에서는 도시내에 생태공간(Biotope) 지도를 작성하여 기존의 생태공간을 최대한 보전하려고 노력하고, 이를 훼손하지 못하도록 하고 있습니다. 최근 우리나라에서도 환경부에서 이러한 생태지도의 작성과 보전대책을 강구하고 있습니다.

우리나라는 유럽 도시와 달리 신도시 형성이 대부분 우량농지를 일괄적으로 전용하여 개발하는 방식을 주로 사용하고 있습니다. 수도작 농업은 수질 보전기능만이 아니라 생태기능의 측면에서 매우 중요하고, 특히 매우 훌륭한 습지공간으로 중요성을 인정받아 그 기능을 위한 정부의 직접지불제도(보조금)의 혜택을 받고 있습니다.

고층 아파트와 답답한 도시생활속에서 벗어나 아파트 옆의 논을 이용하여, 잠시 논두렁을 산책할 수 있는 공간을 마련하는 것은 매우 의미있는 것입니다. 이는 도시공원적 기능과 생태보전기능 등 다양한 경제외적 가치를 창출합니다.

도시내의 생산녹지(농지)를 개발 예비지가 아니라 도시의 중요한 공원, 허파공간, 오픈스페이스로서 활용할 수 있는 방안이 모색될 필요가 있습니다. 도시 속의 농지의 가치를 새롭게 평가하고 이해할 필요가 있습니다.

또한 주말에 교통체증을 무릅쓰고 도시를 벗어나서 농업체험 등을 하는 비용으로 도시내에 농지를 보전하여 주말을 보낼 수 있는 대안을 모색할 필요가 있습니다. 선진국에서는 다양한 형태의 도시농업이 발달해 있으며, 정부가 적극 지원하고 있습니다.

일본에서는 1974년까지는 시가화구역내 농지가 택지화될 것을 전제로 도시농지에 대해 고정자산세인 택지병과세를 부과하고 농지의 농업적 이용을 농가의 의향에 맡겨 두었으나 1974년 생산녹지법을 제정하여 생산녹지로 지정되면 도시지역내 농지라도 택지병과세를 적용시키지 않게 하고 있습니다.

농가의 신청에 의해 연담하여 500평방미터 이상 모인 농지를 생산녹지지구로 지정하는데, 일단 생산녹지지구로 지정되면 향후 30년간 현재의 토지이용이 유지됩니다.

이 생산녹지제도 이외에도 다양한 구획정리 기법들을 이용하여 도시농업이 유지되도록 노력하고 있습니다. 예컨대 도시농업을 도시시설의 일부로 인식하면서 가능하면 보전해야 할 농지를 원래 모습대로 보전하면서 주거지를 정비하는 사업인 녹농주구사업, 시가화구역내의 농지를 집합농지구로 모으면서 정비하는 사업인 특정토지구획정리사업, 택지화할 농지와 보전할 농지를 서로 교환하면서 농지를 택지화하는 사업인 녹주구획정리사업 등이 있습니다. 물론 이러한 사업들은 일부 지방자치단체에서 부분적으로 시행되는 것으로 일본 전체 도시에서 일반적으로 시행되는 것은 아닙니다.

미국에서는 도시농지의 보전 및 관리제도가 주 정부마다 다릅니다. 농업구역의 지정, 세금감면, 도시성장한계 설정, 주지사의 농지보전 행정명령 등 다양한 정책수단을 주정부마다 다르게 사용하고 있습니다. 미국의 도시농지 보전과 밀접한 관련이 있는 독특한 제도는 메릴랜드주(몽고메리카운티)에서 시행하는 <u>개발권양도제도</u>(Transfer of Development Rights)입니다. 메릴랜드주는 1956년 차등평가법을 제정하여 농지에 대한 재산세를 다른 용도의 토지에 비해 낮게 평가하여 농업인들에게 세금감면 혜택을 부여함으로써 농지보전에 노력하였으나, 몽고메리카운티에서는 <u>농업지역</u>(Agricultural District)의 지정과 개발권양도제도를 마련함으로써 더욱 구체적인 농지보전대책을 사용하였습니다.

보전해야 할 농업지구로 지정되면, 농지소유자들은 정부로부터 농지의 개발잠재력을 근거로 삼아 개발권을 분배받을 수 있습니다. 개발자는 개발권을 구입하여 개발지역에서 더욱 고밀도로 건축할 수 있고, 농지소유자는 농지 보전에 따른 손실을 보상받게 됩니다.

물론 이 제도는 농지보전에 따른 손실 보상 수준을 객관적으로 정하기 힘들고, 개발권을 가치대로 매입하기 힘든 한편 개발권에 대한 과세 문제(조세귀착문제)가 발생하여 한계가 있습니다. 한편 뉴저지주에서는 주 법에 의해 채권을 발행하고 농지의 개발권을 주 정부가 취득하여 농지보호에 적극 나서고 있는 등 다양한 노력을 하고 있습니다.

프랑스, 독일, 영국 등 유럽국가들에서는 도시농업의 다원적 기능을 높이 평가함으로써 철저한 계획적 개발, 보전지역에 대한 국가의 선매권 발동, 지방자치단체의 도시농지 확보 및 임대 등 다양한 정책수단을 강구하고 있습니다. 특히 독일에서는 많은 도시토지가 시유지(공유지)로 존재하며, 필요한 경우 개별 경작자에게 농지를 임대하거나 개발과정에서 시민농원 등을 조성·운영하여 많은 시민들이 영농에 참여하도록 하고 있습니다.

최근 우리나라에서도 지방자치단체들이 이러한 도시농업의 유지를 위해 비슷한 활동을 확대하고 있습니다.

아름다운 농촌을 개발·관리하기 위한 방안

유럽의 농촌을 다녀보면, 농촌이 우리보다 훨씬 쾌적하고 살기 좋은 공간으로 개발·보전되어 있습니다. 그리고 소규모이지만, 마을에 다양한 기반시설이 정비되어 있으며, 인근 중소도시와 잘 연계되어 있어 불편함이 거의 없습니다.

우리나라의 경우도 최근 지역주민의 노력과 지방자치단체의 협력 등으로 아름답게 꾸며진 농촌마을을 자주 발견할 수 있습니다.

그런데 우리나라의 대부분 농촌의 경우 마을 한 가운데에 축사가 있어 악취와 벌레로 생활상의 문제가 발생하고 있으며, 들판 한 가운데 고층 아파트가 서 있어 농촌의 전통적 아름다운 경관이 사라지게 되었으며, 경치좋은 언덕 위에 펜션 등 위락시설이 설치되어 있어 농촌다운 모습이 사라질 뿐만 아니라 하류부 우량농지의 이용 및 농업의 환경보전적 기능도 사라지고, 환경오염의 문제도 심각합니다.

최근 농가소득 증대, 농촌 활성화 등의 차원에서 추진된 농지이용규제 완화 정책의 추진에 따라 "산 좋고 물 좋은 아름다운 농촌"이 사라진다는 언론 보도가 잦습니다. 왜 우리나라의 농촌토지는 난개발되어 농촌이 도시보다 더 살기 싫게 되었을까요? 왜 유럽의 농촌과 달리 우리의 농촌은 아름다움과 쾌적함이 사라지는 것일까요?

우리나라에서는 농지 등 자기 소유 자산에 대한 이용이 매우 자유롭고, 조그만한 규제에 대해서도 불만이 많습니다. 국민들 사이에 "우리나라는 자본주의 사회이며, 내 재산 내가 마음대로 이용하는데 무엇이 문제이냐"는 식의 인식이 팽배합니다.

〈그림 4-2〉 김해시 공단밀집지역

특히 농지나 임야 등은 전통적으로 국가나 공동체 사회가 건전하게 유지되기 위해서 개별적인 이용이 제한되는 것이 기본적인 질서인 것으로 인식되어 왔는데, 최근 들어 자신의 자산상의 불이익이 발생하면 규제라는 이름으로 비판하는 경향이 강합니다.

유럽의 농촌이 질서있게 개발되어 살기 좋은 모습을 지닌 것이 과연 건축자유주의, 농지거래자유화의 결과일까요?

유럽사회에서는 우리나라와 달리 평지가 발달되어 있으며, 강우패턴도 집중호우가 없어 지하수 오염 문제가 매우 중요합니다. 음용수의 대부분의 지하수에 의존하는 유럽사회에서는 지하수 오염에 큰 영향을 미치는 축산에 대한 규제가 엄격해질 수밖에 없었습니다.

앞서 지적한 바 있듯이, 유럽사회에서는 소 1마리의 축산분뇨를 소화해낼 수 있는 농지 2ha를 더 확보해야만 소 1마리를 더 사육할 수 있는 권한을 주고 있습니다. 우리나라처럼 지역의 환경흡수능력에 대한 검토 없이 농가의 능력에 맞게 대규모로 소를 사육할 수 있는 것이 아닙니다. 그리고 농지의 소유와 이용에 대해서도 지역 주민의 동의를 모두 구해야 합니다. 즉 농지 자원의 이용은 기본적으로 현세대 내에서 상호간의 공존과 미래세대와의 세대간 조화가 필요합니다.

이러한 조화를 위해서는 농지자원 배분을 전적으로 시장에 맡겨 '보이지 않는 손'(가격기구)에 의해 이루어지도록 해서는 곤란합니다. 농지 이용제한과 같은 절차와 합리적 제재조치가 필요합니다. 그런데 우리나라에서는 앞서 언급한 바와 같이 농지취득과정에서 2명의 농지관리위원의 확인을 받아 지방자치단체(시 · 군 · 구)에서 자격증명을 받는 것조차도 규제라고 주장하고 폐지하는 실정입니다(농지관리위원 확인절차는 2003년부터 폐지됨). 물론 최근에 우리나라에서도 이러한 환경용량을 고려한 축산 규제, 토지이용규제가 일부 지방자치단체의 노력과 주민의 협력으로 나타나고 있음은 고무적입니다.

한편 우리나라의 농지에 대한 규제가 정말 심한가, 토지이용규제가 국가경쟁력을 약화시키는가 등에 대한 의문이 생깁니다. 프랑스, 독일 등의 경험에 의하면, "계획 없는 개발 없다"는 원칙, 주민동의, 환경규제 등 다양한 규제 속에서의 농지이용 등 토지이용규제가 많지만 토지소유 및 이용자가 왜 규제를 느끼지 않는 것인가? 그들은 이러한 과정이 법을 지키는 차원이 아니라 건전한 사회 유지를 위한 절차, 질서라고 인식하기 때문입니다.

우리나라에서 농지투기자에 대한 제재가 있을 경우 범법행위를 했느냐 아니냐를 두고 논란이 됩니다. 진정 논란이 될 문제는 법을 어겼느냐 아니냐가 아니라 합리적이고 상식적인 행동을 했느냐 아니냐가 더 중요할 것입니다.

쓰레기 투기가 법에 금지되어서가 아니라 아름다운 국토공간을 유지하고 우리의 생활공간을 깨끗하게 유지하여 삶의 질을 높이기 위한 차원에서 해서는 안 되는 것입니다. 범법행위를 막을 법의 정비도 중요하지만, 더 중요한 것은 쓰레기를 버리지 않고 농지를 투기적으로 보유하지 않는 것이 나 자신을 포함한 국가 전체에 이익이 되도록 하는 사회시스템을 갖추도록 하는 것입니다.

이와 관련하여 개발이익 환수 등의 제도를 통해 투기적 토지보유 및 과도한 개발과 난개발을 막도록 노력하는 것이 불법 농지소유자의 단속보다 더 중요하다고 볼 수 있습니다.

농촌의 계획적 개발을 위해서는 우선 개발하고자 하는 농촌이 지니는 자원에 대한 객관적인 조사와 더불어 미래상을 잘 그려야 합니다. 그리고 이러한 아름다운 농촌의 미래 모습을 유지하는 것이 자기 자신의 자산 가치를 높이고 삶의 질을 제고시킬 수 있다는 인식이 확산되도록 해야 합니다.

또한 이러한 미래를 건설하기 위한 계획 수립과 실천과정에서 논란이 되는 토지자원의 합리적 이용과 관리 계획의 수립이 중요합니다. 여기에서 개발이익의 철저한 환수가 무엇보다 중요하다 하겠습니다. 개발이익의 사유화 구조가 존재하는 한 지역단위 협력이 곤란해지고 합리적인 개발계획 수립이 어려워지기 때문입니다.

한편 앞으로 농촌사회에서 많이 발생할 한계지의 적절한 이용, 농촌공간 및 농지이용에 대한 인식의 전환이 필요합니다. 농촌을 쾌적한 주거공간으로 만들기 위해서는 텃밭, 미니골프장 건설, 깨끗한 물의 이용 등 농촌이기에 누릴 수 있는 질적인 삶이 가미될 필요가 있습니다.

예컨대 인근 한계농지에 아름다운 꽃이 사계절 피어 있도록 꽃동산을 만들고, 소규모 집단 취락지구를 만들면서 그 주변에 게이트볼운동장, 미니 골프장, 소규모 농원, 기타 편의시설 등 레저·휴양공간을 조성하도록 노력할 필요가 있습니다. 한계농지를 이용하여 이와 같은 쾌적한 주거공간을 만듦으로써 농지이용 효율을 높이는 등 기존의 방식과 다른 농촌개발과 토지자원 활용 계획 수립이 필요합니다.

유럽이나 미국 등의 사례에서처럼 교통·통신 등 시설의 발달에 따라 낙후된 농촌지역에 소규모의 쾌적한 주거공간을 조성하여 새로운 인구 유입을 유도할 필요가 있습니다. 이와 관련 미니 골프장은 호화롭지 않으면서 환경훼손을 최소화하고 불확실한 미래에 대비하여 쉽게 농지로 전용될 수 있는 형태로 관리할 필요가 있습니다.

농촌의 농지를 기존의 농업인 중심으로 이용 및 관리해야 한다는 사고를 벗어날 필요도 있습니다. 그리고 농지는 있는 그대로 보존하는 것이 무엇보다 중요하지만, 현재의 농지형상 그대로 보존해야 한다는 편협한 농지 관리 사고를 벗어나는 것도 필요합니다. 예를 들어 골프장은 절대 안된다는 식의 고정관념을 벗어날 필요가 있습니다. 물론 이러한 개발의 경우 철저한 환경성 평가 등을 통해 환경적 문제를 발생시키지 않아야 합니다.

요컨대 우량농지의 철저한 보전과 효율적 이용을 통하여 농업과 농지보전의 다원적 기능을 최대화하고, 한계농지 등을 적절히 이용하여 농촌공간의 삶의 질을 제고시키는 체계적인 농촌·농지의 개발·보전·관리 계획의 수립이 중요합니다. 이를 통해 우리도 농촌을 유럽의 농촌처럼 아름답고 살고 싶은 공간으로 만들 수 있을 것입니다.

공저자 약력

이정전(李正典): 1943년생. 서울대 경제학과를 졸업하고 미국 아이오와주립대에서 경제학 박사학위를 취득했다. 매릴랜드대 객원교수를 지냈으며 한국자원경제학회 회장, 환경부 중앙환경보전위원, 건교부 국토이용심의위원, 대통령자문지속가능발전위원회 위원, 경실련환경개발센터 대표, 녹색소비자연대 공동대표 등을 역임하였다. 지금은 서울대학교 환경대학원 교수로 재직 중이며, 환경정의 공동대표, 한국공공선택학회 회장을 맡고 있다. 주요 저서로는 ≪두 경제학의 이야기: 주류경제학과 마르크스경제학≫, ≪녹색경제학≫, ≪분배의 정의≫(공저), ≪토지경제학≫, ≪환경경제학≫, ≪시장은 정말 우리를 행복하게 하는가≫, ≪경제학에서 본 정치와 정부≫, ≪지속가능한 사회와 환경≫(편저) 등이 있다.

서순탁(徐淳鐸): 1959년생. 서울시립대 도시행정학과와 동 대학원을 졸업하고 영국 뉴캐슬대학교 대학원에서 박사학위(도시계획 전공)를 취득했다. 국토연구원 연구위원을 역임하였으며 지금은 서울시립대학교 도시행정학과 교수로 재직 중이다. 현재 국민경제자문회의와 국가균형발전위원회의 전문위원 그리고 국회 입법지원위원, 경실련 주택토지분과위원장과 *Planning Theory & Practice*의 편집위원을 맡고 있다. 주요 저서로는 ≪Global City Region≫, ≪새로운 국토·도시계획제도의 이해≫, ≪세계의 도시≫, ≪부동산학 개론≫, ≪공간이론의 사상가들≫(이상 공저), ≪협력적 계획 - 분절된 사회의 협력과 거버넌스≫(공역) 등이 있다.

변창흠(卞彰欽): 1964년생. 서울대 경제학과를 졸업하고, 같은 대학교 환경대학원 환경계획학과에서 도시계획학 석사와 행정학 박사학위를 받았다. 서울시정개발연구원 부연구위원과 DMC지원연구팀장을 지냈고 현재 세종대학교 행정학과 교수로 재직 중이며 산업경영대학원 교학부장을 맡고 있다. 국민경제자문회의와 지속가능발전위원회, 국가균형발전위원회의 전문위원으로 활동 중이며, 환경정의의 토지정의운동센터장을 맡고 있다. 주요 저서로는 ≪도시: 현대도시의 이해≫, ≪개발공사와 토건국가≫, ≪수도권 재창조의 비전과 전략≫, ≪서울의 미래를 읽는다≫, ≪공간이론의 사상가들≫(이상 공저), ≪현대도시계획의 이해≫(공역) 등이 있다.

김홍상(金泓相): 1961년생. 서울대학교 경제학과를 졸업하고, 같은 대학교 대학원 경제학과에서 석사와 박사학위를 받았다. 현재 한국농촌경제연구원 연구위원으로 토지수자원팀장을 맡고 있다. 대통령자문기구 농어촌발전위원회, 농어업·농어촌특별대책위원회, 지속가능발전위원회의 전문위원으로 활동해 왔다. 주요 연구로는 ≪한국자본주의와 농업문제≫, ≪국토이용체계 개편에 따른 농촌계획의 위상과 방향 정립≫, ≪농지은행제도 도입에 관한 연구≫, ≪쌀협상 이후의 농지이용구조 변화 전망과 대책≫, ≪지속가능한 물관리정책≫, ≪농업용수 관리체계 개편의 방향과 과제≫(이상 공저)와 <Marx지대이론에 대한 재검토와 그 현대적 의의>, <토지문제의 본질과 그 쟁점> 등 다수가 있다.

토지문제의 올바른 이해

2006년 4월 25일 초판발행
2011년 8월 10일 중판발행

공저자 이정전 · 서순탁 · 변창흠 · 김홍상
발행인 안 종 만
발행처 (주) 박영사

저자와 협의하여 인지를 생략합니다

서울특별시 종로구 평동 13-31번지
전화 (733)6771 FAX (736)4818
등록 1959. 3. 11. 제300-1959-1호(倫)

www.pakyoungsa.co.kr e-mail: pys@pakyoungsa.co.kr

정 가 10,000원 ISBN 89-7189-357-5